企业涉税败诉案例解析

一把打开税企争议正确处理之门的"金钥匙"

刘兵 著

Analysis of taxation
related lawsuits
why corporations lose
and how to improve

中国市场出版社
China Market Press

·北京·

图书在版编目(CIP)数据

企业涉税败诉案例解析/刘兵著. — 北京：中国市场出版社, 2018.4
ISBN 978-7-5092-1641-5

Ⅰ.①企… Ⅱ.①刘… Ⅲ.①企业所得税—税收管理—行政诉讼—案例—中国 Ⅳ.① D925.305

中国版本图书馆 CIP 数据核字 (2017) 第 292575 号

企业涉税败诉案例解析
QIYE SHESHUI BAISU ANLI JIEXI

著　　者	刘　兵
责任编辑	郭　佳　辛慧蓉（xhr1224@aliyun.com）
出版发行	中国市场出版社 China Market Press
社　　址	北京月坛北小街 2 号院 3 号楼
电　　话	编辑部（010）68033692　读者服务部（010）68022950
	发行部（010）68021338　68033577　68020340
	总编室（010）68020336　盗版举报（010）68020336
经　　销	新华书店
印　　刷	河北鑫兆源印刷有限公司
规　　格	170 mm×240 mm　16 开本
版　　次	2018 年 4 月第 1 版
印　　张	23.25
印　　次	2018 年 4 月第 1 次印刷
字　　数	335 000
定　　价	68.00 元
书　　号	ISBN 978-7-5092-1641-5

版权所有　侵权必究　　印装差错　负责调换

前言

PREFACE

企业纳税人与税务机关在税收的各个环节都可能发生争议,随着企业纳税人维权意识的增强,这些争议如果不能和谐处理,极易酿成诉讼。涉税诉讼案件不仅涉及行政诉讼法及其司法解释,更与税收实体法、程序法以及其他税收规章、规范性文件密切相关。企业纳税人要想有效便捷地利用诉讼这一权利救济渠道解决税企争议,除了聘请专业机构外,还应当了解一些涉税诉讼知识和技巧。了解涉税诉讼知识和技巧有多种渠道,借鉴既往的涉税诉讼案例不失为一条快捷的途径,因此,有必要对以往的涉税诉讼案例(特别是对败诉案例)进行梳理与研究总结,以便为企业纳税人提供帮助。基于这样的出发点,在吉林财经大学大企业税收研究所的支持下,我编著了这本《企业涉税败诉案例解析》。

本书从大量的企业涉税败诉案件中筛选出15个典型案例进行深入剖析,多层面、多角度分析案件中企业纳税人败诉的原因与症结,总结了企业败诉的教训,并结合相关法律法规,用专业、简洁的语言告诉企业纳税人如何识别涉税法律风险,如何规避涉税法律风险,以及风险发生后应如何应对。目的是让企业纳税人了解如何在事前防范、事中纠正、事后解决,从而最大限度地助力企业进行防控税收风险。

我的想法和出发点是好的，力求既把每一个案例分析透，又做到不出现错误，还能让企业纳税人满意。我是这样想的，也是这样做的，但是能不能达到这样的效果，要由企业纳税人来评判。书中不足之处敬请指正，谢谢！

刘　兵

2018 年 2 月

目录

案例 1 白条收据在税前扣除风险败诉案 001

基本案情 001

税企争议焦点 002

本案争议焦点 006

人民法院裁判观点 006

税务律师解析 009

风险防控提示 013

链接 1 类似案例统计 017

链接 2 企业所得税的计算 018

案例 2 逃避、拒绝或阻挠税务机关检查风险败诉案 028

基本案情 028

税企争议焦点 032

本案争议焦点 036

人民法院裁判观点 036

税务律师解析 045

风险防控提示 048

链接 类似案例统计 052

案例 3 企业所得税征收方式变更风险败诉案 054

基本案情 054

税企争议焦点 057

本案争议焦点 059

人民法院裁判观点 059

税务律师解析 062

风险防控提示 065

链接1 类似案例统计 073

链接2 税款征收方式提示 074

案例 4 成本支出未取得当期发票风险败诉案 078

基本案情 078

税企争议焦点 082

本案争议焦点 085

人民法院裁判观点 085

税务律师解析 093

风险防控提示 100

链接1 类似案例统计 102

链接2 企业所得税扣除风险提示 102

案例 5 搬迁补偿款认定当期收入风险败诉案 109

基本案情 109

税企争议焦点 111

本案争议焦点 112

人民法院裁判观点 112

税务律师解析 114

风险防控提示 119

链接1 类似案例统计 122

链接2 拆迁补偿款的风险提示 122

链接3 拆迁补偿款是否属于企业所得税征税范围案例 125

目录

案例 6　税款追征期限适用风险败诉案　127

基本案情　127

税企争议焦点　133

本案争议焦点　136

人民法院裁判观点　136

税务律师解析　138

风险防控提示　141

链接　类似案例统计　145

案例 7　不当提供纳税担保风险败诉案　146

基本案情　146

税企争议焦点　150

本案争议焦点　152

人民法院裁判观点　153

税务律师解析　155

风险防控提示　159

链接 1　类似案例统计　171

链接 2　我国纳税连带责任的主要法定情形　172

案例 8　限制欠税人出境风险败诉案　175

基本案情　175

税企争议焦点　177

本案争议焦点　178

人民法院裁判观点　178

税务律师解析　181

风险防控提示　184

链接 1　类似案例统计　188

链接 2　阻止欠税人出境实践应用　189

案例 9　分公司税务处罚风险败诉案　192

基本案情　192

税企争议焦点　194

本案争议焦点　196

人民法院裁判观点　196

税务律师解析　199

风险防控提示　205

链接 1　类似案例统计　216

链接 2　企业被吊销执照后是否需要履行纳税义务相关案例　217

案例 10　复议前置风险败诉案　219

基本案情　219

税企争议焦点　220

本案争议焦点　221

人民法院裁判观点　221

税务律师解析　223

示例与分析　226

风险防控提示　236

链接 1　类似案例统计　243

链接 2　相关法律规定　244

案例 11　股权转让被撤销申请退税风险败诉案　246

基本案情　246

税企争议焦点　247

本案争议焦点　249

人民法院裁判观点　249

目 录

税务律师解析 251

风险防控提示 256

链接 解除土地出让合同已缴纳契税是否退还相关案例 260

案例 12 一并起诉处理、处罚决定风险败诉案 264

基本案情 264

税企争议焦点 267

本案争议焦点 274

人民法院裁判观点 274

税务律师解析 276

风险防控提示 281

链接 1 类似案例统计 285

链接 2 《最高人民法院关于进一步保护和规范当事人依法行使行政诉权的若干意见》 286

案例 13 税款缴纳风险败诉案 288

基本案情 288

税企争议焦点 292

本案争议焦点 295

人民法院裁判观点 295

税务律师解析 297

风险防控提示 300

链接 1 类似案例统计 303

链接 2 解读和把握国家税务总局公告 2017 年第 37 号关于非居民企业所得税源泉扣缴政策的 24 个问题 304

案例 14 股东无偿从公司取得收入风险败诉案 317

基本案情 317

税企争议焦点 319

本案争议焦点 321

人民法院裁判观点 321

税务律师解析 328

风险防控提示 331

链接 低价转让股权的风险防控 335

案例15 非居民间接转让股权风险败诉案 338

基本案情 338

税企争议焦点 340

本案争议焦点 344

人民法院裁判观点 344

税务律师解析 350

风险防控提示 354

链接 国家税务总局结合案例解答非居民企业所得税源泉扣缴新政的9个问题 356

1 白条收据在税前扣除风险败诉案

基本案情[1]

2010—2011年度J省丰达高速公路服务有限公司（以下简称丰达公司）购进肉类、冻货类原材料价款合计2 639 658.6元，原始凭证均为收据（无税务机关发票监制章），计入南、北餐厅"主营业务成本"，结转后计入当期损益。在年度企业所得税汇算清缴时未做纳税调整。2012年5月25日，J省G市国家税务局稽查局（以下简称A稽查局）向丰达公司送达《税务检查通知书》，就丰达公司2011年1月1日至2012年4月30日涉税情况进行检查。2012年5月29日，A稽查局因发现丰达公司有其他税收违法嫌疑，将检查时段扩展为2010年1月1日至2012年4月30日。2012年7月24日，因案情复杂，经A稽查局负责人批准办理期限延长至2013年4月30日。2013年4月25日该案作为重大税务案件移交重大税务案件

---

[1] 2017年9月4日摘自中国裁判文书网。

审理委员会审理。2013年5月31日，A稽查局向丰达公司送达G国税罚告〔2013〕第12号《税务行政处罚事项告知书》。重大税务案件审理委员会于2013年6月14日召开听证会。2013年6月28日因前期调查认定事实部分存在问题，A稽查局做出G国税通〔2013〕第1号《税务事项告知书》，将G国税罚告〔2013〕第12号《税务行政处罚事项告知书》予以撤销，同日，该案由重大税务案件审理委员会退回重新调查补充证据。

2016年1月8日，A稽查局做出G国税稽处〔2016〕1号《税务处理决定书》："责令丰达公司补缴企业所得税款827 676.61元（其中包含本案争议补缴税款659 914.66元）、补缴增值税45 179.46元，合计应补缴税款872 856.07元，并从滞纳税之日起按日收取滞纳税款万分之五的滞纳金。"丰达公司不服该处理决定，向J省G市国家税务局（以下简称G市国税局）申请行政复议。G市国税局经复议于2016年7月23日做出G国税复决〔2016〕1号《税务行政复议决定书》，决定维持A稽查局做出的G国税稽处〔2016〕1号《税务处理决定书》。丰达公司不服该复议决定，遂向一审法院提起行政诉讼。一审法院变更了G国税稽处〔2016〕1号《税务处理决定书》中滞纳金的计算期限；撤销了G市国税局做出的G国税复决〔2016〕1号《税务行政复议决定书》；驳回丰达公司其他诉讼请求。丰达公司不服一审法院判决，向二审法院提起上诉，二审法院经审理判决驳回丰达公司上诉，维持原判。

税企争议焦点

纳税人丰达公司观点

（1）G市国税局不能作为复议机关，本案复议程序存在严重错误。本案中，被诉处理决定中称"经多次请示省局法规处、企业所得税处及市国税局，综合省局法规处、企业所得税处的意见……"，即如果该具体行政行为被"省局"批准，那么"省局"为被申请人，复议机关则为"省局"的上级机关。

（2）一审法院第一项判决没有事实和法律依据。2013年6月28日A稽查局撤销了G国税罚告〔2013〕第12号《税务行政处罚事项告知书》，即该《税务行政处罚事项告知书》已经无效，也不能被执行。按照《中华人民共和国税收征收管理法》（以下简称《税收征收管理法》）第五十二条的规定，税务机关只能要求补缴税款，不能加收滞纳金。

（3）丰达公司企业购货业务真实，并且已经得到A稽查局的确认，没有理由予以处罚。丰达公司服务区餐厅采购农副产品的支出是企业实际发生的，与取得收入有关的、合理的支出。企业所采购的农副产品大部分是初级产品，对此类产品国家是予以免税的，尤其是丰达公司地处农村地区，多数销货方是无法取得发票的。2011年10月，所得税归属明确给国税局后，才提供农副产品代开发票，但对前期已经发生的无法取得发票的自制白条凭证没有要求进行纠正。同时，G市地税局H地税局对此问题均已认可并执行多年，丰达公司历来都是据此操作的，也是据此在税前扣除的。根据《中华人民共和国企业所得税法》（以下简称《企业所得税法》）第八条、《中华人民共和国企业所得税法实施条例》（以下简称《企业所得税法实施条例》）第二十七条，A稽查局既然已经核准了丰达公司"购货业务真实"及财务手续健全，就确认了丰达公司的购货及支付行为是与取得收入有关的合理支出，应当按企业所得税法的规定予以扣除。在此问题上适用的是特别法的专项规定，规定是明确和具体的，是所有的行政相对人都能看懂、正确认识和正确执行的，不存在歧义和其他理解问题。

（4）A稽查局的处理程序严重违法。A稽查局通知检查的范围与《税务检查通知书》通知的范围不符，超范围稽查应属程序违法。A稽查局超过期间检查要求丰达公司补缴税款，没有事实和法律依据，且违反《税收征收管理法》的规定。税务机关在一审中提交的证据当中已经明确承认其行为"存在瑕疵"，其过错是没有履行延长时限的审批程序所致，根本不是丰达公司"计算错误"，没有理由将其自身错误行为的责任转嫁给行政相对人承担。本案在2013年6月28日已经撤销了G国税罚告〔2013〕第12号《税务行政处罚事项告知书》，说明当时A稽查局在丰达公司提出听证后，之所以做出撤销决定，显然是因为所处罚的事实不清，证据不足。一审庭审中，没有发现A稽查局撤销《税务行政处罚事项告知书》后补充的证据，也没有发现A稽查局撤销该告知书后在未延长审批的情况下重新提起研究处罚程序上的证据。另外，一审法院对"一事不再罚"的处罚原则理解错误。

（5）A稽查局、G市国税局错误曲解法律，错误适用法律。根据《企业所得税法》第八条、《企业所得税法实施条例》第二十七条的规定，只要符合"合理支出"的要件，就应认定为有效，没有理由要求补缴税款。A稽查局、G市国税局所称"合理支出"需要提供发票是没有法律依据的。

（6）如果税务机关同意代开发票，丰达公司愿意配合执行。

A稽查局、G市国税局观点

1. A稽查局观点

（1）本案中丰达公司所应缴纳的有关企业所得税滞纳金的计算，应当自其依据《企业所得税法》规定的税款缴纳期限届满次日起至税款实际缴纳入库之日止，与A稽查局是否下达或者撤销《税务行政处罚告知书》无关。并非丰达公司所称的系"税务机关责任"而不加收滞纳金。

（2）丰达公司自称用于购买冻鱼、冻肉等但无发票的支出依法不得在企业所得税税前扣除。丰达公司认为购入货物只要"真实发生"即应允许在企业所得税税前扣除，该观点与税收征收管理方面的法律、法规、规章及规范性文件的规定不符，其擅自在企业所得税税前扣除的行为属于违法行为，依法应予纠正。法律明确规定，在计算企业成本时所依据的凭证应同时满足真实性、合法性和关联性三个条件，方能准予扣除。只有符合法律规定的合法有效凭据才可以在税前扣除，而本案中合法有效的凭据只能是发票，且应是符合《中华人民共和国发票管理办法》（以下简称《发票管理办法》）第十条规定的发票。

（3）A稽查局执法程序合法，适用法律正确。A稽查局依法扩展检查所属期，程序合法，不存在超期检查和一事二罚的情形。

综上，丰达公司以大量白条收据入账，在计算企业所得税时随意作为成本在税前扣除，该行为严重违反了税收法律法规，破坏了税收征管秩序，如不及时加以纠正和制止，势必在G市地区乃至全省范围的企业中造成严重影响和不良示范效应，直接导致国家税款流失，制约当地经济发展，丰达公司的行为具有典型性。

2.G市国税局观点

（1）G市国税局复议程序无误，G市国税局作为复议机关符合法律规定。本案被诉《税务行政处理决定书》因未达到重大税务案件标准，未经过重大税务案件审理程序，复议程序按照规定由G市国税局做出，向上级局相关业务处室进行的业务咨询和请示，不属于《税务行政复议规则》第二十九条规定的经上级机关批准做出的行政行为。

（2）G市国税局未在复议期间搜集证据。

综上，G市国税局复议程序无误，G市国税局作为复议机关符合法律规定。

本案争议焦点

根据税企双方意见，可以将本案的焦点归纳为：

（1）A稽查局处理程序是否合法；
（2）G市国税局是不是合法的复议机关；
（3）白条收据能否在企业所得税前扣除。

人民法院裁判观点

一审法院裁判观点

《税收征收管理法》第十九条规定："纳税人、扣缴义务人按照有关法律、行政法规和国务院财政、税务主管部门的规定设置账簿，根据合法、有效凭证记账，进行核算。"《国家税务总局关于印发〈进一步加强税收征管若干具体措施〉的通知》（国税发〔2009〕114号）第六条中指出："未按规定取得的合法有效凭证不得在税前扣除。"

根据上述规定，合法有效凭证是企业税前扣除成本、费用的依据。本案中，A稽查局与丰达公司均认可成本扣除需要合法有效凭证，但双方对于何谓"合法有效凭证"存在争议，A稽查局认为是发票，而丰达公司公司认为不仅包括发票，也包括其他财务凭证。

本案中，存在争议的成本支出是用于购买原材料的支出，支付的对象是我国境内的单位或个人，且上述单位或个人生产销售的原材料是属于增值税征税范围的，因此应当以发票作为唯一合法有效的凭证。丰达公司在2010—2011年度购进肉类、冻货类合计金额2 639 658.6元的原始凭证均为收据（无税务机关发票监制章）而非发票。因此，A稽查局不承认该项业务可税前列支，责令丰达公司补缴税款659 914.66元的处理决定符合法律规定。自2012年5月25日A稽查局向丰达公司送达《税务检查通知书》始，到2016年1月8日A稽查局做出G国税稽〔2016〕1号《税务处理决定书》止，该案历时四年，其间2013年6月28日因A稽查局前期调查认定事实部分存在问题将该案退回重新调查一次。此期间发生的滞纳金全部由丰达公司承担显失公平。

《税收征收管理法》第五十二条第一款规定："因税务机关的责任，致使纳税人、扣缴义务人未缴或者少缴税款的，税务机关在三年内可以要求纳税人、扣缴义务人补缴税款，但是不得加收滞纳金。"本案办期限较长，是税务机关的责任，前期调查认定事实部分存在问题将该案退回重新调查一次，因此补充调查期间所产生的滞纳金，即2013年6月28日之后产生的滞纳金，不应由丰达公司承担。A稽查局做出G国税通〔2013〕第1号《税务事项告知书》将G国税罚告〔2013〕第12号《税务行政处罚事项告知书》予以撤销，但其仅为告知书，未对丰达公司权利义务产生实际影响，并且本案中A稽查局最终对丰达公司做出的是处理决定，是对补缴税款问题做出的处理，而非行政处罚，因此A稽查局的行为并不违反"一事不再罚"原则。

G市国税局在行政复议审查过程虽发现原行为存在程序上的不当，但在复议决定中未予以纠正，也未就滞纳金承担问题在复议决定中予以审查，因此G市国税局G国税复决〔2016〕1号《税务行政复议决定书》违背了《中华人民共和国行政复议法》（以下简称《行政复议法》）第四条的规定。

综上，依据《中华人民共和国行政诉讼法》（以下简称《行政诉讼法》）第六十九条、第七十七条第一款，《最高人民法院关于适用〈中华人民共和国行政诉讼法〉若干问题的解释》第十条之规定，判决：（1）G国税稽处〔2016〕1号《税务处理决定书》中"从滞纳税款之日起，按日加收滞纳税款万分之五的滞纳金"变更为"从滞纳税款之日起，按日加收滞纳税款万分之五的滞纳金，至2013年6月28日止"。（2）撤销G市国税局做出的G国税复决〔2016〕1号《税务行政复议决定书》。（3）驳回丰达公司其他诉讼请求。

二审法院裁判观点

根据《税收征收管理法》第十九条"纳税人、扣缴义务人按照有关法律、行政法规和国务院财政、税务主管部门的规定设置账簿，根据合法、有效凭证记账，进行核算"、《发票管理办法》第二十条"所有单位和从事生产、经营活动的个人在购买商品、接受服务以及从事其他经营活动支付款项，应当向收款方取得发票。取得发票时，不得要求变更品名和金额"、第二十一条"不符合规定的发票，不得作为财务报销凭证，任何单位和个人有权拒收"的规定，企业用于记账核算的凭证应是合法、有效的发票。《进一步加强税收征管若干具体措施》（国税发〔2009〕114号文件发布）第六条规定："加强企业所得税税前扣除项目管理……未按规定取得的合法有效凭据不得在税前扣除……"，尽管《企业所得税法》第八条指出"企业实际发生的与取得收入有关的、合理的支出，包括成本、费用、税金、损失和其他支出，准予在计算应纳税所得额时扣除"，仍不能视为"白条收据"可以按照合法、有效的票据在计算应纳税所得额时扣除。丰达公司认为其以"白条收据"入账的支出是合理的实际支出、应在计算应纳税所得额时扣除的观点不能成立。

根据《税务行政复议规则》第十九条第二项"对下列税务机关的具体行政行为不服的，按照下列规定申请行政复议：对税务所（分局）、各级税务局的稽查局的具体行政行为不服的，向其所属税务局申请行政复议"、第二十九条"税务机关依照法律、法规和规章规定，经上级税务机关批准做出具体行政行为的，批准机关为被申请人。申请人对经重大税务案件审理程序做出的决定不服的，审理委员会所在税务机关为被申请人"的规定，本案中被诉《税务处理决定书》并不是经过上级税务机关批准按照重大税务案件审理程序做出的行政行为。故 G 市国税局依法可以作为复议机关。

根据《行政诉讼法》第七十七条"行政处罚明显不当，或者其他行政行为涉及对款额的确定、认定确有错误的，人民法院可以判决变更。人民法院判决变更，不得加重原告的义务或者减损原告的权益。但利害关系人同为原告，且诉讼请求相反的除外"的规定，一审法院经审查认为，该案历时四年，期间发生的滞纳金全部由丰达公司承担显失公平，判定 2013 年 6 月 28 日之后产生的滞纳金不应由丰达公司承担，符合合理性原则，符合法律规定。丰达公司认为一审法院超越法律权限的观点不能成立。

综上，一审判决认定事实清楚、审判程序合法，丰达公司的上诉理由不能成立。依据《行政诉讼法》第八十九条第一款第一项之规定，判决驳回上诉，维持原判。

税务律师解析

1. A 稽查局是否可以超越《税务检查通知书》通知的检查期间进行检查

本税案中，2012 年 5 月 25 日 A 稽查局向丰达公司送达《税务检查通知书》，指出"对丰达公司单位 2011 年 1 月 1 日至 2012 年 4 月 30 日涉税情况进行检查"，但同时注明"如检查发现此期间以外明显的税收违法嫌疑或线索不受此限"。A 稽查局在检查过程中发现丰达公司存在检查期间以外的税务违法嫌疑，经 A 稽查局负责人批准将检查期限扩展为"2010 年 1 月 1 日至 2012 年 4 月 30 日"，因此丰达公司称 A 稽查局超范围稽查的事实不成立。

税务律师提示，上述"如检查发现此期间以外明显的税收违法嫌疑或线索不受此限"的表述为《税务检查通知书》文书格式中设定好的内容，税务人员在制作文书时不可随意删除。另外，《税务检查通知书》中"对丰达公司单位 2011 年"的表述存在瑕疵，应表述为"对丰达公司 2011 年"或"对你单位 2011 年"。

2. A 稽查局在税务文书制作中是否存在问题

本税案中 G 国税罚告〔2013〕第 12 号《税务行政处罚事项告知书》被 A 稽查局做出 G 国税通〔2013〕第 1 号《税务事项告知书》予以撤销，其中《税务行政处罚事项告知书》《税务事项告知书》制作存在极大风险。

（1）A 稽查局应适用《税务事项通知书》而非《税务事项告知书》。涉案《税务事项告知书》的字轨号为"G 国税通〔2013〕第 1 号"，而由《国家税务总局关于印发全国统一税收执法文书式样的通知》（国税发〔2005〕179 号）附件 1 可知，《税务事项通知书》的字轨号为"税通〔 〕

号"，本税案中 A 稽查局适用文书错误或文书名称填写错误。

（2）《税务行政处罚事项告知书》《税务事项告知书》字轨号均错误。《重大税务案件审理办法》第三十四条规定，"稽查局应当按照重大税务案件审理意见书制作税务处理处罚决定等相关文书，加盖稽查局印章后送达执行。"如果本税案由 A 稽查局提交重大税务案件审理委员会审理，并得出审理意见，应由 A 稽查局依据该审理意见制作《税务处理处罚决定》等相关文书。

《国家税务总局关于印发全国统一税收执法文书式样的通知》（国税发〔2005〕179 号）附件 2《税收执法文书标准》第二条规定，文书字号统一为"税〔　〕号"，序号前一律不加"第"字和虚位"0"。稽查局使用文书时，应在字轨中增加"稽"字，以区别于本级税务局。

据上可知，A 稽查局制作《税务行政处罚事项告知书》和《税务事项告知书》字轨号应分别为"G 国税稽罚告〔2013〕12 号"和"G 国税稽通〔2013〕1 号"。

日常工作中，税务文书选择不准确，文书做出机关与文书文头、签章不一致，不规范制作税务文书均可导致法律风险，值得税务人员重视。

3. 本税案中国税局作为复议机关是否正确

丰达公司认为本案复议机关错误，但本税案中 G 国税罚告〔2013〕第 12 号《税务行政处罚事项告知书》已被 A 稽查局撤销，被诉《税务处理决定书》并不是经过上级税务机关批准按照重大税务案件审理程序做出的行政行为。根据《税务行政复议规则》第十九条第二项"对税务所（分局）、各级税务局的稽查局的具体行政行为不服的，向其所属税务局申请行政复议"的规定，市国税局依法成为本案的复议机关。

4.白条收据是否属于"合法有效凭证"

《税收征收管理法》第十九条规定:"纳税人、扣缴义务人按照有关法律、行政法规和国务院财政、税务主管部门的规定设置账簿,根据合法、有效凭证记账,进行核算。"《发票管理办法》第二十条规定:"所有单位和从事生产、经营活动的个人在购买商品、接受服务以及从事其他经营活动支付款项,应当向收款方取得发票";第二十一条规定:"不符合规定的发票,不得作为财务报销凭证,任何单位和个人有权拒收"。

同时,《进一步加强税收征管若干具体措施》第六条规定:"加强企业所得税税前扣除项目管理……未按规定取得的合法有效凭据不得在税前扣除";《中华人民共和国增值税暂行条例》(以下简称《增值税暂行条例》)第九条规定:"纳税人购进货物或者应税劳务,取得的增值税扣税凭证不符合法律、行政法规或者国务院税务主管部门有关规定的,其进项税额不得从销项税额中抵扣";《中华人民共和国增值税暂行条例实施细则》(以下简称《增值税暂行条例实施细则》)第十九条规定:"条例第九条所称增值税扣税凭证,是指增值税专用发票、海关进口增值税专用缴款书、农产品收购发票和农产品销售发票以及运输费用结算单据"。

本案中,争议成本支出是用于购买原材料的支出,支付的对象是我国境内的单位或个人,且上述单位或个人生产销售的原材料是属于增值税征税范围的,因此应当以发票作为合法有效的凭证。虽然《企业所得税法》第八条规定:"企业实际发生的与取得收入有关的、合理的支出,包括成本、费用、税金、损失和其他支出,准予在计算应纳税所得额时扣除",但仍不能认为"白条收据"可以作为合法、有效的票据在计算应纳税所得额时扣除。丰达公司认为其以"白条收据"入账的支出是合理的实际支出,应在计算应纳税所得额时扣除的观点,人民法院没有采纳。

税务律师认为，企业记账核算的凭证应是合法、有效的发票。企业用于购买原材料的支出，支付的对象是我国境内的单位或个人，且对方公司或个人生产销售的原材料是属于增值税征税范围的，因此应当以发票作为唯一合法有效的凭证。否则，税务机关、人民法院都不会认可！

风险防控提示

关于"税前扣除"的部分相关规定

（1）《发票管理办法》第二十一条规定，不符合规定的发票，不得作为财务报销凭证，任何单位和个人有权拒收。发票应具备四个特征：合法性、真实性、统一性、及时性。

（2）《国家税务总局关于开展打击制售假发票和非法代开发票专项整治行动有关问题的通知》（国税发〔2008〕40号）第三条规定："对于不符合规定的发票和其他凭证，包括虚假发票和非法代开发票，均不得用以税前扣除、出口退税、抵扣税款。"

（3）《国家税务总局关于进一步加强普通发票管理工作的通知》（国税发〔2008〕80号）第八条第二款规定："在日常检查中发现纳税人使用不符合规定发票特别是没有填开付款方全称的发票，不得允许纳税人用于税前扣除、抵扣税款、出口退税和财务报销。"

（4）《国家税务总局关于加强企业所得税管理的意见》（国税发〔2008〕88号）规定：①加强费用扣除项目管理，防止个人和家庭费用混同生产经营费用扣除；②利用个人所得税和社会保险费征管、劳动用工合同等信息，比对分析工资支出扣除数额；③加大大额业务招待费和大额会议费支出核实力度，对广告费和业务宣传费、亏损弥补等跨年度扣除项目，实行台账管理；④加强发票核实工作，不符合规定的发票不得作为税前扣除凭据。

（5）《房地产开发经营业务企业所得税处理办法》（国税发〔2009〕31号文件发布）第三十四条规定："企业在结算计税成本时其实际发生的支出应当取得但未取得合法凭据的，不得计入计税成本，待实际取得合法凭据时，再按规定计入计税成本。"

（6）《进一步加强税收征管若干具体措施》第六条规定："加强企业所得税税前扣除项目管理……未按规定取得的合法有效凭据不得在税前扣除……"

（7）《国家税务总局关于企业所得税若干问题的公告》（国家税务总局公告2011年第34号）第六条规定："企业当年度实际发生的相关成本、费用，由于各种原因未能及时取得该成本、费用的有效凭证，企业在预缴季度所得税时，可暂按账面发生金额进行核算；但在汇算清缴时，应补充提供该成本、费用的有效凭证。"

部分省市对"企业所得税税前扣除凭证管理"的规定

（1）《企业所得税税前扣除凭证管理办法》（苏地税规〔2011〕13号文件发布）。

（2）《企业所得税税前扣除凭证管理办法（试行）》（宁夏回族自治区地方税务局 宁夏回族自治区国家税务局公告2012年第3号发布）。

关于员工食堂的"白条"是否属于合法凭证

如果采购的是初级农产品(蔬菜、鲜活肉蛋除外),并且被采购人是生产初级农产品的个人,由于对其免征增值税和个人所得税,该"白条"可以视为合法凭证处理,具体的凭证管理可以参照一般纳税人收购农副产品的相关规定,如出具乡级政府提供的自产证明和本人身份证复印件。

如果采购的不是初级农产品,或者虽然是初级农产品(蔬菜、鲜活肉蛋除外),但被采购人不是个人农业生产者,由于对其不免征增值税和个人所得税或企业所得税,该"白条"不属于合法凭证,税务机关有权进行纳税调整。

部分省市税务机关对"白条能否在税前扣除"的网上咨询答复

安徽省地方税务局网站关于白条或收据支付费用企业所得税前扣除问题的咨询与回复:

咨询内容:

谢谢您前次的解答。我想咨询的是,如果企业相关经济业务是真实合法的,仅仅是未取得或无法取得发票等合法凭证,那么相应的费用和支出是否就不能税前扣除,而要调增应纳税所得额?也就是说收据和白条入账的费用支出是不是一律不能税前扣除?还有,您怎么理解"合法凭证",或者什么是合法凭证?它主要包括哪些内容?请明确回复。谢谢,请教了!

回复内容:

未取得或无法取得发票等合法凭证,那么相应的费用和支出按规定是不能税前扣除。

部门：税政二处　答复时间：2007-06-22 09:11

如何确定税务行政复议机关

1. 未经过重大税务案件审理委员会审理的案件如何确定复议机关

（1）对计划单列市国家税务局的具体行政行为不服的，向国家税务总局申请行政复议；对计划单列市地方税务局的具体行政行为不服的，可以选择向省地方税务局或者本级人民政府申请行政复议。

（2）对税务所（分局）、各级税务局的稽查局的具体行政行为不服的，向其所属税务局申请行政复议。

（3）对两个以上税务机关共同做出的具体行政行为不服的，向其共同上一级税务机关申请行政复议；对税务机关与其他行政机关共同做出的具体行政行为不服的，向其共同上一级行政机关申请行政复议。

（4）对被撤销的税务机关在撤销以前所做出的具体行政行为不服的，向继续行使其职权的税务机关的上一级税务机关申请行政复议。

（5）对税务机关做出逾期不缴纳罚款加处罚款的决定不服的，向做出行政处罚决定的税务机关申请行政复议。但是对已处罚款和加处罚款都不服的，一并向做出行政处罚决定的税务机关的上一级税务机关申请行政复议。

发生上述（2）、（3）、（4）、（5）项所列情形之一的，申请人也可以向具体行政行为发生地的县级地方人民政府提交行政复议申请，由接受申请的县级地方人民政府依法转送。

2.经过重大税务案件审理委员会审理的案件，复议机关应为审理委员会所在税务机关上一级税务机关

《中华人民共和国行政复议法实施条例》（以下简称《行政复议法实施条例》）第十三条规定："下级行政机关依照法律、法规、规章规定，经上级行政机关批准做出具体行政行为的，批准机关为被申请人。"《税务行政复议规则》第二十九条规定："税务机关依照法律、法规和规章规定，经上级税务机关批准做出具体行政行为的，批准机关为被申请人。申请人对经重大税务案件审理程序做出的决定不服的，审理委员会所在税务机关为被申请人。"

根据上述规定，案件经税务稽查局稽查并由税务局的重大税务案件审理委员会审理的，具体的税务行政行为虽然仍由稽查局做出，但在复议程序中视为具体的税务行政行为由审理委员会做出，审理委员会所在税务局而非税务稽查局是复议程序中的被申请人。因此，审理委员会所在税务机关的上一级税务机关是复议的受理机关。

链接1 类似案例统计

经对中国裁判文书网判例统计，2010年至2017年10月，全国涉及"白条"收据不能在税前扣除的裁判案例仅有本案（不排除部分类似案件未上传到数据库），对于税务机关、人民法院以后处理类似情况有参考意义。

链接2　企业所得税的计算

企业所得税的计税依据是企业的应纳税所得额。《企业所得税法》规定：企业每一纳税年度的收入总额，减除不征税收入、免税收入、各项扣除以及允许弥补的以前年度亏损后的余额，为应纳税所得额。

应纳税额的计算

1. 查账征收企业应纳税额的计算

$$应纳税额 = 应纳税所得额 \times 适用税率 - 减免税额 - 抵免税额$$

$$应纳税所得额 = 收入总额 - 不征税收入 - 免税收入 - 各项扣除 - 允许弥补的以前年度亏损$$

其中，收入总额是企业以货币形式和非货币形式从各种来源取得的收入。包括销售货物收入，提供劳务收入，转让财产收入，股息、红利等权益性投资收益，利息收入，租金收入，特许权使用费收入，接受捐赠收入，其他收入（企业资产溢余收入、逾期未退包装物押金收入、确实无法偿付的应付款项、已做坏账损失处理后又收回的应收款项、债务重组收入、补贴收入、违约收入、汇兑收益）。

不征税收入包括财政拨款、依法收取并纳入财政管理的行政事业性收费、政府性基金、国务院规定的其他不征税收入。

各项扣除是指企业实际发生的与取得收入有关的、合理的支出，包括成本、费用、税金、损失和其他支出，准予在计算应纳税所得额时扣除。

允许弥补以前年度亏损是指企业按照税法口径计算出来的亏损，可以用以后纳税年度的所得进行弥补，但结转弥补期限最长不得超过5年。

公式中的减免税额和抵免税额，是指依照企业所得税法和国务院的税收优惠规定减征、免征和抵免的应纳税额。

2. 核定征收企业应纳税额的计算

核定征收方式包括核定应税所得率或者核定应纳所得税额。采用应税所得率方式核定征收企业所得税的，应纳所得税额计算公式如下：

应纳所得税额 = 应纳税所得额 × 适用税率

应纳税所得额 = 应税收入 × 应税所得率

或　　应纳税所得额 = 成本（费用）支出额 / $(1 - 应税所得率) \times 应税所得率$

支出允许税前扣除应遵循的原则[1]

1. 真实性原则

这是税前扣除凭证管理的首要原则。扣除凭证反映的企业发生的各项支出，应当确属已经实际发生。要求支出是真实发生的，证明支出发生的凭据是真实有效的。在真实性原则中又蕴含着合法性原则，扣除项目和可扣除金额以及应纳税所得额的计算，要符合税收法律、法规的规定，企业财务、会计处理办法与税收法律、法规的规定不一致的，应当依照税收法律、法规的规定计算；税收法律、法规和国务院财政、税务主管部门未明确规定的具体扣除项目，在不违反税前扣除基本原则的前提下，暂循国家财务、会计规定计算。各类扣除凭证特别是发票，其来

---

[1] 段文涛.详析企业所得税税前扣除凭证及相关原则，2017-10-21.摘自微信公众号"税海涛声".

源、形式等都要符合税收法规规定。

2. 相关性原则

扣除凭证反映的有关支出，应与取得的收入直接相关，即企业所实际发生的能直接带来经济利益的流入或者可预期经济利益的流入的支出。

3. 合理性原则

扣除凭证反映的支出，必须是应当计入当期损益或者有关资产成本的必要和正常的支出，其计算和分配的方法应符合一般经营常规和会计惯例。

4. 确定性原则

扣除凭证反映的支出的金额必须是确定的，或有支出不得在税前扣除。也就是各项支出的支付时间可由企业决定，但必须是已经实际发生、能够可靠地计量的支出，而不是估计、可能的支出。

5. 受益期原则

即划分收益性支出与资本性支出的原则。收益性支出在发生当期直接扣除；资本性支出应当分期扣除或者计入有关资产成本，不得在发生当期直接扣除。除税法有特殊规定外，实际发生的各项支出不得重复扣除。

6. 权责发生制原则

这是税前扣除凭证管理的一般性原则，也是会计准则规定的企业进行会计确认、计量和报告的基础，除税收法规和国务院财政、税务主管部门另有规定的外，税前扣除以及应纳税所得额的计算，均应遵循此项原则。

权责发生制亦称应计基础、应计制原则，以取得收到现金的权利或支付现金的责任即权责的发生为标志，确认本期收入和费用及债权和债务。属于当期的收入和费用，不论款项是否收付，均作为当期的收入和费用；不属于当期的收入和费用，即使款项已经在当期收付，均不作为当期的收入和费用。同时还应辅以配比性原则，企业发生的各项支出应在应配比或应分配的当期申报扣除，不得提前或滞后，从而正确确认损益。

常见的企业所得税税前扣除有效凭证[1]

（1）购买货物、劳务、服务、无形资产、不动产时，支付给境内企业单位或者个人的应税项目款项，该企业单位或者个人开具（税务机关代开）的发票。

（2）支付给行政机关、事业单位、军队等非企业性单位的租金等经营性应税收入，该单位开具（税务机关代开）的发票。

（3）从境内的农（牧）民等农业生产者手中购进免税农产品，农业生产者开具的农产品销售发票或者收购企业自行开具的农产品收购发票。

（4）非金融企业实际发生的对外借款利息，应分别不同情况处理：

①向金融企业借款发生的利息支出，该银行开具的银行利息结算单据（营改增后原则上应取得发票）。

---

[1] 段文涛.详析企业所得税税前扣除凭证及相关原则, 2017-10-21.摘自微信公众号"税海涛声".

②向非金融企业或个人借款而发生的利息支出,须取得付款单据和发票,辅以借款合同(协议);在按照合同要求首次支付利息并进行税前扣除时,应提供"(本省任何一家)金融企业的同期同类贷款利率情况说明"。

③为向金融企业或非金融企业借款而支付的融资服务费、融资顾问费、投融资顾问费、手续费、咨询费等,应取得符合规定的发票。

(5)缴纳政府性基金、行政事业性收费,征收部门开具的财政票据。

(6)缴纳可在税前扣除的各类税金(费),税务机关开具的税收缴款书或表格式完税证明。

(7)拨缴职工工会经费,上级和基层工会组织开具的工会经费收入专用收据。

(8)支付的土地出让金,国土部门开具的财政票据。

(9)缴纳的社会保险费,社保机构开具的财政票据(社会保险费专用收据或票据)。

(10)缴存的住房公积金,公积金管理机构盖章的住房公积金汇(补)缴书和银行转账单据。

(11)通过公益性社会团体或者县级以上人民政府及其部门的用于法定公益事业的捐赠,财政部门监制的捐赠票据,如公益性单位接受捐赠统一收据等。

企业实施股权捐赠的，应以其股权历史成本为依据确定捐赠额，并取得接受股权捐赠的公益性社会团体按股权历史成本开具的捐赠票据。

（12）由税务部门或其他部门代收的且允许扣除的费、金，代收部门开具的代收凭据、缴款书（如工会经费代收凭据）等。

（13）根据法院判决、调解以及仲裁等发生的支出，法院判决书、裁定书、调解书，以及仲裁裁决书、公证债权文书和付款单据。

（14）企业发生的资产损失税前扣除，按照《国家税务总局关于发布〈企业资产损失所得税税前扣除管理办法〉的公告》（国家税务总局公告2011年第25号）的规定执行。

（15）发生非价外费用的违约金、赔偿费，解除劳动合同（辞退）补偿金、拆迁补偿费等非应税项目支出，取得盖有收款单位印章的收据或收款个人签具的收据、收条或签收花名册等单据，并附合同（如拆迁、回迁补偿合同）等凭据以及收款单位或个人的证照或身份证明复印件为辅证。

（16）支付给中国境外单位或个人的款项，应当提供合同、收款方签收单据、付款证明和境外单位的对账单或者发票等。税务机关在审查时有疑义的，可以要求其提供境外公证机构或者注册会计师的确认证明并经税务机关审核认可。

（17）税收法律、法规对企业所得税税前扣除有特殊规定或要求的，按该规定或要求扣除。

如研发费用加计扣除，企业应在研发项目立项时设置研发支出辅助账,在年末汇总分析填报研发支出辅助账汇总表,并在报送《年度财务会计报告》的同时随附注一并报送主管税务机关。应根据研发支出辅助账汇总表填报研发项目可加计扣除研发费用情况归集表,在年度纳税申报时随申报表一并报送。还应当在不迟于年度汇算清缴纳税申报时,向税务机关报送《企业所得税优惠事项备案表》和研发项目文件完成备案。

应将相关资料留存备查。主要包括:自主、委托、合作研究开发项目计划书和企业有权部门关于自主、委托、合作研究开发项目立项的决议文件;自主、委托、合作研究开发专门机构或项目组的编制情况和研发人员名单;经科技行政主管部门登记的委托、合作研究开发项目的合同;从事研发活动的人员和用于研发活动的仪器、设备、无形资产的费用分配说明(包括工作使用情况记录);研发项目立项时设置的"研发支出"辅助账等。已取得地市级(含)以上科技行政主管部门出具的鉴定意见也应作为资料留存备查。

委托外部机构或个人开展研发活动发生的费用,可按规定税前扣除;加计扣除时按照研发活动发生费用的80%作为加计扣除基数。委托个人研发的,应凭个人出具的发票等合法有效凭证加计扣除。委托境外机构、个人研发所发生的费用不得加计扣除。

(18)签订了广告费和业务宣传费分摊协议的关联企业,其中一方可将另一方发生的,不超过另一方当年销售(营业)收入税前扣除限额比例的(部分或全部)广告费和业务宣传费支出,归集至本企业扣除,且可以不计算在本企业广告费和业务宣传费支出税前扣除限额内,但必须提供分摊协议且按协议归集。(根据财政部 国家税务总局《关于广告费和业务宣传费支出税前扣除政策的通知》,此项适用至2020年12月31日。)

（19）企业自制的符合财务、会计处理规定，能直观反映成本费用分配计算依据和发生过程的材料成本核算表（入库单、领料单、耗用汇总表等）、资产折旧或摊销表、制造费用的归集与分配表、产品成本计算单，支付职工薪酬的工资表，差旅费补助、交通费补贴、通讯费补贴单据等内部凭证。

（20）境内居民企业按所接受的企业或个人投资入股的技术成果评估值入账、并在企业所得税前摊销扣除的，该技术成果相关证书或证明材料、技术成果投资入股协议、技术成果评估报告等资料。

（21）国务院财政、税务主管部门规定的其他合法有效凭证。

税前扣除及相关凭据的特殊规定

纳税人所取得的发票、收据等凭证，票据自身和内容及开具均须真实且符合相关规定；伪造、变造、虚假的票据，不符合规定的发票，以及税收政策规定不得作为税收凭证的发票等，不得作为有效扣除凭证。

特殊支付项目还应将相关资料完整保存作为附件或备查资料，以证明经济业务的真实性。有些特殊支出即使符合规定比例并取得了有效凭证，仍不能扣除。

（1）工资扣除，工资分配方案、工资结算单、企业与职工签订的劳动合同、个人所得税扣缴情况以及社保机构盖章的社会保险名单清册。

企业实行股权激励的，以激励对象实际行权日该股票的收盘价格与激励对象实际行权支付价格的差额及数量计算，作为当年的工资薪金支出予以扣除，应以股东大会或董事会决议、股权激励计划以及股票交割单（转让协议）等作为扣除凭证。

（2）会议费支出，以召开会议的文件、通知、会议纪要、参会人员的签到单等能够证明会议真实性的资料以及会议费用明细单等作为辅证。

（3）企业集团或其成员企业统一向金融机构借款分摊给集团内部其他成员企业使用，必须取得借入方出具的从金融机构取得借款的证明文件，使用借款的房地产企业分摊的合理利息方准予在税前扣除。（此项为房地产开发企业适用。）

（4）烟草企业的烟草广告费和业务宣传费支出，即使取得了有效扣除凭证，也一律不得在计算应纳税所得额时扣除。

（5）发生与生产经营有关的手续费及佣金支出，应符合规定的计算依据和比例，其受托方必须是具有合法经营资格中介服务企业或个人且应签订代办协议或合同。

企业为发行权益性证券支付给有关证券承销机构的手续费及佣金不得在税前扣除。

（6）不征税收入用于支出所形成的费用，不得在计算应纳税所得额时扣除；不征税收入用于支出所形成的资产，其计算的折旧、摊销不得在计算应纳税所得额时扣除。

（7）居民企业转让5年（含）以上非独占许可使用权取得的技术转让所得可享受相关减免税，但仅限于其拥有所有权的技术。技术所有权由国务院行政主管部门确定权属，专利由国家知识产权局确定权属；国防专利由总装备部确定权属；计算机软件著作权由国家版权局确定权属；集成电路布图设计专有权由国家知识产权局确定权属；植物新品种由农业部确定权属；生物医药新品种由国家食品药品监督管理总局确定权属。

关于扣除凭据取得时限，现行企业所得税征缴方式为按季（月）预缴、年终汇算清缴。企业当年度实际发生的相关成本、费用，由于各种原因未能及时取得该成本、费用的有效凭证，在预缴季度企业所得税时，可暂按账面发生金额进行核算；但在汇算清缴时或税务机关规定的时限内，应补充提供该成本、费用的有效凭证。

2 逃避、拒绝或阻挠税务机关检查风险败诉案

基本案情[1]

2012年12月11日，D县地方税务局稽查局（以下简称B稽查局）根据群众举报，以D县劳服建安有限公司（以下简称建安公司）涉嫌税收违法为由，对建安公司进行立案检查。2012年12月12日，B稽查局向建安公司送达了D地税稽检通一〔2012〕D017号《税务检查通知书》和D地税稽调〔2012〕D017号《调取账簿资料通知书》，要求建安公司接受检查并于同年12月13日前将建安公司2009年1月1日至2011年12月31日的账簿、记账凭证等相关资料送到B稽查局处进行检查。建安公司以其账簿丢失为由未向B稽查局提供。2013年6月25日和7月1日，B稽查局又先后两次向建安公司送达D地税稽通五〔2013〕001号《税务事项通知书》和D地税稽限改〔2013〕001号《责令限期改正通知

---

[1] 2017年9月8日摘自中国裁判文书网。

书》，再次要求建安公司分别于 2013 年 6 月 28 日前和 2013 年 7 月 2 日前将建安公司 2009 年 1 月 1 日至 2011 年 12 月 31 日的账簿、记账凭证等相关资料送到 B 稽查局处进行检查未果，建安公司亦未向 B 稽查局提供其账簿丢失的任何证明材料。

2013 年 7 月 23 日，B 稽查局向建安公司送达了 D 地税稽罚告〔2013〕4 号《税务行政处罚事项告知书》，对建安公司未提供账簿资料的行为拟处 5 万元的罚款，并告知建安公司有陈述、申辩和 3 日内要求听证的权利。建安公司未陈述、申辩和要求听证。后因建安公司未向 B 稽查局提供账簿资料，B 稽查局便组织其工作人员在外围对建安公司 1994 年 1 月 1 日至 2013 年 6 月 30 日的纳税情况进行调查。B 稽查局经调查发现建安公司在 D 县铜城街道办事处马庄村 1~4 号住宅楼建设工程项目（以下简称马庄村项目），刘集镇官庄社区别墅项目（以下简称官庄村项目），L 铸造有限公司（以下简称 L 铸造公司）铸造车间、机加工车间及综合楼施工项目（以下简称 L 铸造项目），SD 京华绿色食品有限公司（以下简称京华食品公司）转让土地、房产项目（以下简称京华食品项目）4 个项目中存在税收违法情况，并取得相关证据材料。

在马庄村项目中，B 稽查局根据建安公司与马庄村委会于 2011 年 4 月 6 日签订的两份标的额分别为 6 564 800 元和 7 243 600 元的建设施工合同、马庄村项目的建设工程竣工验收备案证书及张某勤出具的该项工程款的收条，认定建安公司于 2011 年至 2013 年 6 月在该项目中少申报缴纳税款合计 216 229.76 元。

在官庄村项目中，B 稽查局根据建安公司与官庄村委会于 2011 年 6 月 18 日签订的承建刘集镇官庄社区别墅的标的额为 2 912 800 元的建设施工合同及张某勤出具的该项工程款的收条，认定建安公司于2011年至2013年6月在该项目中少申报缴纳税款合计118 023.80元。

在L铸造项目中，B稽查局根据建安公司与L铸造有限公司于2008年6月11日和2009年2月22日签订的标的额分别为8 760 000元和3 343 388元的建设施工合同、B稽查局于2013年8月2日对张某勤的询问笔录、张某勤签字的收取该项目工程款的领款单据及银行承兑汇票、L铸造公司的签呈表及关于建安公司工程款总造价款支付问题处理意见，认定建安公司于2008年至2011年在该项目中少申报缴纳税款合计476 114.41元。

在京华食品项目中，B稽查局根据（2006）D民二初字第77号《民事调解书》及《协助执行通知书》、《北京先农达东杨蔬菜加工厂结算书》、D集用（2004）字第05281号《集体土地使用证》、建安公司于2009年8月13日申请房屋所有权初始登记的申请审批书及王某明与门某强于2011年3月26日签订的房屋买卖合同，认定建安公司于2008年7月至2011年3月在该项目中少申报缴纳税费合计195 427.51元。

以上4个项目共计少申报缴纳税款1 005 795.48元。

B稽查局根据上述查实的建安公司在马庄村、官庄村、L铸造及京华食品4个项目中少申报缴纳税款的情况，制作了《税务稽查工作底稿（二）》，建安公司的法定代表人王某明于2013年12月6日在该底稿"陈述意见"一栏中注明"经核对情况属实"，并签名和加盖公章。

2014年2月12日，B稽查局向建安公司送达了D地税稽罚告

〔2014〕1号《税务行政处罚事项告知书》，拟按建安公司未缴少缴税款的50%进行处罚，处罚金额为485 178.44元；对建安公司拒绝税务机关检查的行为，拟处50 000元的罚款。并同时告知建安公司享有陈述、申辩和要求听证的权利。2014年2月13日，建安公司向B稽查局提交听证申请书，后于2014年2月20日放弃听证，同意处罚意见。2014年2月20日，B稽查局向建安公司送达了D地税稽处〔2014〕1号《税务处理决定书》（建安公司未在法定期限内申请行政复议，该处理决定现已生效），要求建安公司15日内补缴2008年1月至2013年6月少申报缴纳的营业税、印花税、土地使用税和房产税计933 705.7元及从滞纳税款之日起每日按万分之五收取的滞纳金。要求建安公司补缴2008年1月至2013年6月应申报未申报缴纳的城市维护建设税36 651.18元、教育费附加21 990.71元和地方教育附加13 447.89元。同日，B稽查局向建安公司送达了D地税稽罚〔2014〕1号《税务行政处罚决定书》，对建安公司2008年1月至2013年6月少申报缴纳的营业税、城市维护建设税、印花税、土地使用税和房产税计970 356.88元的行为，定性为偷税，决定处以上述税款50%的罚款，罚款金额485 178.44元。对建安公司拒绝税务机关检查的行为处以50 000元的罚款。两项共计罚款535 178.44元。B稽查局要求建安公司自收到该处罚决定之日起15日将罚款交至D县地方税务局办税服务大厅，逾期每日按罚款数额的3%加处罚款。建安公司对该处罚决定不服，诉至人民法院，要求撤销该处罚决定。一审法院经审理判决维持B稽查局于2014年2月20日做出的D地税稽罚〔2014〕1号《税务行政处罚决定书》。建安公司不服一审法院判决，向二审法院提起上诉，二审法院裁定驳回上诉，维持原判。建安公司仍不服，向S省人民检察院提请抗诉，案件经S省高级人民法院审理，最终判决维持二审法院行政判决。

税企争议焦点

纳税人建安公司观点

（1）本案中三个项目的税款与建安公司没有任何关系。张某勤称自己是 D 县第一中学的一名教员，没有建筑师资格证书，不能做建筑业项目部经理，B 稽查局主张其为建安公司项目部经理的主张不成立。张某勤以建安公司的名义从事的行为应视为张某勤个人的违法行为，认定张某勤以建安公司的名义实施了上述工作就视为建安公司的行为属定性严重错误。

（2）认定建安公司为京华食品公司 30 亩涉税土地和房产的纳税义务人错误。

（3）建安公司的法定代表人王某明已经多次告知 B 稽查局不能提供账簿的事实和理由，B 稽查局提交的证据中均有记载，结合举报人与建安公司存在矛盾纠纷多次向公安机关报案，其中包括账簿、记账凭证等被盗抢的事实，可以做出正确判断，无须进一步举证，认定建安公司拒绝税务机关的检查事实错误。

（4）B 稽查局适用法律明显错误，一审法院认定其适用法律存在瑕疵属避重就轻、偷换概念、敷衍了事，判决不予撤销属严重错误。

（5）听证权与起诉权是两个完全不同的法律概念，建安公司放弃听证权，不等于丧失诉权。B 稽查局辩称"建安公司在法定复议期限内未申请复议，证明对税收处理决定没有争议，对该项处罚决定提出诉讼也毫无意义，本案也不应再对处罚决定书所依据的违法事实进行法律审查"

不成立。

（6）《税务行政处罚事项告知书》和《税务行政处罚决定书》同一天送达程序错误，B稽查局在庭审时向证人取证的行为及程序明显错误，一审法院认定被诉行政行为程序合法的结论，实属因果不一致。

B 稽查局观点

1. 建安公司是涉案应税项目纳税人

B稽查局在一审中提供的证据能够证明建安公司是建筑施工企业，属于法律规定的纳税义务人。建安公司承揽施工了马庄村项目、官庄村项目、L铸造项目并领取了工程款，是涉案房产的所有人，也是涉税土地的使用人。

2. B稽查局对建安公司少申报税款数额的认定是正确的

（1）关于营业税及附加、印花税。B稽查局根据建安公司与马庄村委、官庄村委、L铸造公司签订的建设工程施工合同、收款手续等证据，认定2008年1月至2013年6月，建安公司应申报未申报缴纳营业税合计733 023.79元；应申报未申报缴纳城市维护建设税合计36 651.18元；应申报未申报缴纳教育费附加21 990.71元；应申报未申报缴纳地方教育附加13 447.89元；应申报未申报缴纳印花税合计5 254.40元。以上合计应申报未申报缴纳税款810 367.97元。

（2）关于房产税、土地使用税、印花税。B稽查局根据D县人民法院（2006）D民二初字第77号《民事调解书》等证据认定，建安公司2008年7月至2011年3月应申报未申报缴纳土地使用税175 410.40元；2008年7月至2011年3月应申报未申报缴纳房产税19 657.11元；2011年应申报未申报缴纳印花税360.00元。共计应申报未申报缴纳税款

195 427.51 元。

（3）关于涉及京华食品公司的缴税问题。在税收执法过程中，因建安公司一直拒不提供证据，B 稽查局根据《税收征收管理法》第五十四条第三项的规定，责成建安公司提供与纳税或者代扣代缴、代收代缴税款有关的文件、证明材料和有关资料，但建安公司拒不提供资料。在一审时提供的证据不符合证据的形式要件，二审时也没有提供有效证据形成证据链。根据《最高人民法院关于行政诉讼证据若干问题的规定》（法释〔2002〕21号）第七条的规定，视为放弃举证权利。建安公司依法取得了 19 933 平方米的土地，就应当按照 19 933 平方米缴纳土地使用税。即使建安公司将其中的部分土地发包或者出租甚至转让，其依法也负有向主管税务机关报告的义务。建安公司既不报告，在税务行政程序中也不提供任何证据，且对 B 稽查局制作的《查出应补税款一览表》表示"经核对情况属实"，因此 B 稽查局的行政处理程序没有瑕疵。

3. 建安公司拒不提供账簿、记账凭证等相关资料的行为属拒绝税务机关检查行为

B 稽查局接群众举报于 2012 年 12 月 11 日稽查立案后，于 2012 年 12 月 12 日向建安公司下达《税务检查通知书》《调取账簿资料通知书》，2013 年 6 月 25 日向建安公司下达《税务事项通知书》后，其一直未提供账簿、凭证资料。2013 年 7 月 1 日下达《责令限期改正通知书》后，建安公司仍未提供账簿、凭证资料。建安公司虽陈述了未提供账簿、凭证资料的理由，但一直未提供账簿、凭证资料被盗抢的有效证据。D 县新城派出所的处警证明是 2015 年 4 月 21 日才做出的，且只是证明建安公司的大门被锁了，没有证明账簿等会计资料被盗。B 稽查局实际动用大量人力物力，历时 8 个多月，检查了与建安公司有关的四十余个机关事业单位，形成卷宗 2 000 余页，最终并非根据建安公司提供的原始资料

计算其少申缴的税款，而是经过大量外围调查，在掌握了充足证据的基础上计算得出的。因此，B稽查局依据《税收征收管理法》第七十条、《税收征收管理法实施细则》第九十六条的规定，认定建安公司拒不提供账簿、记账凭证等相关资料的行为属拒绝税务机关检查行为，且情节严重，并无不当。

4. B稽查局没有侵犯建安公司的诉权

2014年2月12日B稽查局向建安公司送达了税务行政处罚事项告知书，告知其拟做出处罚的事实、法律依据及处罚内容，告知了其享有陈述、申辩以及提出听证的权利。建安公司于2014年2月13日提出了听证申请，但又于2014年2月20日自愿放弃听证，并对B稽查局拟做出的行政处罚表示"无陈述申辩意见，同意处罚意见"。2014年2月20日B稽查局向建安公司送达了《税务处理决定书》和《税务行政处罚决定书》。根据《税收征收管理法》第八十八条第一款的规定，先行复议是对《税务处理决定书》提起诉讼的前置条件，B稽查局从未否定建安公司对税务处罚决定的诉权。

5. B稽查局做出的行政处罚决定适用法律正确

虽然《中华人民共和国营业税暂行条例》（以下简称《营业税暂行条例》）、《中华人民共和国营业税暂行条例实施细则》（以下简称《营业税暂行条例实施细则》）和《中华人民共和国城市维护建设税暂行条例》（以下简称《城市维护建设税暂行条例》）三部法规在2008年1月至2013年6月期间进行过修订，但B稽查局引用的条款并无本质变化，对建安公司不产生任何实质影响。教育费附加包括国家教育费附加和地方教育附加。B稽查局根据国务院和S省的有关规定认定应缴数额，并无不当。

本案争议焦点

根据税企双方意见,可以将本案的焦点归纳为:

(1)建安公司是否是本案的纳税主体;
(2)B稽查局对建安公司逃避、拒绝或阻挠税务机关检查的行为进行50 000元罚款是否正确、适当。

人民法院裁判观点

一审法院裁判观点

本案建安公司作为建筑施工企业,属于法律规定的纳税义务人。本案中,根据B稽查局提交的1~4号证据,可以认定建安公司与马庄村委会、官庄村委会、L铸造公司签订了建设工程施工合同并履行,这三个项目虽然由张某勤组织施工和收取工程款,但张某勤是以建安公司的名义实施的上述工作,建安公司述称以上三个项目是张某勤的个人行为证据不足,故应视为建安公司的公司行为。《税收征收管理法实施细则》第三条第二款规定:"纳税人应当依照税收法律、行政法规的规定履行纳税义务;其签订的合同、协议等与税收法律、行政法规相抵触的,一律无效。"在官庄村委会项目合同中,双方约定由官庄村委会缴纳税款;在L铸造项目合同中,双方约定由甲方L铸造公司缴纳税款。但上述两份合同中该项约定与法律规定不相符,依法应视为无效。综上,在马庄村、官庄村、L铸造三个建设项目中,B稽查局认定建安公司为该3个项目的营业税、城市维护建设税、教育费附加、地方教育附加和印花税的纳税义务人并无不当,对于建安公司称其不是纳税主体的主张,本院不予支持。

根据《中华人民共和国城镇土地使用税暂行条例》(以下简称《城镇土地使用税暂行条例》)第二条,《S省人民政府关于调整工矿区征税范围的通知》(L政字〔2008〕171号),《中华人民共和国房产税暂行条例》(以下简称《房产税暂行条例》)第二条,《中华人民共和国印花税暂行条例》(以下简称《印花税暂行条例》)第一条、第二条和《中华人民共和国印花税暂行条例施行细则》(以下简称《印花税暂行条例施行细则》)第五条的规定,关于京华食品抵顶给建安公司的涉税土地使用权和房屋所有权的纳税主体问题,结合B稽查局提供的证据5中登记的土地使用证和房屋登记审批书,一审法院认为,建安公司为涉税房产的所有人和涉税土地的使用人,是房产税和土地使用税的纳税义务人。涉税房屋的买卖合同虽由王某明签订,但王某明是建安公司的项目部经理(法院调解书载明),且建安公司是土地的使用权人和房屋的所有权人,故建安公司是涉税土地和房产的印花税的纳税义务人。综上,B稽查局认定建安公司为涉税土地和房产的房产税、土地使用税和印花税的纳税人不违反法律规定,建安公司称其不是涉税土地和房产纳税主体的主张于法无据,本院对此不予支持。

关于B稽查局确定的建安公司少申报税款的数额问题,根据B稽查局提交的1~6号证据,经一审法院审查,B稽查局认定建安公司少申报缴纳税费的数额准确,且建安公司的法定代表人王某明于2013年12月6日对B稽查局统计的建安公司少申报缴纳税费的数额即《税务稽查工作底稿(二)》表示无异议并予以签字确认,故本院对被诉处罚决定中对建安公司少申报缴纳税费的数额予以确认。

关于B稽查局认为建安公司存在拒绝税务机关检查行为的认定,根据B稽查局提供的证据6可以看出,B稽查局先后三次要求建安公司提供其2009年1月1日至2011年12月31日的账簿、记账凭证等相关资料进行检查，建安公司以账簿丢失为由未向 B 稽查局提供，且建安公司一直未提供出其账簿丢失的任何证明材料，故 B 稽查局据此认定建安公司已构成拒绝税务机关检查的行为事实清楚。

关于 B 稽查局的执法程序问题，根据 B 稽查局提供的证据，B 稽查局于 2014 年 2 月 12 日做出并向建安公司送达 D 地税稽罚告〔2014〕1 号《税务行政处罚事项告知书》，该告知书已告知建安公司对其拟做出的处罚和建安公司享有陈述、申辩和听证的权利。建安公司于 2014 年 2 月 13 日提出听证申请后又于同年 2 月 20 日放弃听证，并且在陈述申辩笔录中表示无陈述申辩意见，同意处罚。之后，B 稽查局向建安公司做出了 D 地税稽罚〔2014〕1 号《税务行政处罚决定书》，被诉具体行政行为的处罚程序合法。

《税收征收管理法》第六十三条第一款规定："纳税人伪造、变造、隐匿、擅自销毁账簿、记账凭证，或者在账簿上多列支出或者不列、少列收入，或者经税务机关通知申报而拒不申报或者进行虚假的纳税申报，不缴或者少缴应纳税款的，是偷税。对纳税人偷税的，由税务机关追缴其不缴或者少缴的税款、滞纳金，并处不缴或者少缴的税款百分之五十以上五倍以下的罚款；构成犯罪的，依法追究刑事责任。"《税收征收管理法》第七十条规定："纳税人、扣缴义务人逃避、拒绝或者以其他方式阻挠税务机关检查的，由税务机关责令改正，可以处一万元以下的罚款；情节严重的，处一万元以上五万元以下的罚款。"《S 省地方税务局规范税务行政处罚自由裁量权参照执行标准》第 11 类中规定："提供虚假资料，不如实反映情况，或者拒绝提供有关资料的，由税务机关责令限期改正，对在规定期限内改正的，不予处罚；逾期仍未改正的，处 1 万元至 5 万元的罚款。"

本案中，B 稽查局根据举报，对建安公司 1994—2013 年的纳税情况进行检查，经 B 稽查局三次通知，建安公司一直未向 B 稽查局提供其 2009 年 1 月 1 日至 2011 年 12 月 31 日的账簿、记账凭证等相关资料且无证据证明其有正当理由，B 稽查局认定建安公司的这一行为属拒绝提供有关资料，并据此给予建安公司罚款 50 000 元的处罚不违反法律的规定。后经 B 稽查局查实，建安公司于 2008 年 1 月至 2013 年 6 月期间存在虚假纳税申报，不缴或少缴应缴纳税款的行为，是偷税行为，B 稽查局据此对建安公司处以应缴税款 50% 的罚款亦不违反法律的规定。

关于本案 B 稽查局适用的法律法规，在 2008 年 1 月至 2013 年 6 月的区间分别进行过修订，B 稽查局在引用部分条款时未区分适用，适用法律存在瑕疵。经一审法院审查，B 稽查局适用的部分条款修订前后只是对纳税主体的表述略有不同，但立法本意未变。《征收教育费附加的暂行规定》分别于 1990 年、2005 年和 2011 年进行过三次修订，在 2008 年 1 月至 2013 年 6 月的区间，被诉具体行政行为应当适用 2005 年和 2011 年修订施行的《征收教育费附加的暂行规定》，但被诉具体行政行为适用的是 1990 年施行的《征收教育费附加的暂行规定》和国务院 1994 年下发的《关于教育费附加征收问题的紧急通知》，适用法律亦存在瑕疵。经审查，B 稽查局适用的部分条款修订前后确定的纳税数额并未变动。综上，被诉具体行为适用法律虽存在瑕疵，但对建安公司的实体权利不造成任何影响，被诉具体行政行为不足以据此撤销。

关于建安公司庭审时述称的 B 稽查局于同日将行政处罚决定与行政处理决定同时向建安公司送达不合法的主张，因行政处理决定不属本案审理焦点且同时送达并不违背相关法律规定，其对本案被诉行政处罚决定的合法性审查不产生影响，故对建安公司的该项主张法院不予支持。

综上所述，被诉具体行政行为认定事实清楚、主要证据充分、程序合法、适用法律法规正确，根据《行政诉讼法》第五十四条第一项之规定，判决维持 B 稽查局于 2014 年 2 月 20 日做出的 D 地税稽罚〔2014〕1 号《税务行政处罚书》的具体行政行为。

二审法院裁判观点

1. B 稽查局认定建安公司系案涉 4 项目的纳税人是否正确

在马庄村、官庄村、L 铸造 3 个项目中，根据 B 稽查局提交的证据，可以认定建安公司分别与马庄村委会、官庄村委会、L 铸造公司签订了马庄村工程项目、官庄村工程项目、L 铸造工程项目的施工合同，在 3 份合同的承包人一栏落款处均加盖有建安公司公司印章及公司法人代表王某明的签名印章。且三份合同都得到了实际履行，由建安公司员工张某勤收取工程款并出具收款凭证。依据以上事实可以认定建安公司是三项目的合同签订方和施工方，建安公司主张"三个项目均由张某勤个人收取工程款并出具收款凭证，且实际收款数额与合同造价相差较多，证明三个项目均系张某勤个人行为，不应视为公司行为"，没有法律依据。建安公司与张某勤之间属于建安公司的公司内部管理关系，不能产生对外效力，故 B 稽查局认定建安公司为案涉工程项目的建筑工程企业并无不当。

建安公司作为一家有资质的建筑工程企业，与他人签订建筑业类工程项目承包合同、提供相关劳务并在合同实际履行后收取了工程款，根据上述法律规定，依法应当缴纳营业税和由此衍生的城市维护建设税、教育费附加、地方教育附加，以及签订合同等所产生的印花税。建安公司主张在与官庄村委会、L 铸造公司的合同中约定由对方缴纳税款，且 B 稽查局也将马庄村委会缴纳的部分税款从马庄村项目应纳税额中扣除，应当视为 B 稽查局默认马庄村委会为纳税人，《税收征收管理法实施细则》第三条第二款规定，纳税人应当依照税收法律、行政法规的规定履行纳税义务；其签订的合同、协议等与税收法律、行政法规相抵触的，一律无效。建安公司与相对方的合同约定属于内部约定，不能对外产生对抗法律法规关于建安公司为法定纳税义务人的规定的效力。B 稽查局将马庄村委会上缴部分税款从建安公司应纳税额中扣除，并不影响建安公司为纳税人的事实。综上，B 稽查局认定建安公司系案涉三项目的纳税人符合法律规定。

在京华食品项目中，根据 B 稽查局提交的证据可以证明，建安公司因追讨京华食品公司拖欠的工程款诉至法院，经法院调解并执行，京华食品公司将名下厂房、土地抵债。其中房产原值 850 956.84 元，土地面积 19 933 平方米。从 B 稽查局提交的土地使用证和房屋登记审批书来看，两份文件材料登记的使用权人和所有权人都是建安公司，可以得出建安公司为案涉房产的所有权人和土地使用权人的结论。建安公司所提交的"金利公司"缴税清单，不能认定缴纳的是涉案土地税款，对于建安公司所持上述主张，本院不予采纳。

S 省人民政府下发《S 省人民政府关于调整工矿区征税范围的通知》（L 政字〔2008〕171 号），于 2008 年 7 月 1 日将案涉项目所在区域划为姜楼北工矿区。《城镇土地使用税暂行条例》第二条规定，在城市、县城、建制镇、工矿区范围内使用土地的单位和个人，为城镇土地使用税（以下简称土地使用税）的纳税人，应当依照该条例的规定缴纳土地使用税。《中华人民共和国房产税暂行条例》（国发〔1986〕90 号文件发布）第一条规定，房产税在城市、县城、建制镇和工矿区征收。第二条规定：房产税由产权所有人缴纳。产权属于全民所有的，由经营管理的单位缴纳；产权出典的，由承典人缴纳；产权所有人、承典人不在房产所在地的,或者产权未确定及租典纠纷未解决的,由房产代管人或者使用人缴纳。上述列举的产权所有人、经营管理单位、承典人、房产代管人或者使用人,统称为纳税义务人。《印花税暂行条例》第一条规定,在中华人民共和国境内书立、领受该条例所列举凭证的单位和个人,都是印花税的纳税义务人,应当按照该条例规定缴纳印花税;第二条第二项规定,产权转移书据为应纳税凭证。《印花税暂行条例施行细则》第五条规定,条例第二条所说的产权转移书据,是指单位和个人产权的买卖、继承、赠与、交换、分割等所立的书据。根据上述法律规定,建安公司作为案涉京华食品项目的土地使用权人和房产所有人,依法应当缴纳土地使用税、房产税,以及因为领受产权转移书据所产生的印花税。B 稽查局认定建安公司系土地使用税、房产税、印花税的纳税人符合法律规定。

2. B 稽查局认定建安公司存在偷税行为是否正确,对于偷税数额的认定是否准确,A 稽查局认定的罚款数额是否正确

《税收征收管理法》第六十三条第一款规定:"纳税人伪造、变造、隐匿、擅自销毁账簿、记账凭证,或者在账簿上多列支出或者不列、少列收入,或者经税务机关通知申报而拒不申报或者进行虚假的纳税申报,不缴或者少缴应纳税款的,是偷税。对纳税人偷税的,由税务机关追缴其不缴或者少缴的税款、滞纳金,并处不缴或者少缴的税款百分之五十以上五倍以下的罚款;构成犯罪的,依法追究刑事责任。"经一审法院一审查明并经二审法院确认,建安公司于 2008 年 1 月至 2013 年 6 月期间存在应申报而未申报、不缴或少缴应缴纳税款的行为,其中所涉营业税 733 023.79 元、城市维护建设税 36 651.18 元、印花税 5 614.40 元、土地使用税 175 410.40 元、房产税 19 657.11 元,上述未缴纳税款金额总计 970 356.88 元。建安公司公司法定代表人王某明于 2013 年 12 月 6 日对 A 稽查局做出的《税务稽查工作底稿(二)》予以签字确认,对其中认定的少申报税款额表示无异议。根据上述法律规定,建安公司作为案涉

4个项目的纳税人，应申报而未申报、不缴或少缴应缴纳税款的行为属于偷税，B 稽查局据此对建安公司处以应缴税款 50% 的罚款，罚款金额 485 178.44 元，认定事实清楚。

建安公司认为，B 稽查局做出上述关于建安公司的诸多事实认定所适用的法律存在明显错误，一审法院认定属于适用法律瑕疵不当。经审查，B 稽查局在做出事实认定时对《营业税暂行条例》、《营业税暂行条例实施细则》和《城市维护建设税暂行条例》三部法规没有区分适用，同时适用了 1990 年《征收教育费附加的暂行规定》和国务院 1994 年下发的《关于教育费附加征收问题的紧急通知》。上述法律法规在 2008—2011 年区间都曾被修订。其中被诉具体行政行为认定事实所适用的《营业税暂行条例》和《营业税暂行条例实施细则》中的有关条款修订前后并未变化；适用的《城市维护建设税暂行条例》的有关条款被修订，但并未涉及 B 稽查局所适用的法律术语；适用的 1990 年《征收教育费附加的暂行规定》和国务院 1994 年下发的《关于教育费附加征收问题的紧急通知》有关条款已被修订，但是也只是调整了个别法律术语，修订前后征收教育费附加的税率并无变化，并未影响 B 稽查局对建安公司征收教育费附加数额的计算。

B 稽查局所适用的上述法律法规属于 B 稽查局做出具体行政行为的事实认定依据，虽然适用法律不当，但是并未影响 B 稽查局做出的事实认定，B 稽查局关于建安公司作为纳税人存在偷税行为及偷税数额等事实的认定是正确的。

3. B 稽查局认定建安公司存在拒绝税务检查的行为是否正确，做出的处罚数额是否正确

《税收征收管理法》第五十六条规定："纳税人、扣缴义务人必须接

受税务机关依法进行的税务检查,如实反映情况,提供有关资料,不得拒绝、隐瞒。"本案中,B稽查局于2013年6月25日向建安公司下达了《税务事项通知书》、7月1日下达了《责令限期改正通知书》,要求建安公司提供账簿、记账凭证等相关资料;2013年7月12日再次要求建安公司提供资料,并告知拒不提供应当承担的法律责任,建安公司以账簿、凭证等资料被盗抢丢失为由一直未提供,也没有提供上述资料被盗抢的证据。据此,B稽查局认定建安公司的行为属于拒绝税务检查并无不当。

4. B稽查局做出处罚的程序是否合法

B稽查局于2012年12月11日立案,2012年12月12日向建安公司送达《税务检查通知书》及《调取账簿资料通知书》。2013年6月25日再次送达《调取账簿资料通知书》及《责令限期改正通知书》。2013年7月12日,B稽查局对建安公司法定代表人王某明、公司财务负责人崔某芳进行询问,并告知拒不提供账簿、记账凭证等资料的法律后果。2013年7月23日B稽查局向建安公司送达了《税务行政处罚事项告知书》,告知其享有陈述、申辩、听证权利。建安公司提出听证申请后又放弃,并且在陈述申辩笔录中表示同意处罚。2014年2月20日B稽查局向建安公司送达了《税务处理决定书》和《行政处罚决定书》。建安公司认为B稽查局将《税务处理决定书》与《行政处罚决定书》同日送达不合法,没有法律依据,对建安公司该主张法院不予支持。同时建安公司未年检不影响其作为纳税义务主体承担缴纳税款的责任,且建安公司2014年3月31日在法院一审时所提交的法定代表人身份证明书中法定代表人姓名为王某明,与建安公司主张自相矛盾。综上,B稽查局做出行政处罚的程序合法。

5. B稽查局做出行政处罚决定适用的法律是否正确

B稽查局依据《税收征收管理法》第六十三条第一款和第七十条做

出行政处罚决定，建安公司对此也无异议，二审法院经审查确认被诉处罚决定适用法律正确。

综上，一审判决并无不当，依法应予维持。二审法院判决驳回上诉，维持原判。

再审法院裁判观点

原一审、二审法院判决认定事实基本清楚，适用法律正确，应予维持。检察机关的抗诉理由不能成立，本院不予支持。依据《行政诉讼法》第八十九条第一款第一项、《最高人民法院关于执行〈中华人民共和国行政诉讼法〉若干问题的解释》第七十六条第一款之规定，再审法院判决维持L市中级人民法院〔2014〕L行终字第41号行政判决。

税务律师解析

1. 建安公司是不是本案的纳税主体

根据《税收征收管理法》及《税收征收管理法实施细则》的相关规定，建安公司作为一家有资质的建筑工程企业，与他人签订建筑业类工程项目承包合同、提供相关劳务并在合同实际履行后收取了工程款，属于法律规定的纳税义务人，依法应当缴纳营业税和由此衍生的城市维护建设税、教育费附加、地方教育附加，以及签订合同等所产生的印花税。

建安公司主张在与官庄村委会、L铸造公司的合同中约定由对方缴纳税款，且B稽查局也将马庄村委会缴纳的部分税款从马庄村项目应纳税额中扣除，应当视为B稽查局默认马庄村委会为纳税人。

税务律师认为，合同约定的税款承担条款的实质是实现纳税主体的转移，仅仅是合同双方对税款缴纳的分配，并不会导致国家税款的流失。以合同的方式对税款承担做出约定是合法有效的。当然，根据合同法的相关规定，合同部分无效的，不影响其他有效部分效力的，其他部分仍然有效。相关税收法律规定均明确了纳税义务人，如果约定的税款承担主体事后并没有实际缴纳税款，交易双方对税款负担的约定只在当事人之间具有约束力，对税务机关没有任何拘束力。

本税案中建安公司与相对方的合同约定属于内部约定，不能对外产生对抗法律法规关于建安公司为法定纳税义务人的规定的效力。B稽查局将马庄村委会上缴的部分税款从建安公司应纳税额中扣除，并不影响建安公司为纳税人的事实。综上，B稽查局认定建安公司系案涉三项目的纳税人符合法律规定。

2. 建安公司在应对税务稽查、处理处罚方面存在的问题

（1）建安公司构成逃避、拒绝或阻挠税务机关检查的行为。在本案中，B稽查局接群众举报于2012年12月11日稽查立案，于2012年12月12日、2013年6月25日向建安公司下达《税务检查通知书》《调取账簿资料通知书》后，其一直未提供账簿、凭证资料。2013年7月1日B稽查局下达《责令限期改正通知书》后，建安公司仍未提供账簿、凭证资料。B稽查局先后3次向建安公司送达法律文书，要求其提供相关账簿、记账凭证等相关资料。建安公司以账簿丢失为由未向B稽查局提供账簿、凭证资料，但一直未提供账簿、凭证资料被盗抢的任何证明材料。故税务机关据此认定建安公司的行为构成《税收征收管理法》第七十条规定的逃避、拒绝或阻挠税务机关检查税务机关进行检查的情形。

（2）建安公司未对处理决定行使复议权利。本案B稽查局根据群众举报，经调查取证，认定建安公司在马庄村项目、官庄村项目、L铸造

项目、京华食品项目中存在少申报缴纳税、费款的违法行为。建安公司法定代表人对B稽查局统计的其少申报缴纳税费的数额即《税务稽查工作底稿（二）》确认签字，没有表示异议。B稽查局2014年2月20日做出的D地税稽处〔2014〕1号《税务处理决定书》要求建安公司补缴应缴纳税款及滞纳金，建安公司并未在法定期限内申请复议。根据《税收征收管理法》第八十八条第一款"纳税人、扣缴义务人，纳税担保人同税务机关在纳税上发生争议时，必须先依照税务机关的纳税决定缴纳或者解缴税款及滞纳金或者提供相应的担保，然后可以依法申请行政复议，对行政复议决定不服的，可以依法向人民法院起诉"的规定，对该条款规定的行为未经复议前置程序直接向人民法院起诉的，人民法院不予受理。

所以，再审程序中虽然检察机关向再审法院提供了相关证据，用以证明"金利公司"系建安公司在姜楼镇东洋村房屋及部分土地实际使用人，并作为《城镇土地使用税暂行条例》第二条"在城市、县城、建制镇、工矿区范围内使用土地的单位和个人，为城镇土地使用税的纳税人，应当依照本条例的规定缴纳土地使用税"规定的纳税人，于2010年至2011年3月25日期间已实际缴纳了城镇土地使用税等共22 393.9元，但再审法院认为该理由实际属于对B稽查局做出的D地税稽处〔2014〕1号《税务处理决定书》的异议，可以作为建安公司在实际缴纳税款时的抗辩理由，不能作为本案改判的依据。

3. B稽查局对建安公司逃避、拒绝或阻挠税务机关检查的行为进行50 000元罚款并无不当

本案中，B稽查局于2013年6月25日向建安公司下达了《税务事项通知书》，7月1日下达了《责令限期改正通知书》，要求建安公司提供账簿、记账凭证等相关资料，2013年7月12日再次要求建安公司提供资料，并告知其拒不提供应当承担的法律责任，建安公司以账簿、凭证

等资料被盗抢丢失为由一直未提供，也没有提供上述资料被盗抢的证据。

《税收征收管理法》第五十六条规定："纳税人、扣缴义务人必须接受税务机关依法进行的税务检查，如实反映情况，提供有关资料，不得拒绝、隐瞒。"《税收征收管理法》第七十条规定："纳税人、扣缴义务人逃避、拒绝或者以其他方式阻挠税务机关检查的，由税务机关责令改正，可以处一万元以下的罚款；情节严重的，处一万元以上五万元以下的罚款。"《S省地方税务局规范税务行政处罚自由裁量权参照执行标准》（L地税发〔2006〕118号）第十一类第一项第一目中规定："提供虚假资料，不如实反映情况，或者拒绝提供有关资料的，由税务机关责令限期改正，对在规定期限内改正的，不予处罚；逾期仍未改正的，处1万元至5万元的罚款。"本案B稽查局前后三次下达文书要求建安公司提交账簿、记账凭证等相关资料，建安公司逾期仍未提交。根据上述规定，B稽查局认定建安公司的行为属于拒绝提供有关资料且情节严重，对建安公司进行罚款并无不当，处50 000元罚款在法定幅度范围内，亦不违反法律规章的规定。

风险防控提示

各地对于逃避、拒绝或阻挠税务机关检查行为进行处罚的规定散见于各地出台的"税务行政处罚裁量基准"，法律文件层级较低，有的甚至并未公开。下面列举部分省市的规定。

《北京市税务行政处罚裁量基准》（北京市地方税务局公告2015年第9号发布）规定："纳税人、扣缴义务人逃避、拒绝或者以其他方式阻挠税务机关检查的，在限期内改正的，不予罚款；在限期内未改正的，处一万元以下罚款；情节严重的，处一万元以上五万元以下罚款。"

《上海市税务行政处罚执行标准》规定："纳税人、扣缴义务人逃避、拒绝或者以其他方式阻挠税务机关检查的，三年内首次发生，能够在限期内改正，且未对税务检查产生影响的，可以处一万元以下罚款；三年内发生两次以上但能在限期内改正的，处一万元以上二万元以下罚款；逾期改正的，处二万元以上三万元以下罚款；逾期不改正的，处三万元以上五万元以下罚款。"

《河南省税务系统行政处罚裁量标准（试行）》（河南省国家税务局公告2014年第7号发布）规定："纳税人、扣缴义务人逃避、拒绝或者以其他方式阻挠税务机关检查的，发生违法行为，能及时主动改正，挽回影响的，可以处5000元以下的罚款；提供虚假资料，不如实反映情况的，责令改正，处5000元以上1万元以下的罚款；拒绝或者阻止税务机关记录、录音、录像、照相和复制与案件有关的情况和资料的，责令改正，处1万元以上3万元以下的罚款；转移、隐匿、销毁有关资料的，或者拒绝提供有关资料的，或者采用暴力、威胁的方式或方法拒绝检查的，责令改正，处3万元以上5万元以下的罚款。"

《江西省税务行政处罚裁量权执行标准》（江西省国家税务局 江西省地方税务局公告2013年第1号）规定："纳税人、扣缴义务人逃避、拒绝或者以其他方式阻挠税务机关检查的，五年内首次出现，且情节轻微并能立即改正的，可以处1万元以下的罚款；五年内再次出现的，或经责令改正未及时改正的，处1万元以上2万元以下的罚款；五年内有三次以上该行为的，或有其他严重情节的，处2万元以上5万元以下的罚款。"

《福建省税务行政处罚裁量权基准》（闽国税发〔2012〕127号文件发布）规定："在税务机关责令限期改正期限内改正的，可以处1万元以下罚款；经税务机关责令限期改正，逾期仍未改正的，处以1万元以上2万元以下罚款；方式特别恶劣，导致税务机关无法开展检查的，或者5年内有两次以上该行为的，处以2万元以上5万元以下罚款。"

《徐州市国家税务局第四税务分局税务行政处罚标准》第九条规定："逃避、拒绝或阻挠税务机关检查的处罚：逃避、拒绝或者以其他方式阻挠税务机关检查的，或者有《税收征收管理法实施细则》第九十六条规定的情形的，个体工商户处200元的罚款，企业处2 000元罚款；情节严重的（在全市范围内造成恶劣影响），处20 000元的罚款。"

《天津市国家税务局税务行政违法行为处罚标准暂行规定》第二十九条规定："纳税人、扣缴义务人逃避、拒绝或者以其他方式阻挠税务机关检查的，由国税机关责令改正，并按以下标准予以处罚：（1）限期内接受税务机关检查的，不予处罚；（2）逾期仍不接受国税机关检查的，处2 000元以上1万元以下的罚款。"

《衢州市地方税务局税务行政处罚自由裁量标准操作办法》第二十三条规定："纳税人、扣缴义务人有《税收征收管理法》第七十条所列行为，即逃避、拒绝或者以其他方式阻挠税务机关 检查的，由税务机关责令限期改正，限期内改正的，处1 000元以上10 000元以下的罚款；逾期仍未改正的，视为情节严重的违法行为，罚款最低限额10 000元，每逾期一天加罚100元，最高罚款限额为50 000元。"

《邵阳市地方税务局规范税务行政处罚裁量权实施办法》第二十九条规定："纳税人、扣缴义务人逃避、拒绝或者以其他方式阻挠税务机关检查的，由地税机关责令改正，可以按下列情形处罚：（1）经责令在规定期限内改正的，不予处罚或者处 1 万元以下的罚款；（2）经责令限期改正逾期未改正的，处 1 万元以上 2 万元以下的罚款；（3）情节严重的，处 2 万元以上 5 万元以下的罚款。"

《甘肃省税务行政处罚裁量权实施办法（试行）》的政策解读（六）指出，对纳税人、扣缴义务人逃避、拒绝或者以其他方式阻挠税务机关检查，经责令改正，纳税人、扣缴义务人及时改正、积极配合开展检查工作的，按照"轻微"裁量阶次不予处罚，体现教育与处罚相结合的原则。对经责令改正，纳税人、扣缴义务人虽能接受税务检查，但在规定的时限内未提供账簿、资料又无正当理由的，按照"一般"裁量阶次处 1 万元以下罚款。纳税人、扣缴义务人虽能接受税务检查，但提供虚假资料，或者拒绝提供有关资料（包括转移、隐匿、销毁有关资料）的，以及纳税人、扣缴义务人拒不接受税务检查的，按照"严重"裁量阶次予以处罚，其中，纳税人、扣缴义务人虽能接受税务检查，但提供虚假资料，或者拒绝提供有关资料（包括转移、隐匿、销毁有关资料）的，处 1 万元以上 3 万元以下罚款；纳税人、扣缴义务人阻止税务机关记录、录音、录像、照相和复制与案件有关的情况和资料等拒不接受税务检查的，处 3 万元以上 5 万元以下罚款。"一般"裁量阶次对应《税收征收管理法》第七十条"由税务机关责令改正，可以处一万元以下的罚款"之规定；"严重"裁量阶次对应"情节严重的，处一万元以上五万元以下的罚款"之规定。

《浙江省地税系统行政处罚裁量权基准》规定："纳税人、扣缴义务人逃避、拒绝或者以其他方式阻挠税务机关检查的，根据《税收征收管理法》第七十条，由税务机关责令改正，可以处一万元以下的罚款；情节严重的，处一万元以上五万元以下的罚款。其中，责令限期改正，按以下标准处理：（1）发生违法行为，能立即改正，挽回影响的，可以处1万元以下的罚款；（2）提供虚假资料，不如实反映情况，或者拒绝提供有关资料的，处1万元以上2万元以下的罚款。"

《阿图什市国税系统税务行政处罚事项实施办法》第十七条规定，纳税人、扣缴义务人逃避、拒绝或者以其他方式阻挠税务机关检查的，由国税机关责令改正，处以1 000元以上10 000元以下的罚款；情节严重的，处10 000元以上50 000元以下的罚款。

从上述列举的部分省市的规定可以看出，各地关于纳税人、扣缴义务人逃避、拒绝或阻挠税务机关检查行为进行罚款的标准不一。能否限期改正、一定期限内违法行为发生次数、违法行为性质或方式的恶劣程序等都可能成为认定是否应当处罚及处罚幅度的依据。

链接　类似案例统计

经对中国裁判文书网判例统计，2010年至2017年11月1日，全国类似的裁判案例有两件，法律文书为安徽省南陵县人民法院（2015）南行初字第00030号《行政判决书》、安徽省芜湖市中级人民法院（2015）芜中行终字第00108号《行政判决书》（不排除部分类似案件未上传到数据库），对于税务机关、人民法院以后处理类似情况有参考意义。

其中，安徽省芜湖市中级人民法院（2015）芜中行终字第00108号《南陵首府商厦有限公司与南陵县地方税务稽查局行政处罚二审行政判决书》中指出，"首府商厦诉称公司原会计陈某生在离职前隐匿财务资料拒不交付导致其无法向地税稽查局提供，但即使首府商厦陈述属实，也是首府商厦单位内部的管理问题，首府商厦的该主张无充分证据予以支持，法院难以采信。地税稽查局认定首府商厦的不配合检查行为，符合上述规定并予以处罚并无不妥。首府商厦诉称地税稽查局将情节轻微的行为夸大为'情节严重'，处罚明显偏重，但《税收征管法实施细则》第一百零八条规定，税收征管法及本细则所称'以上'、'以下'、'日内'、'届满'均含本数。地税稽查局对首府商厦进行罚款10 000元的处罚，并未适用'情节严重'条款，在法定幅度范围内，无明显不当"。

3 企业所得税征收方式变更风险败诉案

基本案情[1]

J怡馨置业有限公司（以下简称怡馨公司）的"圣淘沙"房地产项目于2005年动工，2012年完工，该期间P市K区地税局（以下简称区地税局）对怡馨公司企业所得税征收采取查账征收方式。2012年2月10日，怡馨公司向区地税局递交了关于"圣淘沙"项目企业所得税征收方式变为采用核定征收方式的申请报告。同年3月29日，区地税局一分局向怡馨公司送达K一地税通字〔2012〕第002号《税务事项通知书》，明确对怡馨公司企业所得税采取核定应税所得率征收方式，土地增值税采取核定征收方式。同年4月1日怡馨公司填写了《企业所得税征收方式鉴定表》，该表反映出怡馨公司意见为"核定征收"，同时也反映出自报的账簿设置、收入总额核算、成本费用核算、账簿及签证保存、纳税义务履行等

---

[1] 2017年9月12日摘自中国裁判文书网。

情况均非常完善。同年 6 月 28 日区地税局在该鉴定表中签署"同意核定应税所得率征收"的审核意见。

2013 年 6 月 25 日，区地税局做出 K 地税字〔2013〕第 29 号《关于 P 市汇丰投资有限公司等 201 户企业 2013 年度企业所得税征收方式的批复》（以下简称《关于企业所得税征收方式的批复》），该批复载明，怡馨公司 2013 年度企业所得税征收方式为核定应税所得率。

2014 年 4 月 28 日，P 市地税局进行日常行政执法督察，发现区地税局在执行税收政策方面存在问题，于同年 4 月 30 日向区地税局下达 P 地税督意〔2014〕1 号《税收督察处理意见书》。该处理意见书指出，怡馨公司 2012 年度和 2013 年度的企业所得税征收方式鉴定为核定应税所得率征收，与企业申报提出的附列资料不符，违反了《国家税务总局关于印发〈企业所得税核定征收办法（试行）〉的通知》的有关规定，责令区地税局在收到该处理意见书之日起 30 天内按有关规定纠正，并以书面形式向市地税局报告执行结果。区地税局以此为依据，于同年 4 月 30 日向其派出机构区地税局一分局下达整改通知，要求区地税局一分局针对 P 市地税局《税收督察处理意见书》中提出的整改意见尽快整改，对怡馨公司下达相应的纳税事项通知书。2014 年 9 月 15 日，区地税局一分局做出 K 一地税通字〔2014〕第 56 号《税务事项通知书》，内容为：（1）撤销 K 地税字〔2013〕第 29 号文中对于 J 怡馨置业有限公司企业所得税征收方式的鉴定；（2）对 J 怡馨置业有限公司 2013 年度企业所得税征收方式鉴定为查账征收。

怡馨公司签收该《税务事项通知书》后向 P 市地税局申请行政复议，请求撤销 K 一地税通字〔2014〕第 56 号《税务事项通知书》。2014 年 12 月 18 日，P 市地税局做出 P 地税复决字〔2014〕第 3 号《行政复议决定书》，决定维持区地税局一分局做出的 K 一地税通字〔2014〕第 56 号《税务事项通知书》。

怡馨公司不服，向 P 市 A 区人民法院提起行政诉讼，请求法院撤销区地税局一分局做出的 K 一地税通字〔2014〕第 56 号《税务事项通知书》。该院于 2015 年 5 月 15 日做出〔2015〕A 行初字第 6 号《行政判决书》，怡馨公司不服该判决提出上诉。P 市中级人民法院认为，K 地税字〔2013〕第 29 号《关于企业所得税征收方式的批复》是区地税局做出的行政行为，怡馨公司 2013 年度企业所得税采用核定应税所得率征收方式，系《关于企业所得税征收方式的批复》中的一个税务事项。如该批复涉及怡馨公司 2013 年度企业所得税征收方式鉴定存在错误，应自行纠正，却由其派出机构即区地税局一分局越权做出《税务事项通知书》，违反了法定程序，遂做出〔2015〕P 终字第 26 号《行政判决书》，判决撤销 P 市 A 区人民法院做出的〔2015〕A 行初字第 6 号《行政判决书》，撤销 K 一地税通字〔2014〕第 56 号《税务事项通知书》。

2016 年 1 月 5 日，区地税局对怡馨公司做出 K 地税通字〔2016〕第 1 号《税务事项通知书》，内容为：（1）撤销 K 地税字〔2013〕29 号《关于企业所得税征收方式的批复》对怡馨公司企业所得征收方式的鉴定；（2）怡馨公司 2013 年度企业所得税征收方式鉴定为查账征收。怡馨公司不服，向 P 市地税局申请行政复议，P 市地税局于同年 5 月 16 日做出 P 地税复决字〔2016〕1 号《行政复议决定书》，决定维持区地税局做出的 K 地税通字〔2016〕第 1 号《税务事项通知书》。怡馨公司仍不服，遂向一审法院提起行政诉讼，一审法院判决驳回怡馨公司的诉讼请求。怡馨公司不服一审判决，提起上诉。二审法院审理后判决驳回上诉，维持原判。

税企争议焦点

纳税人怡馨公司观点

怡馨公司认为,《房地产开发经营业务企业所得税处理办法》(国税发〔2009〕31号文件发布)第四条规定:"企业出现《中华人民共和国税收征收管理法》第三十五条规定的情形,税务机关可对其以往应缴的企业所得税按核定征收方式进行征收管理,并逐步规范"。同时,应按《税收征收管理法》等税收法律、行政法规的规定进行处理,不得事先确定企业所得税按核定征收方式进行征收、管理。但区地税局做出K地字〔2013〕第29号《关于企业所得税征收方式的批复》对怡馨公司企业所得税征收方式的鉴定时,怡馨公司"圣淘沙"项目已经完成了85%以上,并不是在项目开始时所做的决定,不属于事先确定"圣淘沙"项目的企业所得税为核定征收。故区地税局做出K地税通字〔2016〕第1号《税务事项通知书》,以此撤销K地税字〔2013〕第29号《关于企业所得税征收方式的批复》中对怡馨公司企业所得税征收方式的鉴定,其法律依据不成立。

区地税局依据怡馨公司对2012年度企业所得税征收方式进行鉴定的申请表,来证明K地税字〔2013〕第29号《关于企业所得税征收方式的批复》中对怡馨公司2013年度的企业所得税征收方式为核定征收,明显错误。区地税局在K地税字〔2013〕第29号《关于企业所得税征收方式的批复》中对怡馨公司2013年度的企业所得税采取核定征收方式的决定是依职权做出的,程序合法,区地税局予以撤销的理由和事实都不成立。

区地税局、P 市地税局观点

1. 区地税局观点

（1）按照税收法律法规的规定，税收征收方式改变应由企业先将其变动的具体情况自行申报，经税务机关调查核实无误后再履行严格的审批程序决定，查账征收是原则，核定征收是例外。而且怡馨公司 2013 年度并未自行申报，怡馨公司企业所得税征收方式鉴定为核定应税所得率征收，与怡馨公司申报提供的附列资料不符，违反了《企业所得税核定征收办法(试行)》（国税发〔2008〕30 号文件发布）之规定和《税收征收管理法实施细则》第三十五条之规定。

（2）区地税局未先行检查获取怡馨公司适用核定征收方式的证据，就在 2013 年度错误地做出了 K 地税字〔2013〕29 号《关于企业所得税征收方式的批复》，将怡馨公司企业所得税征收方式鉴定为核定征收，属于税收法律法规中禁止的事先确定企业所得税核定征收方式的行为，故区地税局在上级机关即 P 市地税局提出督查意见后，纠正 K 地税字〔2013〕29 号《关于企业所得税征收方式的批复》中对于怡馨公司企业所得税征收方式的鉴定，是符合相关法律规定的。

2. P 市地税局观点

P 市地税局认为，区地税局对怡馨公司 2013 年度企业所得税征收方式由核定征收调整为查账征收的行政行为，事实证据清楚，符合相关法律法规、政策和法定程序，没有超越职权或滥用职权，无明显不当。P 市地税局根据《行政复议法》和《税务行政复议规则》的规定做出 P 地税复决字〔2016〕1 号《行政复议决定书》，事实清楚，证据确凿，程序合法，法律适用准确。

本案争议焦点

根据税企双方意见，可以将本案的焦点归纳为：怡馨公司企业所得税征收方式是否应当由核定征收调整为查账征收。

人民法院裁判观点

一审法院裁判观点

法律、行政法规规定，县级以上人民政府税务管理部门具有对辖区内的工商户、企业等的税收、检查及做出处理的法定职责。本案怡馨公司对区地税局具有税收征收的法定职权以及市地税局具有行政复议法定职权无异议，故确认区地税局具有对辖区内企业税务征收管理的法定职权，同时亦应确认 P 市地税局具有行政复议的法定职权。

一审法院认为案件的争议焦点是：区地税局做出的 K 地税通字〔2016〕1 号《税务事项通知书》是否合法。根据《税收征收管理法》第三十五条的规定，怡馨公司要求改变企业所得税征收方式，应先将其财务变动的具体情况自行申报，经税务机关调查核定无误后，再履行审批程序由主管税务机关下发征收方式确定文书。怡馨公司 2013 年度未进行自行申报，而且该公司提供的 2012 年征收方式鉴定查账符合相关财务及法律规定，属查账征收方式之列。区地税局的上级机关对其 2013 年度进行调账检查时，怡馨公司企业账目健全，有账可查，可以计算企业所得税，故区地税局当时将怡馨公司企业所得税征收确定为核定征收方式，显然与《税收征收管理法》的规定不符。

同时，《企业所得税核定征收办法（试行）》第三条规定："纳税人具有下列情形之一的，核定征收企业所得税：（一）依照法律、行政法规定的规定可以不设置账簿的；（二）依照法律、行政法规的规定应当设置但未设置账簿的；（三）擅自销毁账簿或者拒不提供纳税资料的；（四）虽设置账簿，但账目混乱或者成本资料、收入凭证、费用凭证残缺不全难以查账的；（五）发生纳税义务，未按照规定的期限办理纳税申报，经税务机关责令限期申报逾期不申报的；（六）纳税人申报的计税依据明显偏低，又无正当理由的。特殊行业、特殊类型的纳税人和一定规模以上的纳税人不适用本办法。上述特定纳税人由国家税务总局另行明确。"怡馨公司向区地税局提交的《企业所得税征收方式鉴定表》中自报关于账簿设置、收入总额核算、成本费用核算、账簿签证保存和纳税义务履行等情况均为"完善"，不符合上述六种可以确定为核定征收企业所得税方式的情形。且房地产开发行业的企业所得税管理另有相关税收规章规定，怡馨公司是属于特殊行业、特殊类型的纳税人。

《房地产开发经营业务企业所得税处理办法》第四条规定："企业出现《中华人民共和国税收征收管理法》第三十五条规定的情形，税务机关对其以应缴纳的企业所得税是按核定征收方式进行征收管理，并逐步规范，同时按《中华人民共和国税收征收管理法》等税收法律、行政法规的规定进行处理，但不得事先确定企业所得税按核定征收方式进行征收管理。"区地税局做出的K地税字〔2013〕29号《关于企业所得税征收方式的批复》，在2013年度未完结的中途确定怡馨公司采用核定征收方式显然不妥，必须在确定采取核定征收方式之前，实施有效的检查并获取确凿的证据之后，再确定是否适用核定征收方式。故区地税局将怡馨公司的税收征收方式确定为核定征收，明显属于国家税务总局上述规定的禁止行为。

《税收征收管理法实施细则》第六条规定："上级税务机关发现下级

税务机关的违法行为,应及时予以纠正,下级税务机关应当按照上级税务机关的决定及时纠正。"《税收执法督察规则》第三十八条规定:"对违反税收法律、行政法规规章和上级税收规范性文件的涉税文件……对下级税务机关规定的责令停止执行,并予以纠正";第三十九条规定:"事实不清,证据不足的依法予以撤销,并可以责令重新做出执法行为"。区地税局对上级税务机关即本案被告P市地税局在日常执法督察发现的问题进行自我纠错的行政行为,符合法律、行政法规和规章的规定。综上所述,区地税局对怡馨公司在2016年1月5日做出的K税通字〔2016〕第1号《税务事项通知书》,认定事实清楚、证据确凿、程序合法、适用法律正确。P市地税局做出行政复议决定的行政行为符合法律、法规及规范性文件的规定,符合法定程序。怡馨公司诉请事实理由不成立,本院不予支持。根据《行政诉讼法》第六十九条之规定,一审法院判决驳回怡馨公司的诉讼请求。

二审法院裁判观点

二审法院认为,本案被诉的最初行政行为是区地税局做出的K地税通字〔2016〕第1号《税务事项通知书》,从该通知内容看,其具有税务事项决定的性质。P市地税局做出的复议决定维持了该通知,怡馨公司对P市地税局复议程序的合法性未持异议,二审法院经审查,对此予以确认。根据双方当事人的诉辩意见,二审法院认为本案争议的焦点是:区地税局做出的将2013年度怡馨公司企业所得税的征收方式由核定征收改为查账征收这一税务事项决定是否有事实依据和法律法规依据。

区地税局做出的K地税通字〔2016〕第1号《税务事项通知书》,实质就是认为其做出的K地税字〔2013〕第29号《关于企业所得税征收方式的批复》中将怡馨公司2013年度的企业所得税征收方式鉴定为核定征收存在违法违规问题,从而予以纠正的行为。该批复的违法违规之处是区地税局在2013年度中途的时间节点即2013年6月25日就确定了怡馨公司2013年度企业所得税的征收为核定征收，而不是待2013年完结之后对怡馨公司的账目进行审查后确定。故区地税局做出K地税通字〔2016〕第1号《税务事项通知书》对此予以纠正并无不当，既有事实依据，也有法律法规及规范性文件依据。P市地税局做出P地税复决字〔2016〕1号《行政复议决定书》对该《税务事项通知书》予以维持是合法的。

综上所述，二审法院认为，怡馨公司的上诉理由不成立，对其请求不予支持。一审判决认定事实清楚，审判程序合法，处理正确，依法应予维持。二审法院依照《行政诉讼法》第八十九条第一款第一项的规定，判决驳回上诉，维持原判。

税务律师解析

1. 企业所得税的征收方式

税务机关根据纳税人的生产经营管理水平，特别是账务会计建立健全的状况，对企业所得税采取了两种不同的征收管理方式：查账征收与核定征收。

查账征收适用于会计核算规范的企业，是在纳税人自行进行纳税申报后，再由税务机关根据纳税人账面记录的应纳税情况进行必要的核查的税收征管方式。

核定征收适用于能够正确核算收入而不能正确核算成本费用的企业，是对纳税人的应纳税额采取一定的方式进行核查和评定的税收征管方式。

2. 核定征收企业所得税的情形

第一,《企业所得税核定征收办法(试行)》第三条规定,纳税人具有下列情形之一的,核定征收企业所得税:

(1)依照法律、行政法规的规定可以不设置账簿的;
(2)依照法律、行政法规的规定应当设置但未设置账簿的;
(3)擅自销毁账簿或者拒不提供纳税资料的;
(4)虽设置账簿,但账目混乱或者成本资料、收入凭证、费用凭证残缺不全,难以查账的;
(5)发生纳税义务,未按照规定的期限办理纳税申报,经税务机关责令限期申报,逾期仍不申报的;
(6)申报的计税依据明显偏低,又无正当理由的。

特殊行业、特殊类型的纳税人和一定规模以上的纳税人不适用该办法。上述特定纳税人由国家税务总局另行明确。

第二,《关于企业所得税核定征收若干问题的通知》(国税函〔2009〕377号)明确,《企业所得税核定征收办法(试行)》第三条第二款所称"特定纳税人"包括以下类型的企业:

(1)享受《企业所得税法》及其实施条例和国务院规定的一项或几项企业所得税优惠政策的企业(不包括仅享受《企业所得税法》第二十六条规定免税收入优惠政策的企业);
(2)汇总纳税企业;
(3)上市公司;
(4)银行、信用社、小额贷款公司、保险公司、证券公司、期货公司、信托投资公司、金融资产管理公司、融资租赁公司、担保公司、财务公司、典当公司等金融企业；

（5）会计、审计、资产评估、税务、房地产估价、土地估价、工程造价、律师、价格鉴证、公证机构、基层法律服务机构、专利代理、商标代理以及其他经济鉴证类社会中介机构；

（6）国家税务总局规定的其他企业。

第三，《国家税务总局关于企业所得税核定征收有关问题的公告》（国家税务总局公告2012年第27号）明确，自2012年1月1日起，专门从事股权（股票）投资业务的企业，不得核定征收企业所得税。

3. 怡馨公司企业所得税征收方式是否应当由核定征收调整为查账征收

企业所得税的征收目前在我国有核定征收和查账征收两种方式，本案怡馨公司系从事房地产开发经营业务的企业，其税收征收方式应依照《房地产开发经营业务企业所得税处理办法》的规定执行。该办法第四条规定："企业出现《中华人民共和国税收征收管理法》第三十五条规定的情形，税务机关可对其以往应缴的企业所得税按核定征收方式进行征收管理，并逐步规范，同时按《中华人民共和国税收征收管理法》等税收法律、行政法规的规定进行处理，但不得事先确定企业的所得税按核定征收方式进行征收、管理。"可见，对房地产这一行业，税务机关对企业所得税以核定征收方式进行征收的前提是：（1）企业出现如《税收征收管理法》第三十五条规定的账目混乱或者资料、凭证残缺不全，难以查账等情形；（2）只能针对以往年度应缴的企业所得税，即不能在当年度中途的时间节点确定本年度的企业所得税为核定征收。

综上，本案中税务机关在2013年度未完结的中途确定怡馨公司采用核定征收方式违反了上述规定，即税务机关必须先实施有效的检查并获取确凿的证据,再确定是否适用核定征收方式。故税务机关在发现错误后依法纠正,将怡馨公司的企业所得税征收方式由核定征收调整为查账征收的行为符合法律、行政法规和规章的规定。

风险防控提示

企业所得税的相关规定

企业所得税是指国家对企业和税法认定的其他组织的生产、经营所得和其他所得依法征收的一种税。在中华人民共和国境内的企业和其他取得收入的组织为企业所得税的纳税人,不包括个人独资企业、合伙企业。我国现行企业所得税法把企业分为居民企业和非居民企业。

1. 企业所得税纳税人分类一览表

详见表3-1。

表3-1

纳税人	判定标准	纳税人范围	征税对象
居民企业	(1)依照中国法律、法规在中国境内成立的企业; (2)依照外国(地区)法律成立但实际管理机构在中国境内的企业。	包括:企业、事业单位、社会团体、其他取得收入的组织(民办非企业单位、基金会、商会、农民专业合作社)。	来源于中国境内、境外的所得
非居民企业	(1)依照外国(地区)法律、法规成立且实际管理机构不在中国境内,但在中国境内设立机构、场所的企业; (2)在中国境内未设立机构、场所,但有来源于中国境内所得的企业。	在中国境内从事生产经营活动的机构、场所,包括: (1)管理机构、营业机构、办事机构; (2)工厂、农场、开采自然资源的场所; (3)提供劳务的场所; (4)从事建筑、安装、装配、修理、勘探等工程作业的场所; (5)其他从事生产经营活动的机构、场所。	来源于中国境内的所得

2. 征税对象

企业所得税的征税对象是企业取得的生产经营所得和其他所得。包括销售货物所得，提供劳务所得，转让财产所得，股息、红利等权益性投资所得，利息所得，租金所得，特许权使用费所得，接受捐赠所得，其他所得。

3. 税率

企业所得税法定税率为25%。非居民企业在中国境内未设立机构、场所的，或者虽设立机构、场所但取得的所得与其所设机构、场所没有实际联系的，适用税率为20%，目前减按10%的优惠税率征收。符合条件的小型微利企业，减按20%的税率征收企业所得税。对国家需要重点扶持的高新技术企业，减按15%的税率征收企业所得税。具体内容如表3-2所示。

表3-2

征税对象	计税依据	税率	申报缴纳日期
生产经营所得、其他所得	一般企业	25%	月或季后15日内预缴，年度终了后5个月内汇算清缴
	小型微利企业	20%	
	高新技术企业	15%	

4. 税收优惠

（1）鼓励农业发展的税收优惠。对从事关系国计民生的农、林、牧、渔业项目（如蔬菜、谷物、薯类、油料、豆类、棉花、麻类、糖料、水果、坚果的种植，林木的培育和种植，牲畜、家禽的饲养等），农、林、牧、渔服务业项目（如农作物新品种的选育、灌溉、农产品初加工、兽医、农技推广、农机作业和维修等），以及远洋捕捞等业务的企业给予免税优惠。对从事花卉、茶以及其他饮料作物和香料作物的种植、海水养殖、内陆养殖等经济型农业的企业给予减半征收企业所得税优惠。

（2）鼓励基础设施建设的优惠。对投资经营国家重点扶持的公共基础设施项目，自项目取得第一笔生产经营收入所属纳税年度起，给予3年免税3年减半征收的优惠。

（3）对促进环境保护、节约资源、支持安全生产的优惠。包括对从事符合条件的环境保护、节能节水项目，自项目取得第一笔生产经营收入所属纳税年度起，给予3年免税3年减半征收的优惠；对企业购置用于环境保护、节能节水、安全生产等专用设备的投资额，该专用设备的投资额的10%可以从企业当年的应纳税额中抵免；企业以《资源综合利用企业所得税优惠目录》规定的资源为主要原材料，符合条件的，减按90%计入收入总额。

（4）在促进科技进步、产业升级方面的税收优惠。包括对居民企业技术转让所得500万元以下免税，500万元以上减半征税；技术开发费加计50%在税前扣除；加速折旧税收优惠；对创业投资企业实施税收优惠，国家重点扶持的高新技术企业实行15%的优惠税率；对符合条件的小型微利企业，减按20%的税率征收企业所得税等。

（5）对促进公益事业和关注弱势群体的税收优惠。包括企业安置残疾人员及国家鼓励安置的其他就业人员所支付的工资，可以在计算应纳税所得额时加计扣除。安置残疾人员的，在按照支付给残疾职工工资据实扣除的基础上，按照支付给残疾职工工资的100%加计扣除；企业安置国家鼓励安置的其他就业人员所支付的工资的加计扣除办法，由国务院另行规定。

5. 纳税地点

除税收法律、行政法规另有规定外，居民企业以企业登记注册地为纳税地点；但登记注册地在境外的，以实际管理机构所在地为纳税地点。

非居民企业在中国境内未设立机构、场所有应税所得的，以扣缴义务人所在地为纳税地点。

非居民企业在中国境内设立机构、场所有应税所得的，以机构、场所所在地为纳税地点。非居民企业在中国境内设立两个或者两个以上机构、场所的，经各机构、场所所在地税务机关的共同上级税务机关审核批准，可以选择由其主要机构、场所汇总缴纳企业所得税。

6. 缴纳方法和申报期限

（1）纳税年度。企业所得税按纳税年度计算。纳税年度自公历1月1日起至12月31日止。企业在一个纳税年度中间开业，或者终止经营活动，使该纳税年度的实际经营期不足12个月的，应当以其实际经营期为一个纳税年度。企业依法清算时，应当以清算期间作为一个纳税年度。

（2）企业所得税预缴。企业所得税分月或者分季预缴，由税务机关具体核定。企业应当自月份或者季度终了之日起15日内，向税务机关报送预缴企业所得税纳税申报表，预缴税款。

（3）企业所得税汇算清缴。企业应当自年度终了之日起5个月内，向税务机关报送年度企业所得税纳税申报表，并汇算清缴，结清应缴应退税款。企业在年度中间终止经营活动的，应当自实际经营终止之日起60日内，向税务机关办理当期企业所得税汇算清缴。企业应当在办理注销登记前，就其清算所得向税务机关申报并依法缴纳企业所得税。

7. 税务机关进行征收方式鉴定的依据

根据《企业所得税核定征收办法（试行）》的相关规定，存在下列情形之一的，核定征收企业所得税：纳税人依照法律、行政法规的规定可以不设置账簿的；应当设置但未设置账簿的；擅自销毁账簿或者拒不提供纳税资料的；申报的计税依据明显偏低又无正当理由的；发生纳税义务未按期办理申报、经税务机关责令限期申报逾期仍不申报的；虽设置账簿但账目混乱或者成本资料、收入凭证、费用凭证残缺不全的。

根据《企业所得税核定征收办法（试行）》第十一条的规定，税务机关应在每年6月底前（为避免企业在一季度按上年征收方式申报，但被改变征收方式须调整申报的麻烦，县局建议3月底结束），对上年度实行核定征收企业所得税的纳税人进行重新鉴定，重新核定应纳企业所得税额或应税所得率。重新鉴定工作完成前，纳税人可暂按上年度的核定征收方式预缴企业所得税；重新鉴定工作完成后，按重新鉴定的结果进行调整。

相关规定列举：《税收征收管理法》第三十五条第一款、《税收征收管理法实施细则》第四十七条、《企业所得税法》、《企业所得税法实施条例》、《企业所得税核定征收办法（试行）》、《国家税务总局关于企业所得税核定征收若干问题的通知》（国税函〔2009〕377号）、《国家税务总局关于企业所得税核定征收有关问题的公告》（国家税务总局公告2012年第27号）、《国家税务总局关于贯彻落实进一步扩大小型微利企业减半征收企业所得税范围有关问题的公告》（国家税务总局公告2015年第61号）第一条、《国家税务总局关于印发〈国家税务局 地方税务局合作工作规范（1.0版）〉的通知》（税总发〔2015〕82号）第十六项、《国家税务总局关于印发〈企业所得税核定征收办法〉（试行）的通知》（国税发〔2008〕30号）和《非居民企业所得税核定征收管理办法》（国税发〔2010〕19号文件发布）。

8. 企业所得税征收方式鉴定的流程

（1）发放。税务机关向纳税人发放《企业所得税核定征收鉴定表》。

（2）提交。纳税人填写《企业所得税核定征收鉴定表》后向税务机关提交。纳税人收到《企业所得税核定征收鉴定表》后，未在规定期限内填列、报送的，税务机关视同纳税人已经报送。

（3）核定。税务机关接到核定任务后，将进行逐户审查核实，根据纳税人具体情况，对企业所得税纳税人的征收方式进行鉴定，对鉴定为核定征收企业所得税的纳税人，核定应税所得率或者应纳所得税额。

具有下列情形之一的，核定其应税所得率：

① 能正确核算（查实）收入总额，但不能正确核算（查实）成本费用总额的；

② 能正确核算（查实）成本费用总额，但不能正确核算（查实）收入总额的；

③ 通过合理方法，能计算和推定纳税人收入总额或成本费用总额的。

纳税人不属于以上情形的，核定其应纳所得税额。

实行应税所得率方式核定征收企业所得税的纳税人，经营多业的，无论其经营项目是否单独核算,均由税务机关根据其主营项目确定适用的应税所得率。

主营项目应为纳税人所有经营项目中,收入总额或者成本(费用)支出额或者耗用原材料、燃料、动力数量所占比重最大的项目。

税务机关采用下列方法核定征收企业所得税:

① 参照当地同类行业或者类似行业中经营规模和收入水平相近的纳税人的税负水平核定;
② 按照应税收入额或成本费用支出额定率核定;
③ 按照耗用的原材料、燃料、动力等推算或测算核定;
④ 按照其他合理方法核定。

若采用一种方法不足以正确核定应纳税所得额,可以同时采用两种以上的方法核定。采用两种以上方法测算的应纳税所得额不一致时,可按测算的应纳税所得额从高核定。

采用应税所得率方式核定征收企业所得税的,应纳所得税额计算公式如下:

$$应纳所得税额 = 应纳税所得额 \times 适用税率$$

$$应纳税所得额 = 应税收入额 \times 应税所得率$$

或

$$应纳税所得额 = \frac{成本(费用)支出额}{1-应税所得率} \times 应税所得率$$

应税所得率按表3-3规定的幅度标准确定。

表 3-3

行　业	应税所得率
农、林、牧、渔业	3%~10%
制造业	5%~15%
批发和零售贸易业	4%~15%
交通运输业	7%~15%
建筑业	8%~20%
饮食业	8%~25%
娱乐业	15%~30%
其他行业	10%~30%

依法按核定应税所得率方式核定征收企业所得税的企业，取得的转让股权（股票）收入等转让财产收入，应全额计入应税收入额，按照主营项目（业务）确定适用的应税所得率计算征税；若主营项目（业务）发生变化，应在当年汇算清缴时，按照变化后的主营项目（业务）重新确定适用的应税所得率计算征税。

（4）公示。主管税务机关完成核定后，按照便于纳税人及社会各界了解、监督的原则确定公示地点、方式，分类逐户公示核定的内容。

（5）送达。对经过公示的居民企业所得税核定结果，主管税务机关制作《税务事项通知书》送达纳税人执行，纳税人按规定进行纳税申报和缴纳税款。

9. 征收方式鉴定调整

企业所得税征收方式一经确定，一般在一个纳税年度内不做变更，但对鉴定为查账征收方式的纳税人，发现下列情形之一的，可随时调整为定额或定率征收方式征收企业所得税：

① 纳税人不据实申报纳税，不按规定提供有关财务资料接受税务检查的；
② 在税务检查中，发现有违反税法规定的行为情节严重的。

对鉴定为定额或定率征收方式的企业，如能积极改进财务管理，建立健全账簿，规范财务核算，正确计算盈亏，依法办理纳税申报，达到查账征收方式的企业标准的，在次年鉴定时，可予以升级，鉴定为查账征收方式征收企业所得税。

10. 注意事项

（1）为避免年度企业所得税汇算清缴出现问题，建议企业对自身的账务会计是否建立健全先做个预判。

（2）征收方式的更改需要去所在分局的税务大厅办理，征收方式变更后才能进行企业所得税的汇算清缴工作。

链接1　类似案例统计

经对中国裁判文书网判例统计，2010年至2017年11月1日，全国涉及企业征收方式变更争议败诉的裁判案例有7件（不排除部分类似案件未上传到数据库），出现在江苏省、河南省、广东省、新疆维吾尔自治区、山东省等地。

链接2　税款征收方式提示

税款征收方式

税款征收是税务机关依照税收法律、法规规定将纳税人应当缴纳的税款组织征收入库的一系列活动的总称,是税收征收管理的核心内容,是税务登记、账簿票证管理、纳税申报等税务管理工作的目的和归宿,直接关系到国家税收能否及时、足额入库。根据《税收征收管理法》及其实施细则的规定,我国税款征收方式主要有以下几种:

1. 查账征收

查账征收是指税务机关按照纳税人提供的账表所反映的经营情况,依照适用税率计算缴纳税款的方式。适用于账簿、凭证、会计等核算制度比较健全,能够据以如实核算生产经营情况、正确计算应纳税款的纳税人。

2. 核定征收

税务机关对不能完整、准确提供纳税资料的纳税人,采用特定方法确定其应纳税收入或应纳税额,纳税人据以缴纳税款的一种征收方式。具体包括:

(1)查定征收。指由税务机关根据纳税人的从业人员、生产设备、原材料消耗等因素,在正常生产经营条件下,对其生产的应税产品,查实核定产量、销售额并据以征收税款的一种方式。适用于生产规模较小、账册不健全、产品零星、税源分散的小型厂矿和作坊。

(2)查验征收。指税务机关对纳税人的应税商品,通过查验数量,按市场一般销售单价计算其销售收入并据以征税的方式。适用于对城乡集贸市场中的临时经营者和机场、码头等场所的经销商的课税。

（3）定期定额征收。指对一些营业额、所得额不能准确计算的小型工商户，经过自报评议，由税务机关核定一定时期的营业额和所得税附征率，实行多税种合并征收方式。

核定征收适用于以下几种情况的纳税人：

① 依照《税收征收管理法》可以不设置账簿的；
② 依照《税收征收管理法》应当设置账簿但未设置的；
③ 擅自销毁账簿或者拒不提供纳税资料的；
④ 虽设置账簿，但账目混乱或者成本资料、收入凭证、费用凭证残缺不全，难以查账征收的；
⑤ 发生纳税义务，未按照规定的期限办理纳税申报，经税务机关责令限期申报，逾期仍不申报的；
⑥ 关联企业不按照独立企业之间的业务往来收取或支付价款、费用，而减少其应纳税的收入或者所得额的。

3. 代扣代缴、代收代缴征收

代扣代缴是指支付纳税人收入的单位和个人从所支付的纳税人收入中扣缴其应纳税款并向税务机关解缴的行为；代收代缴是指与纳税人有经济往来关系的单位和个人借助经济往来关系向纳税人收取其应纳税款并向税务机关解缴的行为。这两种征收方式适用于税源零星分散、不易控管的纳税人。

4. 自核自缴

自核自缴也称"三自纳税",是指纳税人按照税务机关的要求,在规定的缴款期限内,根据其财务会计情况,依照税法规定,自行计算税款,自行填写纳税缴款书,自行向开户银行缴纳税款,税务机关对纳税单位进行定期或不定期检查的一种税款征收方式。

5. 委托代征

委托代征是指税务机关为了解决税务专管员人力不足的问题,根据国家法律、法规的授权,并根据加强税款征收、保障国家税收收入的实际需要,依法委托给其他部门和单位代为执行税款征收任务的一种税款征收方式。

土地增值税的征收方式

土地增值税是指转让国有土地使用权、地上的建筑物及其附着物并取得收入的单位和个人,以转让所取得的收入,包括货币收入、实物收入和其他收入为计税依据向国家缴纳的一种税赋,不包括以继承、赠与方式无偿转让房地产的行为。土地增值税的征收方式有两种:

1. 核定征收

按照转让二手房交易价格全额 1% 的征收率征收,这种模式类似于目前的个人所得税征收方式。如成交价为 50 万元,则土地增值税应为 $500\,000 \times 1\% = 5\,000$(元)。

2. 减除法定扣除项目金额后,按四级超率累进税率征收

其中又分两种情况:

（1）能够提供购房发票的，可减除以下项目金额：

① 取得房地产时有效发票所载的金额；
② 按发票所载金额从购买年度起至转让年度止每年加计 5% 的金额；
③ 按国家规定统一交纳的与转让房地产有关的税金；
④ 取得房地产时所缴纳的契税。

（2）不能够提供购房发票，但能够提供房地产评估机构按照重置成本评估法评定的房屋及建筑物价格评估报告的，扣除项目金额按以下标准确认：

① 取得国有土地使用权时所支付的金额证明；
② 中介机构评定的房屋及建筑物价格（不包括土地评估价值），需经地方主管税务机关对评定的房屋及建筑物价格进行确认；
③ 按国家规定统一交纳的与转让房地产有关的税金和价格评估费用。

4 成本支出未取得当期发票风险败诉案

基本案情[1]

H省国家税务局第三稽查局（以下简称第三稽查局）接到举报人举报后，组成检查组对H鑫海建材有限公司（以下简称鑫海公司）进行税务稽查，并向鑫海公司下达Q国税稽三检通一〔2010〕11号《税务检查通知书》，决定自2010年7月22日起对鑫海公司2008年1月1日至2010年6月30日期间（如检查发现此期间以外明显的税收违法嫌疑或线索不受此限）的涉税情况进行检查。

在检查中发现，鑫海公司自2008年1月至2010年3月与S鹿回头旅游开发有限公司、H楚湘建设工程有限公司等六家企业签订书面购销混凝土合同，销售混凝土123 553.9立方米给该六家企业，取得收入

---

[1] 2017年9月20日摘自中国裁判文书网。

43 627 330.99元，混凝土已在结算前交付购货方使用，鑫海公司未在结算当期确定收入并申报缴纳增值税，而是在2010年6月才申报缴纳增值税。第三稽查局认为，鑫海公司违反了《增值税暂行条例》第十九条的规定，属销售货物未按规定时间确定收入、少缴当期增值税，要求鑫海公司补缴2008年1、5、7、8、10、11、12月增值税合计1 200 356.02元，2009年1—12月增值税合计1 339 493.57元，2010年1、3月增值税合计77 790.27元，共应补缴增值税2 617 639.86元。第三稽查局依据《税收征收管理法》第五十一条及《税收征收管理法实施细则》第七十九条的规定，将鑫海公司多申报缴纳2010年6月的增值税2 645 319.41元，抵减以上应补缴的增值税2 617 639.86元。

鑫海公司2008年向上述六家企业销售混凝土55 966.3立方米，取得收入20 005 933.64元，发生的营业成本为4 691 574.8元，第三稽查局依据《企业所得税法》第一条、第四条，《企业所得税法实施条例》第八条、第九条及《国家税务总局关于查增应纳税所得额弥补以前年度亏损处理问题的公告》（国家税务总局公告2010年第20号）的规定，要求鑫海公司在弥补2007年度亏损额1 128 983.11元后，调增2008年应纳税所得额14 185 375.73元（20 005 933.64-4 691 574.8-1 128 983.11），补缴2008年度企业所得税3 546 343.93元（14 185 375.73×25%）。

第三稽查局在检查鑫海公司账簿凭证时发现，该公司购进的原材料及发生的费用为33 573 788.15元，记入"以前年度损益调整——以前年度成本调整"科目借方，未取得发票，并在申报2009年度企业所得税税前扣除。第三稽查局依据《企业所得税法实施条例》第五十六条和《企业所得税税前扣除办法》第三条的规定，调增鑫海公司2009年度应纳税所得额33 573 788.15元。

鑫海公司2009年发生的营业成本为3 417 119.4元，第三稽查局依据《企业所得税法实施条例》第八条的规定，调减鑫海公司2009年应纳税所得额3 417 119.4元。鑫海公司2009年取得申请退还的增值税1 598 333.25元，已申报纳税253 750元，未申报纳税1 344 583.25元，第三稽查局依据《企业所得税法》第七条第三款、《企业所得税法实施细则》第二十六条第四款和《财政部 国家税务总局关于财政性资金、行政事业性收费、政府性基金有关企业所得税政策问题的通知》（财税〔2008〕151号）第一条的规定，将上述未申报缴纳税款计入企业当年收入总额，调增鑫海公司2009年度应纳税所得额1 344 583.25元。

鑫海公司与39名残疾人签订有劳动合同，但在第三稽查局检查及诉讼过程中，其未能按《财政部 国家税务总局关于安置残疾人就业有关企业所得税优惠政策问题的通知》（财税〔2009〕70号）的规定，提供该公司所聘用的39名残疾人的考勤登记资料。鑫海公司在不符合享受税收优惠政策的情形下，在2009年将不符合享受税收优惠政策规定条件的39名残疾职工计入享受人数，按100%加计扣除职工工资，申请退还增值税697 084.13元。第三稽查局认为，鑫海公司在2009年加计扣除的39名残疾职工工资151 479.84元及退还的税款253 750元不得在企业所得税税前扣除，应调增2009年度应纳税所得额405 229.84元。对鑫海公司申请退还的增值税697 084.13元应予以追缴。

第三稽查局Q国税稽三处〔2011〕14号《税务处理决定书》明确：（1）增值税的处理。①将鑫海公司2010年6月多申报缴纳的2 645 319.41元增值税，抵缴应补缴的2008年增值税1 200 356.02元，2009年增值税1 339 493.57元，2010年增值税77 790.27元，共计2 617 639.86元，并依法加收滞纳金。②补缴退还的增值税697 084.13元，并依法加收滞纳金。（2）企业所得税的处理。鑫海公司应补缴2008年度企业所得税

3 546 343.93 元、2009 年度企业所得税 2 933 256.71 元，共计 6 479 600.65 元，并依法加收滞纳金。以上应缴税款共计 7 176 684.78 元，限鑫海公司自收到决定书之日起 15 日内到 S 市国家税务局办税服务厅将上述税款及滞纳金缴纳入库。鑫海公司不服，向 H 省国家税务局申请复议，该局做出 Q 国税复决字〔2011〕第 3 号《税务行政复议决定书》予以维持。

鑫海公司在 2008 年、2009 年将 37 名"挂名而不实际上岗工作"的残疾人计入享受税收优惠政策残疾员工人数，向主管税务机关申请退还已缴纳的增值税，造成少缴增值税 665 000.76 元；在申报企业所得税税前加计扣除了残疾职工工资，造成少缴企业所得税 36 100.13 元。第三稽查局认定，鑫海公司的上述行为属于虚假的纳税申报，造成少缴税款，构成偷税。此外，鑫海公司在 2008 年 1 月至 2010 年 3 月销售 123 553.9 立方米混凝土未按规定向购货方开具发票。第三稽查局依据《税收征收管理法》第六十三条，《发票管理办法》第二十条、第三十六条第四款及《发票管理办法实施细则》第四十八条第一款第一项的规定，做出 Q 国税稽三罚〔2011〕15 号《税务行政处罚决定书》，决定对鑫海公司处以少缴税款 0.5 倍的罚款，即 350 550.44 元〔(665 000.76 + 36 100.13) × 0.5〕；对其未按规定开具发票处以罚款 5 000 元。以上应缴罚款共计 355 550.44 元，限鑫海公司自收到决定书之日起 15 日内到 S 市国家税务局办税服务厅缴纳入库。鑫海公司不服，向 H 省国家税务局申请复议，该局做出 Q 国税复决字（2011）第 3 号《税务行政复议决定书》予以维持。

鑫海公司不服上述复议决定，向 L 法院提起行政诉讼。L 法院一审判决驳回鑫海公司的诉讼请求。鑫海公司不服该判决提起上诉。二审法院撤销一审判决；部分撤销了 Q 国税稽处〔2011〕14 号《税务处理决定书》、Q 国税稽罚〔2011〕15 号《税务行政处罚决定书》，并责令第三稽查局重新对鑫海公司做出税务处理决定。又经第三稽查局申请再审，再审法院最终判决撤销二审行政判决，维持一审行政判决。

税企争议焦点

纳税人鑫海公司观点

1. 第三稽查局做出具体行政行为时程序违法

（1）第三稽查局只有对鑫海公司涉税行为检查的权利，处理行为因无授权不符合程序；（2）《调取账簿资料通知书》未经局长批准，且只批准同意调取2008及2009年账簿，但第三稽查局还调取了2010年的资料，未另行履行审批手续；（3）调取账簿资料清单与实际调取的账簿资料不符；（4）第三稽查局检查时间严重超期，无批准延期检查的审批手续；（5）询问证人及送达程序存在瑕疵；（6）Q国税稽处〔2011〕14号《税务处理决定书》及Q国税稽罚〔2011〕15号《税务行政处罚决定书》未经批准即送达执行。

2. 第三稽查局认定事实及适用法律错误

（1）第三稽查局认定鑫海公司2008年有2名残疾员工、2009年有37名残疾员工"挂名而未实际上岗"工作，进而以偷税为由对鑫海公司做出退还享受的增值税优惠并进行处罚错误。在第三稽查局调查的39人中，证明在鑫海公司处上岗的为23人，未上岗的16人，第三稽查局在此错误的基础上认定鑫海公司2008年、2009年申请退税人数有误，且没有证据证明鑫海公司有虚假申报和主观偷税的故意。

（2）第三稽查局认定鑫海公司取得退还的增值税应计入应纳税所得额适用法律错误。《财政部 国家税务总局关于促进残疾人就业税收优惠政策的通知》(财税〔2007〕92号)是针对福利企业的特别文件,而《财政部 国家税务总局关于财政性资金、行政事业性收费、政府性基金有关企业所得税政策问题的通知》(财税〔2008〕151号)是针对一般问题的文件,两者并不冲突,且前者是经国务院批准的部门规章,其法律效力高于后者。另外,后者也没有废止前者免征企业所得税的优惠政策。

(3)法律法规规定准予税前扣除的成本只要有效、真实,即可以税前扣除。有证据证明涉案的约3 300万元成本是鑫海公司真实发生的,鑫海公司复议期间,已经补来发票约2 800万元(含第三稽查局认可的810万元),但第三稽查局对2010年及2011年后补的发票不予认可。按照权责发生制的规定,鑫海公司2009年约3 300万元的支出必须且只能计入2009年成本,补开的约2 000万元发票,时间只能是实际开具的2010年度及2011年度,鑫海公司也已向第三稽查局提供了上述支出的进账单和汇款凭证、购货合同,第三稽查局不允许鑫海公司做成本扣除没有法律依据。同时,第三稽查局引用的《企业所得税税前扣除办法》已于2010年11月29日失效。

(4)鑫海公司的销售方式为赊销,应以合同约定的收款日期为收入发生的纳税义务时间。付款方式为"预付款+最后结算",收取预付款的时间不是开具发票的时间,不应受到处罚。

第三稽查局观点

1. 第三稽查局的具体行政行为程序合法

(1)2010年7月14日,H省国家税务局稽查局指令第三稽查局查处本案,于15日下发《案件检查通知书》,16日做出《税务稽查任务通知书》,并上会集体审理。对案件的检查、审理及管辖符合法律、法规规定。

（2）经 H 省国家税务局局长批准，仅调取鑫海公司 2008 年及 2009 年账簿、记账凭证、报表和财务资料。2010 年的资料鑫海公司只提交了小组考勤表等劳动管理资料，以及记账凭证复印件，为现场复印取得，未调取账簿原件，并且调取的 2008 年及 2009 年相关凭证已出具清单并由鑫海公司签章确认，调账程序合法。

（3）由于案情复杂，经局领导批准，检查期限延长至 2011 年 3 月 31 日。

（4）Q 国税稽处〔2011〕14 号《税务处理决定书》及 Q 国税稽罚〔2011〕15 号《税务行政处罚决定书》经过 H 省国家税务局重大税务案件审理委员会审议做出，经局领导内网批准执行，符合送达程序。

2. 第三稽查局做出的具体行政行为认定事实清楚，适用法律正确

（1）鑫海公司 2008 年 2 人、2009 年 37 人属于"挂名而不实际上岗"，有鑫海公司的管理人员等陈述证实，且鑫海公司检查中未提供挂名人员的考勤表及劳动记录。

（2）财税〔2007〕92 号文件中关于安置残疾人单位取得的增值税退税或营业税减税收入免征企业所得税的规定已经废止。

（3）税法规定税前予以扣除的成本费用除要求实际发生外，还要提供有效凭据（发票）。鑫海公司采用对账单等凭证入账，但对账单仅能证明企业间资金往来，属动态资金，不是税法规定的适当凭证。

（4）鑫海公司有 20 005 933.64 元的销售混凝土收入结算于 2008 年度，应在结算年度当期确定收入，其在 2009 年度才申报缴纳所得税造成少缴当期增值税。

本案争议焦点

根据税企双方意见，可以将本案的焦点归纳为：

（1）鑫海公司销售货物是否存在未按规定时间确定收入；
（2）鑫海公司税前扣除的成本费是否有合法凭证入账；
（3）第三稽查局认定鑫海公司安置的 37 名残疾员工"挂名而不实际上岗"情况是否属实；
（4）第三稽查局认定鑫海公司销售货物未按规定开具发票以及将 37 名"挂名而不实际上岗"的残疾人计入享受税收优惠政策残疾员工人数申报退税的行为进行处罚是否正确。

人民法院裁判观点

一审法院裁判观点

（1）关于销售货物是否存在未按规定时间确定收入的问题。根据《增值税暂行条例》第十九条："增值税纳税义务发生时间：销售货物或者应税劳务，为收讫销售款或者取得索取销售款项凭据的当天，先开的为开具发票的当天"的规定，鑫海公司应将取得的销售收入 43 627 330.99 元，列为 2008 年 1 月至 2010 年 3 月的收入以申报缴纳增值税，但鑫海公司直到 2010 年 6 月才确定收入申报缴纳增值税。《企业所得税法实施条例》第九条规定："企业应纳税所得额的计算，以权责发生制为原则,属于当期的收入和费用,不论款项是否收付,均为当期的收入和费用;不属于当期的收入和费用,即使款项已经在当期收付,均不作为当期的收入和费用。"鑫海公司未在当期申报缴税,违反了上述规定,第三稽查局认定鑫海公司未按规定时间确认收入并无不当。

(2)关于鑫海公司税前扣除的成本费是否有合法凭证入账的问题。根据《发票管理办法》第二十一条"所有单位和从事生产、经营活动的个人在购买商品、接受服务以及从事其他经营活动支付款项时,应当向收款方取得发票",以及《税收征收管理法》第十九条"纳税人必须根据合法、有效凭证记账,进行核算"的规定,发票是重要的凭证。2010年9月29日,鑫海公司在补充申报2009年度43 627 330.99元收入的同时,相应申报扣除了33 573 788.15元的成本,但仅取得8 108 694.20元的发票,其中4 691 574.8元应在2008年度列支,3 417 119.4元应在2009年度列支。鑫海公司后来补充提供了2010年度和2011年度取得的发票,但这些发票不是鑫海公司在检查所属年度取得的,不能在检查所属年度即2008年度和2009年度申报中扣除。第三稽查局认定鑫海公司购买货物未按规定取得发票,不得税前扣除是正确的,对其未取得发票部分不允许税前扣除的处理是适当的。

(3)关于第三稽查局认定鑫海公司安置的37名残疾员工"挂名而不实际上岗"情况是否属实的问题。根据财税〔2007〕92号文件第五条第一项之规定,"依法与安置的每位残疾人签订了一年以上(含一年)的劳动合同或服务协议,并且安置的每位残疾人在单位实际上岗工作可享受限额增值税即征即退及退还残疾职工工资100%加计扣除的税收优惠政策",鑫海公司在稽查中未能提供证据证明安置了这部分残疾人在单位实际上岗的事实。鑫海公司将该37名残疾人计入享受税收优惠政策残疾员工人数,向主管税务机关申请退还已缴纳的增值税,在企业所得税税前加计扣除37名残疾人的工资,第三稽查局认定其行为构成偷税并无不当。

(4)关于第三稽查局认定鑫海公司在销售货物时未按规定开具发票以及37名"挂名而不实际上岗"的残疾人员申报退税的行为进行处罚是否正确的问题。根据《发票管理办法》第二十条的规定,"销售商品、提供服务以及从事其他经营活动的单位和个人,对外发生经营业务收取款项,收款方应向付款方开具发票……"。鑫海公司在2008年1月至2010年3月向S鹿回头旅游开发有限公司等六家企业销售混凝土123 553.9立方米,均签有书面合同,且合同已履行完毕。第三稽查局在稽查中发现鑫海公司未按规定向购货方开具发票,根据《发票管理办法实施细则》第四十八条第一项"下列行为属于未按规定领购发票的行为:(一)应开具而未开具发票"的规定,认定鑫海公司销售货物时未按规定开具发票并处以5 000元罚款,对鑫海公司将37名"挂名而不实际上岗"的残疾人员计入享受税收优惠政策残疾员工人数并向主管税务机关申请退税的行为,处以应缴税款0.5倍的罚款并无不当。

综上,一审法院认为Q国税稽处〔2011〕14号《税务处理决定书》及Q国税稽罚〔2011〕15号《税务行政处罚决定书》认定事实清楚,证据确凿充分,适用法律、法规和规章正确,程序并无不当,应予维持。一审法院判决驳回鑫海公司的诉讼请求。

二审法院裁判观点

1. 程序方面

因H省国税12366纳税服务热线接到举报,投诉鑫海公司销售货物未开具发票，H省国家税务稽查局将该举报案件转交第三稽查局检查，经该局局长批准立案，于2010年7月22日向鑫海公司下达了《税务检查通知书》，检查自2008年1月至2010年6月30日期间的涉税情况。第三稽查局调取了鑫海公司2008年、2009年账簿资料，2010年小组考勤表，并出具了调取账簿资料清单。鑫海公司认为第三稽查局《调取账簿资料通知书》上通知调取鑫海公司2008—2009年的账簿等资料，但实际上还调取了2010年的小组考勤表，且未经局长批准，违反了国家税务总局《税务稽查工作规程》的规定，程序违法。因第三稽查局检查的是鑫海公司2008年到2010年6月30日期间的涉税情况，2010年小组考勤表也在通知检查的期限内，且考勤表不属于企业财务凭证等有关资料，不属于《税务稽查工作规程》第二十五条第二款规定的"调取纳税人、扣缴义务人以前会计年度的账簿、记账凭证、报表和其他有关资料的，应当经所属税务局局长批准"的情形。

此外，因鑫海公司的员工居住在S市，无法直接送达《询问通知书》，第三稽查局采取由鑫海公司向被询问人送达《询问通知书》的方式，送达程序并无不当。而在第三稽查局检查期限届满前，已由该局局长批准延长检查时间，之后，制作了《税务稽查报告》并提请审理委员会审理。经重大税务案件审理委员会讨论后，分别做出Q国税稽处〔2011〕14号《税务处理决定书》和Q国税稽罚〔2011〕15号《税务行政处罚决定书》，并送达鑫海公司。第三稽查局的税务检查程序合法。关于鑫海公司提出第三稽查局的检查部门检查完毕后，没有其上级单位授权审理部门进行审理的批文以及处理决定书、处罚决定书未经第三稽查局局长或者所属税务局领导批准，程序不合法的主张，因检查部门及审理部门均是第三稽查局的内设机构，各部门间的交接工作以及案件报经审批等程序，是第三稽查局的工作流程，不能以此认定第三稽查局行政执法程序违法。

2.认定事实方面

(1)关于鑫海公司向六家企业销售混凝土如何确定增值税纳税义务发生时间的问题。从鑫海公司与需方签订的《商品砼供需合同》及《鑫海混凝土有限公司砼结算单情况统计表》看,鑫海公司销售混凝土的收款方式基本上为月结。依据《增值税暂行条例》第十九条关于销售货物的增值税纳税义务发生时间为收讫销售款或者取得销售款凭据的当天的规定,鑫海公司应按收到货款的日期来计算当期增值税纳税额,而不是以最后结算日期作为应纳税义务发生时间,第三稽查局对此事实认定清楚,处理正确。

(2)关于鑫海公司当年度发生的成本未取得发票,是否可以在计算应纳税所得额时税前扣除的问题。《企业所得税法实施条例》第九条规定,企业应纳税所得额的计算以权责发生制为原则,属于当期的收入和费用,不论款项是否收付,均作为当期的收入和费用;《企业所得税法》第八条规定,企业实际发生的与取得收入有关的、合理的支出,包括成本、费用、税金、损失和其他支出,在计算应纳税所得额时扣除。从鑫海公司2008年、2009年与华润水泥有限公司《销售往来对账单》,与澄迈科友新型建材有限公司2007年、2008年《粉煤灰销售结算对账单》等证据中可以看出,鑫海公司在2007—2009年间购买原材料发生的支出,系企业实际发生的合理支出,虽然部分支出未取得供货方开具的发票,但仍属于当期的费用。鑫海公司将未开具发票的实际支出扣减2009年度企业应纳税所得额,符合权责发生制原则,第三稽查局认为未取得发票的支出不得税前扣除的主张于法无据,为此调增鑫海公司2009年应纳税所得额33 573 788.15元的处理决定不当。

(3)关于鑫海公司在2009年取得申请退还的增值税1 598 333.25元、未申报纳税的1 344 583.25元应否计入企业当年收入总额的问题。第三稽查局认为，依据《财政部 国家税务总局关于财政性资金、行政事业性收费、政府性基金有关企业所得税政策问题的通知》（财税〔2008〕151号）第一条的规定，"企业取得的各类财政性资金，除属于国家投资和资金使用后要求归还本金的以外，均应计入企业当年收入总额"。而《财政部 国家税务总局关于促进残疾人就业税收优惠政策的通知》（财税〔2007〕92号）第二条第二项规定，对单位按照第一条规定取得的增值税退税或营业税减税收入，免征企业所得税；第一条规定，"对安置残疾人的单位，实行由税务机关按单位实际安置残疾人的人数，限额即征即退增值税或减征营业税的办法"。上述两个文件均为部门规范性文件，财税〔2009〕92号文件被部分废止，但上述两条并未废止，因此，鑫海公司取得的申请退还的增值税 1 598 333.25 元，可以免征企业所得税，第三稽查局对此适用法律有误。

（4）关于第三稽查局认定鑫海公司 2008 年有 2 名、2009 年有 37 名残疾人属于"挂名而不实际上岗工作"的问题。第三稽查局通过对鑫海公司残疾员工进行询问及填写残疾员工上班情况确认表等方式来确定其残疾员工实际上岗情况，并制作了《残疾人上岗情况核查表》。其中不上岗的 37 人，具体划分为笔录承认不上班 21 人、笔录内容确认不上班 3 人、食堂内容矛盾确认不上班 3 人、食堂确定无工作能力 6 人、精神病 2 人、笔录承认不正常上班 2 人。但从核查表、询问笔录及相关证明看，王某雄在笔录中陈述 2009 年辞职后在鑫海公司工作一年，具体工作是打扫卫生，而第三稽查局将其归为笔录承认不上班人数；李某开与梁某妹的亲属所开具的证明均陈述在鑫海公司处工作，有具体的工作岗位，第三稽查局将这两人归为笔录承认不上班人数；在苏某的询问笔录中其陈述在鑫海公司处扫地，第三稽查局将其归入笔录内容确认不上班人数，依据不足；孙某刚的《上班情况确认表》，填写了在公司院里扫地，在鑫海公司处的岗位是道路清扫员，填写内容与岗位相符，而第三稽查局将其列为食堂内容矛盾确认不上班,但未见有关"食堂内容"的材料,该认定依据不足。在第三稽查局《稽查工作底稿(四)》列明的鑫海公司 2008 年 2 人、2009 年 37 人不实际上岗的名单中,确认陈某兴、陈某满不实际上岗,但未见有相关证据。综上,第三稽查局认定鑫海公司 2009 年有 37 名残疾员工未实际上岗,存在部分事实认定不清、证据不足的情形。

(5)关于第三稽查局认定鑫海公司存在偷税的问题。第三稽查局以鑫海公司将 2008 年计 2 名、2009 年计 37 名残疾员工存在挂名而不实际上岗而计入享受税收优惠政策人数,认为属于虚假纳税申报,造成少缴税款,由此认定鑫海公司的行为构成偷税。根据《财政部 国家税务总局关于促进残疾人就业税收优惠政策的通知》(财税〔2007〕92 号)第一条以及《国家税务总局 民政部 中国残疾人联合会关于促进残疾人就业税收优惠政策征管办法的通知》(国税发〔2007〕67 号)第一条第一项"申请享受(2007)92 号第一条规定的税收优惠政策的符合福利企业条件的用人单位,安置残疾人数超过 25%,且残疾职工人数不少于 10 人的,在向税务机关申请减免税前,应当先向当地县级以上地方人民政府民政部门提出福利企业的认定申请"的规定,2008 年,鑫海公司被 S 市民政局认定为具备福利企业资格,2008 年 5 月,被 S 市国税局认定为社会福利企业。在鑫海公司 2009 年 1—12 月的退税申请表中,鑫海公司依据上述两个文件向 S 市国税局申请增值税退税,经 S 市国税局审核,认为鑫海公司的残疾员工人数符合财税〔2007〕92 号文件规定的条件,同意退还增值税。因此,第三稽查局以鑫海公司残疾员工未实际上岗来认定其虚假申报而享受增值税即征即退的税收优惠政策,构成偷税,对鑫海公司处以少缴税款 0.5 倍罚款的处罚决定于法无据,应予撤销。

(6)关于鑫海公司销售货物时未向销售方开具发票的问题。依据《发票管理办法》第二十条关于销售商品的单位和个人,对外发生经营业务收取款项的，收款方应向付款方开具发票的规定，只要鑫海公司收取了购货单位的货款，就应当开具发票。因鑫海公司未开具发票，第三稽查局对其处以5 000元罚款符合法律、行政法规规定。

综上，H中院二审认为，Q国税稽处〔2011〕14号《税务处理决定书》及Q国税稽罚〔2011〕15号《税务行政处罚决定书》程序合法，但部分事实证据不足，认定有误，且适用法律部分存在错误，一审判决对此认定有误，应予纠正。二审法院判决：（1）撤销一审判决；（2）维持Q国税稽处〔2011〕14号《税务处理决定书》第（一）项；（3）撤销Q国税稽处〔2011〕14号《税务处理决定书》第（二）、（三）、（四）、（五）项；（4）维持Q国税稽罚〔2011〕15号《税务行政处罚决定书》第（二）项；（5）撤销Q国税稽罚〔2011〕15号《税务行政处罚决定书》第（一）项；（6）责令第三稽查局重新对鑫海公司做出税务处理决定。

再审法院裁判观点

再审复议认为，第三稽查局做出的Q国税稽处〔2011〕14号《税务处理决定书》及Q国税稽罚〔2011〕15号《税务行政处罚决定书》认定部分事实证据虽有瑕疵且适用法律有误，但因处理结果并无不当，应予维持。二审判决部分认定事实不清、适用法律错误，处理结果不当，应予纠正。一审判决认定事实基本清楚，适用法律正确，处理结果并无不当，应予维持。经再审法院审判委员会讨论决定，依照《行政诉讼法》第六十一条第二项、第三项以及最高人民法院《关于执行〈中华人民共和国行政诉讼法〉若干问题的解释》第七十六条第一款之规定，再审法院判决：（1）撤销H市中级人民法院（2012）H中法行终字第62号行政判决；（2）维持H市L区人民法院（2012）L行初字第18号行政判决。

税务律师解析

1. 鑫海公司销售货物是否存在未按规定时间确定收入的问题

《增值税暂行条例》第十九条规定:"增值税纳税义务发生时间:销售货物或者应税劳务,为收讫销售款或者取得索取销售款项凭据的当天,先开的为开具发票的当天。"《企业所得税法实施条例》第九条规定:"企业应纳税所得额的计算,以权责发生制为原则,属于当期的收入和费用,不论款项是否收付,均为当期的收入和费用;不属于当期的收入和费用,即使款项已经在当期收付,均不作为当期的收入和费用。"

本税案中,鑫海公司应将取得的销售收入 43 627 330.99 元,列为 2008 年 1 月至 2010 年 3 月的收入以申报缴纳增值税,但实际上直到 2010 年 6 月才确定收入申报缴纳增值税。鑫海公司未在当期申报缴税,违反上述规定,第三稽查局认定鑫海公司未按规定时间确认收入并无不当。

2. 鑫海公司税前扣除的成本费是否有合法凭证入账

《发票管理办法》第二十条规定:"所有单位和从事生产、经营活动的个人在购买商品、接受服务以及从事其他经营活动支付款项,应当向收款方取得发票。取得发票时,不得要求变更品名和金额。"《税收征收管理法》第十九条规定:"纳税人、扣缴义务人按照有关法律、行政法规和国务院财政、税务主管部门的规定设置账簿,根据合法、有效凭证记账,进行核算。"

《进一步加强税收征管若干具体措施》(国税发〔2009〕114 号文件发布)第六条规定:"加强企业所得税税前扣除项目管理。重点对与同行业投入产出水平偏离较大又无正当理由的成本项目，以及个人和家庭费用混同生产经营费用扣除进行核查。利用个人所得税和社会保险费征管、劳动用工合同等信息，分析工资支出扣除数额，确保扣除项目的准确性。未按规定取得的合法有效凭据不得在税前扣除。按规定由企业自行计算扣除的资产损失，在企业自行计算扣除后，主管税务机关要加强实地核查，进行追踪管理，不符合规定条件的，及时补缴税款。凡应审批而未审批的不得税前扣除。汇总纳税企业财产损失的税前扣除，除企业捆绑资产发生的损失外，未经分支机构主管税务机关核准的，总机构不得扣除。"

本税案中，鑫海公司于2010年9月29日在补充申报2009年度43 627 330.99元收入的同时，相应申报扣除了33 573 788.15元的成本，但仅取得8 108 694.20元的发票，其中4 691 574.8元应在2008年度列支，3 417 119.4元应在2009年度列支。鑫海公司后来补充提供了2010年度、2011年度取得的发票，但这些发票不是鑫海公司在检查所属年度取得的，不能在检查所属年度即2008年度和2009年度申报中扣除。第三稽查局与鑫海公司均认可成本扣除需要合法有效凭证，但双方对于何谓"合法有效凭证"存在争议，第三稽查局认为是发票，而鑫海公司认为不仅包括发票，也包括其他财务凭证。

对于"合法有效凭证"，现行法律规定主要有：

（1）《发票管理办法》第二十条规定："所有单位和从事生产、经营活动的个人在购买商品、接受服务以及从事其他经营活动支付款项，应当向收款方取得发票。"第二十一条规定："不符合规定的发票，不得作为财务报销凭证，任何单位和个人有权拒收。"

（2）《增值税暂行条例》第九条规定："纳税人购进货物、劳务、服务、无形资产、不动产，取得的增值税扣税凭证不符合法律、行政法规或者国务院税务主管部门有关规定的，其进项税额不得从销项税额中抵扣。"

（3）《增值税暂行条例实施细则》第十九条规定："条例第九条所称增值税扣税凭证，是指增值税专用发票、海关进口增值税专用缴款书、农产品收购发票和农产品销售发票以及运输费用结算单据。"

从以上规定可以看出，发票并不是唯一合法有效的凭证。款项支付对象不同，对合法有效凭证的要求也不一样。

从本税案来看，鑫海公司主张的成本支出是用于购买原材料，支付的对象是我国境内的单位或个人，且上述单位或个人生产销售的原材料是属于增值税征税范围的，应当以发票作为唯一合法有效的凭证。第三稽查局认定鑫海公司购买货物未按规定取得发票，不得税前扣除是正确的，对其未取得发票部分不允许税前扣除的处理是适当的。

根据《国家税务总局关于企业所得税若干问题的公告》（国家税务总局公告2011年第34号）第六条"企业当年度实际发生的相关成本、费用，由于各种原因未能及时取得该成本、费用的有效凭证，企业预缴季度所得税时，可暂按账面余额进行核算，但在汇算清缴时，应补充提供该成本、费用的有效凭证"的规定，以及《企业所得税汇算清缴管理办法》第二条"企业所得税汇算清缴，是指纳税人自纳税年度终了之日起5个月内或实际经营终止之日起60日内，依照税收法律、法规、规章及其他有关企业所得税的规定，自行计算本纳税年度应纳税所得额和应纳所得税额，根据月度或季度预缴企业所得税的数额，确定该纳税年度应补或者应退税额,并填写企业所得税年度纳税申报表,向主管税务机关办理企业所得税年度纳税申报、提供税务机关要求提供的有关资料、结清全年企业所得税税款的行为"的规定,鑫海公司认为其已补交了2010年及2011年发票约2 000万元,应当允许其在申报2009年度企业所得税时予以税前扣除,但因鑫海公司提供的发票不符合规定的时间,第三稽查局不允许其在检查年度(即2009年度)申报扣除成本并无错误。

3. 鑫海公司取得的增值税退税收入是否可以免征企业所得税

《财政部 国家税务总局关于促进残疾人就业税收优惠政策的通知》(财税〔2007〕92号)已于2016年失效,失效依据为《财政部 国家税务总局关于促进残疾人就业增值税优惠政策的通知》(财税〔2016〕52号)。税务律师认为,财税〔2016〕52号文件已经明确废止了财税〔2007〕92号文件,即从2016年5月1日起,彻底取消了安置残疾人就业取得的增值税退税免征企业所得税的规定。这意味着,增值税即征即退税款应并入企业收入总额计算征收企业所得税。

但在本案发生时财税〔2007〕92号文件并未被财税〔2016〕52号文件废止,第三稽查局认为该文件第二条第二款关于对安置残疾人单位取得的增值税退税收入免征企业所得税的政策已经废止是否正确?

《关于企业所得税若干优惠政策的通知》(财税〔2008〕1号)第五条规定:"除《中华人民共和国企业所得税法》、《中华人民共和国企业所得税法实施条例》、《国务院关于实施企业所得税过渡优惠政策的通知》(国发〔2007〕39号)、《国务院关于经济特区和上海浦东新区新设立高新技术企业实行过渡性税收优惠的通知》(国发〔2007〕40号)及本通知规定的优惠政策以外,2008年1月1日之前实施的其他企业所得税优惠政策一律废止。各地区、各部门一律不得越权制定企业所得税的优惠政策。"根据《财政部 国家税务总局关于财政性资金、行政事业性收费、政府性基金有关企业所得税政策问题的通知》(财税〔2008〕151号)第一条的规定，企业取得的各类财政性资金，除属于国家投资和资金使用后要求归还本金的以外，均应计入企业当年收入总额。该条所称财政性资金，是指企业取得的来源于政府及其有关部门的财政补助、补贴、贷款贴息，以及其他各类财政专项资金，包括直接减免的增值税和即征即退、先征后退、先征后返的各种税收，但不包括企业按规定取得的出口退税款；所称国家投资，是指国家以投资者身份投入企业、并按有关规定相应增加企业实收资本（股本）的直接投资。

从上述规定看，财税〔2007〕92号文件中关于安置残疾人单位取得的增值税退税收入免征企业所得税的规定并不属于保留的税收优惠政策。

虽然当时对上述文件中关于对安置残疾人单位取得的增值税退税收入免征企业所得税的政策并未有明确的废止文件，但结合《财政部 国家税务关于安置残疾人员就业有关企业所得税优惠政策问题的通知》(财税〔2009〕70号)的内容来看，该文件只是延续了支付给残疾人的工资可以在缴纳企业所得税前100%加计扣除的规定，并未再规定安置残疾人取得的增值税退税收入可以免征企业所得税，由此也可以印证安置残疾人增值税退税收入并不属于免征企业所得税范围，财税〔2007〕92号文件中的规定实质上已经废止。

综上，第三稽查局以条文已经废止为由要求鑫海公司安置残疾人就业取得的增值税退税收入应计算缴纳企业所得税的处理决定正确。

4. 第三稽查局认定鑫海公司安置的 37 名残疾员工"挂名而不实际上岗"情况是否属实

鑫海公司认为，第三稽查局认定陈某甲等 7 名残疾员工属于"挂名而未实际上岗"认定事实不清，证据不足。对此，H 高级人民法院认为，对于陈某兴、陈某满二人，第三稽查局的工作底稿中确实没有该二人"挂名而未实际上岗"的相关证据，但陈某兴、陈某满为精神病人，根据财税〔2007〕92 号文件第八条第一项"允许将精神残疾人员计入残疾人人数享受本通知第一条和第二条规定的税收优惠政策，仅限于工疗机构等适合安置精神残疾人就业的单位"的规定，以及该文件第七条第四项"本通知所述工疗机构是指集就业和康复为一体的福利性生产安置单位，通过组织精神残疾人员参加适当生产劳动和实施康复治疗与训练，达到安定情绪、缓解症状、提高技能和改善生活状况的目的，包括精神病院附设的康复车间、企业附设的工疗车间、基层政府和组织兴办的工疗站等"的规定，因鑫海公司并非工疗机构，其不得将精神残疾人员计入享受限额增值税即增即退优惠政策人数，故第三稽查局将此二人迳行认定为"挂名而未实际上岗"并无错误。对于王某雄、苏某、孙某刚、李某开、梁某妹等 5 人，因该 5 人均已通过自己（或亲属）的笔录确认在鑫海公司上班，第三稽查局将该 5 人归类为"笔录确认不上班"显然与事实不符，存在错误。但考虑该 5 人均未得到鑫海公司管理人员的确认，且本争议焦点主要影响的是鑫海公司以残疾员工申请退还的增值税退税收入是否应当被追缴的问题，而根据财税〔2007〕92 号文件第九条"单位和个人采用签订虚假劳动合同或服务协议、伪造或重复使用残疾人证或残疾军人证、残疾人挂名而不实际上岗……等方法骗取本通知规定的税收优惠政策的，除依照法律、法规和其他有关规定追究有关单位和人员的责任外，其实际发生上述违法违规行为年度内实际享受到的减（退）税款应全额追缴入库，并自其发生上述违法违规行为年度起三年内取消其享受本通知规定的各项税收优惠政策的资格"的规定，单位一旦发生残疾人挂名而不上岗事实，对当年度所取得的增值税退税收入是应当全额追缴的。再审法院认为，本案中虽然第三稽查局对王某雄等5名残疾员工属于"挂名而未实际上岗"的事实认定有一定程度的证据瑕疵，但鑫海公司利用残疾员工骗取增值税退税是客观存在的事实，而第三稽查局并未按照全额追缴对鑫海公司进行处理，也并未自鑫海公司发生上述违法违规行为年度起三年内取消其享受财税〔2007〕92号文件规定的各项税收优惠政策的资格，再审法院认为第三稽查局对鑫海公司上述违法违规行为已做出从轻处理，不宜以证据瑕疵为由，认定第三稽查局该项处理决定违法。

税务律师提示，本案中财税〔2007〕92号文件在案件审理过程中并未失效，但现已失效。分析本案，根据该文件第五条规定，安置残疾人就业的单位（包括福利企业、盲人按摩机构、工疗机构和其他单位），同时符合以下条件并经过有关部门的认定后，均可申请享受该文件第一条和第二条规定的税收优惠政策。享受税收优惠的企业并不仅限于工疗机构，还包括其他单位。据上，H高级人民法院认为享受残疾人就业税收优惠的企业仅指工疗机构明显不妥。但对于鑫海公司利用残疾员工骗取增值税退税是客观事实认定清楚，并无不当。

5. 第三稽查局认定鑫海公司销售货物未按规定开具发票及以37名"挂名而不实际上岗"的残疾人员申报退税的行为进行处罚是否正确

因鑫海公司利用"挂名而未实际上岗"的残疾员工申报增值税退税及100%加计扣除工资，造成少缴增值税和企业所得税，鑫海公司上述行为显然属于偷税，第三稽查局依据《税收征收管理法》第六十三条规定的最低下限，对鑫海公司进行处罚并无错误。

依据《国家税务总局关于公布失效废止的税务部门规章和税收规

范性文件目录》(国家税务总局令第 42 号)的决定,《税收减免管理办法(试行)》(国税发〔2005〕129 号文件发布)全文废止。修订后的《税收减免管理办法》(国家税务总局公告 2015 年第 43 号发布)自 2015 年 8 月 1 日起施行。

就本案来说,应适用《税收减免管理办法(试行)》。根据《税收减免管理办法(试行)》第十三条第一款"减免税申报是对纳税人提供的资料与减免税法定条件的相关性进行的审核,不改变纳税人真实申报责任",第二十四条第一款"纳税人实际经营情况不符合减免税规定条件的或采用欺骗手段获取减免税的、享受减免税条件发生变化未及时向税务机关报告的,以及未按本办法规定程序报批而自行减免税的,税务机关按照税收征管法规定予以处理"的规定,税务机关的审核通过并不能免除纳税人如实申报纳税的法律责任。因此,第三稽查局认定鑫海公司利用残疾员工虚假申报享受税收优惠政策构成偷税于法有据。税务律师提示,上述规定为现行有效的《税收减免管理办法》第十一条、第二十条。

风险防控提示

在企业的实际生产经营过程中,企业当年度实际发生的相关成本、费用,会经常发生由于各种原因未能及时取得相关成本、费用的有效凭证,那么未能及时取得有效凭证的,如何在企业所得税前扣除呢?

1. 在企业所得税年度汇算清缴前取得有效凭证

根据《国家税务总局关于企业所得税若干问题的公告》(国家税务总局公告 2011 年第 34 号)第六条的规定,企业当年度实际发生的相关成本、费用,由于各种原因未能及时取得该成本、费用的有效凭证,企业在预缴季度所得税时，可暂按账面发生金额进行核算；但在汇算清缴时，应补充提供该成本、费用的有效凭证。

因此，如果企业实际发生当年度未能及时取得相关有效凭证，可在汇算清缴前取得，进行企业所得税扣除。

2. 在 12 个月内取得有效凭证

《国家税务总局关于贯彻落实企业所得税法若干税收问题的通知》（国税函〔2010〕79号）第五条规定："企业固定资产投入使用后，由于工程款项尚未结清未取得全额发票的，可暂按合同规定的金额计入固定资产计税基础计提折旧，待发票取得后进行调整。但该项调整应在固定资产投入使用后 12 个月内进行。"

因此，如果企业因为固定资产投入使用未能及时取得工程款发票，可先按合同金额计入并计提折旧，但应在固定资产投入使用后 12 个月内取得并进行调整。

3. 不受期限限制取得有效凭证

根据《房地产开发经营业务企业所得税处理办法》（国税发〔2009〕31号文件发布）第三十二条的规定，除以下几项预提（应付）费用外，计税成本均应为实际发生的成本：

（1）出包工程未最终办理结算而未取得全额发票的，在证明资料充分的前提下，其发票不足金额可以预提，但最高不得超过合同总金额的 10%。

（2）公共配套设施尚未建造或尚未完工的，可按预算造价合理预提建造费用。此类公共配套设施必须符合已在售房合同、协议或广告、模型中明确承诺建造且不可撤销，或按照法律法规规定必须配套建造的条件。

（3）应向政府上交但尚未上交的报批报建费用、物业完善费用可以按规定预提。物业完善费用是指按规定应由企业承担的物业管理基金、公建维修基金或其他专项基金。

因此，对于房地产企业发生的上述成本，可以在有效凭证未取得时先进行税前扣除，后期取得有效凭证。

链接1　类似案例统计

经对中国裁判文书网判例统计，2010年至2017年11月1日，全国涉及未按规定取得的合法有效凭证不得在税前扣除的裁判案例有5件（不排除部分类似案件未上传到数据库），出现在江苏省、吉林省、上海市、贵州省等。

链接2　企业所得税扣除风险提示

1. 企业发生的担保损失能否税前扣除

《企业资产损失所得税税前扣除管理办法》（国家税务总局公告2011年第25号发布）第四十四条规定，企业对外提供与本企业生产经营活动有关的担保，因被担保人不能按期偿还债务而承担连带责任，经追索，被担保人无偿还能力，对无法追回的金额，比照国家税务总局公告2011年第25号规定的应收款项损失进行处理。

与本企业生产经营活动有关的担保是指企业对外提供的与本企业应税收入、投资、融资、材料采购、产品销售等生产经营活动相关的担保。

2. 企业没有代扣代缴个人所得税发放的工资能否扣除

根据《国家税务总局关于企业工资薪金及职工福利费扣除问题的通知》(国税函〔2009〕3号)第一条关于合理工资薪金问题的规定,《企业所得税法实施条例》第三十四条所称的"合理工资薪金",是指企业按照股东大会、董事会、薪酬委员会或相关管理机构制订的工资薪金制度规定实际发放给员工的工资薪金。税务机关在对工资薪金进行合理性确认时,可按以下原则掌握:

(1)企业制订了较为规范的员工工资薪金制度;
(2)企业所制订的工资薪金制度符合行业及地区水平;
(3)企业在一定时期所发放的工资薪金是相对固定的,工资薪金的调整是有序进行的;
(4)企业对实际发放的工资薪金,已依法履行了代扣代缴个人所得税义务。
(5)有关工资薪金的安排,不以减少或逃避税款为目的。

因此,对于没有代扣代缴个人所得税发放的工资薪金,税务机关可以根据《税收征收管理法》的规定进行处理,也可以根据工资发放情况进行判别调整。

3. 为子公司员工缴纳社保和住房公积金能否税前扣除

根据《企业所得税法实施条例》第三十四条的规定,企业发生的合理的工资、薪金支出，准予扣除。

这里所称工资、薪金，是指企业每一纳税年度支付给在本企业任职或者受雇的员工的所有现金形式或者非现金形式的劳动报酬，包括基本工资、奖金、津贴、补贴、年终加薪、加班工资，以及与员工任职或者受雇有关的其他支出。

根据上述规定，子公司员工不属于"在本企业任职或者受雇的员工"，母公司为其缴纳社保和住房公积金不得税前扣除。

4.单位每年组织员工进行体检，体检费用是否可以在企业所得税税前扣除

《国家税务总局关于企业工资薪金及职工福利费扣除问题的通知》（国税函〔2009〕3号）第三条第二款规定："为职工卫生保健、生活、住房、交通等所发放的各项补贴和非货币性福利，包括企业向职工发放的因公外地就医费用、未实行医疗统筹企业职工医疗费用、职工供养直系亲属医疗补贴、供暖费补贴、职工防暑降温费、职工困难补贴、救济费、职工食堂经费补贴、职工交通补贴等。"

因此，单位每年组织员工进行体检属于此范围之内，可以作为职工福利费在企业所得税税前扣除。

5.公司名下没有汽车，员工个人汽车用于公司业务，发生的费用是否可以入账扣除（比如油费，发票抬头是公司名称，是否可以认证并记账）

根据《企业所得税法》第八条的规定，企业实际发生的与取得收入

有关的、合理的支出，包括成本、费用、税金、损失和其他支出，准予在计算应纳税所得额时扣除。

承租方按照独立交易原则支付合理的租赁费，凭租赁费发票税前扣除，租赁合同约定的在租赁期间发生的，由承租方负担的且与承租方使用车辆取得收入有关的、合理的费用，包括油费、修理费、过路费、停车费等，凭合法有效凭据税前扣除；与车辆所有权有关的固定费用，包括车船税、年检费、保险费等，不论是否由承租方负担均不予税前扣除。

6.因机器检修暂时停产，停产期间发生的固定资产折旧是否可以税前扣除

根据《企业所得税法》第十一条的规定，在计算应纳税所得额时，企业按照规定计算的固定资产折旧，准予扣除。下列固定资产不得计算折旧扣除：

（1）房屋、建筑物以外未投入使用的固定资产；
（2）以经营租赁方式租入的固定资产；
（3）以融资租赁方式租出的固定资产；
（4）已足额提取折旧仍继续使用的固定资产；
（5）与经营活动无关的固定资产；
（6）单独估价作为固定资产入账的土地；
（7）其他不得计算折旧扣除的固定资产。

综上，企业暂时停产期间的机器设备不属于以上情况，按规定提取的固定资产折旧可在税前扣除。

7. 企业为退休人员缴纳的补充养老保险、补充医疗保险在企业所得税税前是否可以扣除

《财政部 国家税务总局关于补充养老保险费补充医疗保险费有关企业所得税政策问题的通知》(财税〔2009〕27号)规定:"自2008年1月1日起,企业根据国家有关政策规定,为在本企业任职或者受雇的全体员工支付的补充养老保险费、补充医疗保险费,分别在不超过职工工资总额5%标准内的部分,在计算应纳税所得额时准予扣除;超过的部分,不予扣除。"

因退休人员不属于该文件规定的在本企业任职或者受雇的员工,所以企业支付的这部分费用不能在企业所得税前扣除。

8. 企业建成的房屋已经开始使用,但是工程款中有些发票还没拿到,是按发票凭证计提折旧还是按合同的金额计提

根据《国家税务总局关于贯彻落实企业所得税法若干税收问题的通知》(国税函〔2010〕79号)第五条的规定,企业固定资产投入使用后,由于工程款项尚未结清未取得全额发票的,可暂按合同规定的金额计入固定资产计税基础计提折旧,待发票取得后进行调整。但该项调整应在固定资产投入使用后12个月内进行。

9. 公司的工资制度规定对在职员工每月补贴交通费,与工资一并发放,应作为福利费还是工资薪金支出税前扣除

根据《国家税务总局关于企业工资薪金和职工福利费等支出税前扣除问题的公告》(国家税务总局公告2015年第34号)第一条的规定,列入企业员工工资薪金制度、固定与工资薪金一起发放的福利性补贴,符合《国家税务总局关于企业工资薪金及职工福利费扣除问题的通知》

(国税函〔2009〕3号)第一条规定的,可作为企业发生的工资薪金支出,按规定在税前扣除。不能同时符合上述条件的福利性补贴,应作为国税函〔2009〕3号文件第三条规定的职工福利费,按规定计算限额税前扣除。

因此,公司发放的交通费补贴符合上述条件,应当作为工资薪金支出在税前扣除。

10. 企业由于资金困难,无法支付当年的租金,经与出租方协商,约定第二年一并支付,那么这笔没有支付的租金能否在所得税前扣除

《企业所得税法》第八条规定:"企业实际发生的与取得收入有关的、合理的支出,包括成本、费用、税金、损失和其他支出,准予在计算应纳税所得额时扣除。"

《企业所得税法实施条例》第九条规定:"企业应纳税所得额的计算,以权责发生制为原则,属于当期的收入和费用,不论款项是否收付,均作为当期的收入和费用;不属于当期的收入和费用,即使款项已经在当期收付,均不作为当期的收入和费用。本条例和国务院财政、税务主管部门另有规定的除外。"

《国家税务总局关于企业所得税若干问题的公告》(国家税务总局公告2011年第34号)第六条规定,企业当年度实际发生的相关成本、费用,由于各种原因未能及时取得该成本、费用的有效凭证,企业在预缴季度所得税时,可暂按账面发生金额进行核算;但在汇算清缴时,应补充提供该成本、费用的有效凭证。

《国家税务总局关于企业所得税应纳税所得额若干税务处理问题的公告》(国家税务总局公告2012年第15号)第六条规定,对企业发现以前年度实际发生的、按照税收规定应在企业所得税前扣除而未扣除或者少扣除的支出,企业做出专项申报及说明后,准予追补至该项目发生年度计算扣除,但追补确认期限不得超过5年。

因此,如果企业在汇算清缴前取得有效凭证则可以直接在税前扣除,如果汇算清缴结束后才取得有效凭证,则需要按照国家税务总局公告2012年第15号的要求,由企业做出专项申报及说明后,方准予追补至该项目发生年度计算扣除。

5 搬迁补偿款认定当期收入风险败诉案

基本案情[1]

　　J省N市地方税务局稽查局（以下简称N稽查局）自2014年10月21日起对N土壤仪器厂有限公司（以下简称仪器厂）2011年1月1日至2013年12月31日涉税情况进行检查。检查中发现仪器厂与N振宁实业总公司（以下简称振宁公司）曾于1993年12月签订《联营协议书》，该协议书约定振宁公司以22亩土地入股与仪器厂联营。2011年双方因土地租赁合同发生纠纷，经N市中级人民法院调解，双方于2011年10月自愿达成协议并由N市中级人民法院做出（2011）N民终字第1974号《民事调解书》，主要内容包括：仪器厂返还《联营协议书》中所涉22亩土地给振宁公司，地上所有构筑物归振宁公司所有；振宁公司补偿仪器厂2 600万元，根据腾空及返还情况分三笔给付。之后，仪

---
[1] 2017年9月16日摘自中国裁判文书网。

器厂于 2011 年收到搬迁补偿款 570 万元、于 2012 年收到 200 万元，以上 770 万元补偿款均记在"其他应付款——搬迁款"科目中，由 X 办事处为振宁公司代垫。

基于上述事实，N 稽查局认为，仪器厂收到的 770 万元补偿款是根据 J 省 N 市中级人民法院（2011）N 民终字第 1974 号《民事调解书》收取的补偿款，是振宁公司对返还土地及地上构筑物的补偿，该两笔款项应按照《企业所得税法》的规定于取得款项时确认收入。N 稽查局于 2014 年 10 月 21 日向仪器厂送达 N 地税稽二检通一〔2014〕231 号《税务检查通知书》，对仪器厂实施税务检查。检查人员在检查过程中依法进行了调查取证，N 稽查局经过审理认为，仪器厂违法事实清楚、证据确凿。经行政处罚告知后，仪器厂申请听证，N 稽查局于 2015 年 7 月 16 日召开了听证会。

2015 年 12 月 3 日，N 稽查局做出 N 地税稽重审补字（2015）2 号《税务处理决定书》并送达仪器厂。仪器厂于 2015 年 12 月 23 日以银行存款向 N 稽查局提供纳税担保并得到其确认，后于 2015 年 12 月 25 日向市地税局申请行政复议。N 市地税局于 2016 年 1 月 15 日召开了行政复议听证会，于 2016 年 2 月 22 日做出 N 地税复决字〔2016〕第 1 号《税务行政复议决定书》，决定维持 N 稽查局对仪器厂所做的《税务处理决定书》。仪器厂不服，在法定期限内提起诉讼。一审法院做出 N 市 Q 区人民法院 (2016)S0104 行初 23 号《行政判决书》，判决撤销 N 稽查局做出的《税务处理决定书》；撤销 N 市地税局做出的《税务行政复议决定书》。N 市地税局、N 稽查局不服，向二审法院提起上诉。二审法院经审理撤销了一审法院做出的《行政判决书》，并驳回仪器厂的诉讼请求。

税企争议焦点

纳税人仪器厂观点

涉案的款项是预付的搬迁、劳务费用，款项由 X 办事处垫付，且房屋交接手续是办事处与其办理的，振宁公司从未参与，该款项不是当期收入，并不是 N 稽查局认为的其他收入，无须缴纳企业所得税。

N 稽查局、N 市地税局观点

1. N 稽查局观点

（1）N 稽查局做出的《税务处理决定书》认定事实清楚、证据确凿、适用法律、法规正确。

（2）一审判决认定事实错误。仪器厂取得的 770 万元款项是基于合同纠纷取得的补偿款，不是预付给仪器厂的搬迁费用，属于《企业所得税法》第六条规定的"其他收入"，应依法缴纳企业所得税。

（3）一审判决适用法律错误。本案应正确适用《企业所得税法》，仪器厂是《企业所得税法》规定的纳税义务人。依据税法规定，本案仪器厂取得的 770 万元款项应当在取得时计入当年度企业所得税收入总额。仪器厂尚未实际发生的异地安置费用应在实际发生年度依法在税前扣除，本案的收入确认和税前扣除应符合权责发生制原则。本案不应适用《国家税务总局关于确认企业所得税收入若干问题的通知》（国税函〔2008〕875 号）的规定。

2. N 市地税局观点

（1）N 市地税局做出的《行政复议决定书》认定事实清楚，证据确凿，程序合法。

（2）一审判决认定事实错误，适用法律错误，具体理由同N稽查局观点。

本案争议焦点

根据税企双方意见，可以将本案的焦点归纳为：仪器厂取得的770万元，根据税法的相关规定是否应当确认为收入并缴纳企业所得税。

人民法院裁判观点

一审法院裁判观点

根据《税收征收管理法》第五条、第十四条、第二十二条的规定，N稽查局对辖区范围内的税收征收工作具有管理的职责与权限。《税务行政复议规则》第十九条第一款第二项规定："对税务所（分局）、各级税务局的稽查局的具体行政行为不服的，向其所属税务局申请行政复议。"N市地税局具有受理复议申请及做出复议决定的权限。N稽查局在对仪器厂做出税务处理决定的过程中，对涉案事实进行了调查，履行了听取陈述申辩、听证、处罚前的告知及送达等程序，处罚程序合法。N市地税局受理复议申请及做出复议决定也履行了法定程序，程序合法。

该案双方争议的焦点在于：仪器厂取得的770万元，根据税法的相关规定是否应当确认为收入并缴纳企业所得税。一审法院认为，《企业所得税法》第一条规定，在中华人民共和国境内，企业和其他取得收入的组织（以下统称企业）为企业所得税的纳税人，依照本法的规定缴纳企业所得税。该法第六条规定，企业以货币形式和非货币形式从各种来源取得的收入为收入总额。《企业所得税法实施条例》第九条规定："企业应纳税所得额的计算，以权责发生制为原则，属于当期的收入和费用，无论款项是否收付，均作为当期的收入和费用；不属于当期的收入和费用，即使款项已经在当期收付，均不作为当期的收入和费用。"根据《国家税务总局关于确认企业所得税收入若干问题的通知》（国税函〔2008〕875号）的规定，企业销售收入的确认，必须遵循权责发生制原则和实质重于形式原则。税法的实质重于形式原则是指企业应当按照交易或事项的经济实质进行应纳税所得额的计算。N市中级人民法院（2011）N民终字第1974号《民事调解书》载明，仪器厂取得了由X办事处代振宁公司垫付的770万元，但该款项的取得与民事调解书中约定的付款进度并不完全一致，且由于该调解书中约定的承租户占有的房屋及土地的返还等并未履行，再结合X办事处出具的情况说明等证据，该770万元款项应当是预付给仪器厂的搬迁费用，不应被确认为收入并缴纳企业所得税。故N稽查局做出的N地税稽重审补字（2015）2号《税务处理决定书》及N市地税局做出的N地税复决字（2016）第1号《税务行政复议决定书》中，将仪器厂取得的770万元作为收入并要求按照税法规定缴纳企业所得税，认定事实错误，适用法律不当，应予撤销。遂依照《行政诉讼法》第六条、第七十条，最高人民法院《关于执行若干问题的解释》第五十三条第一款之规定，判决撤销N稽查局做出的N地税稽重审补字〔2015〕2号《税务处理决定书》；撤销N市地税局做出的N地税复决字〔2016〕第1号《税务行政复议决定书》。

二审法院裁判观点

二审法院认为，根据《税收征收管理法》第五条、第十四条的规定，N稽查局对辖区范围内的税收征收工作具有管理的职责与权限。《税务行政复议规则》第十九条第一款第二项规定："对税务所（分局）、各级税务局的稽查局的具体行政行为不服的,向其所属税务局申请行政复议。"N市地税局具有受理仪器厂的复议申请并做出复议决定的权限。N稽查局于2015年1月15日对仪器厂进行税务稽查讲评并听取申辩和陈述,于2015年7月16日就行政处罚进行公开听证,于2015年12月3日做出《税务处理决定书》。在税务稽查工作过程中,对涉案事实进行了调查,履行了听取陈述申辩、听证、处罚前的告知及送达等程序,处罚程序合法。N市地税局于2015年12月29日受理了仪器厂的复议申请,于2016年1月6日通知N稽查局做出书面答复,于2016年1月15日组织听证,于2016年2月19日做出税务行政复议决定,依法履行了法定程序。一审法院认定税务机关行政程序合法于法有据。一审法院认定事实清楚,但适用法律、法规错误,经二审法院审判委员会讨论决定,根据《行政诉讼法》第八十九条第一款第二项之规定,判决:(1)撤销N市Q区人民法院(2016)S0104行初23号《行政判决书》;(2)驳回仪器厂的诉讼请求。

税务律师解析

1. 本案被告为何有两个

《行政诉讼法》第二十六条第二款规定:"经复议的案件,复议机关决定维持原行政行为的,做出原行政行为的行政机关和复议机关是共同被告;复议机关改变原行政行为的,复议机关是被告。"

本案经过行政复议,N市地税局决定维持N稽查局的处理决定,因此仪器厂提起行政诉讼时N稽查局和N市地税局可为共同被告。

2. 行政诉讼案件的程序审查

《行政诉讼法》第七十九条规定:"复议机关与做出原行政行为的行

政机关为共同被告的案件，人民法院应当对复议决定和原行政行为一并做出裁判。"

因此，一审法院认为，根据《税收征收管理法》第五条、第十四条、第二十二条的规定，N稽查局对辖区范围内的税收征收工作具有管理的职责与权限。《税务行政复议规则》第十九条第一款第二项规定："对税务所（分局）、各级税务局的稽查局的具体行政行为不服的，向其所属税务局申请行政复议。"N市地税局具有受理复议申请及做出复议决定的权限。N稽查局在对仪器厂做出税务处理决定的过程中，对涉案事实进行了调查，履行了听取陈述申辩、听证、处罚前的告知及送达等程序，处罚程序合法。N市地税局受理复议申请及做出复议决定也履行了法定程序，程序合法。

3. 关于本税案当期收入的认定

当期是企业所得税的纳税年度，持续经营的企业以公历1月1日至公历12月31日为一个当期。税法上的收入是企业以货币形式和非货币形式从各种来源取得的收入。《企业所得税法》第六条规定："企业以货币形式或非货币形式从各种来源取得的收入，为收入总额。包括：（一）销售货物收入；（二）提供劳务收入；（三）转让财产收入；（四）股息、红利等权益性投资收益；（五）利息收入；（六）租金收入；（七）特许使用费收入；（八）接受捐赠收入；（九）其他收入。"其中，其他收入是指《企业所得税法》第六条规定的除第一项至第八项以外的其他收入。

同时，根据《企业所得税法实施条例》第二十二条之规定，企业所得税法第六条第九项所称的其他收入，包括企业资产溢余收入、逾期未退包装物押金收入、确实无法偿付的应付款项、已做坏账处理后又收回的应收款项、债务重组收入、补贴收入、违约金收入、汇兑收益等。应纳税所得额是指企业每个纳税年度的收入总额减去不征税收入、免税收入、各项扣除以及允许弥补以前年度亏损后的余额。

本税案中，仪器厂共收到 X 办事处代振宁公司垫付的搬迁补偿款 770 万元，其中 2011 年度为 570 万元，2012 年度为 200 万元，该款项虽在会记科目上记入"其他应付款——搬迁款"中，但均于当年度入账，鉴于仪器厂对移交的固定资产未做任何账务处理，N 稽查局对仪器厂相应年度的应纳税所得额做相应的调增与调减，且该计算方法仪器厂亦不持异议。故案涉《税务处理决定书》中将 770 万元款项认定为收入，并据此对企业应纳税所得额做相应调整于法有据。《税务行政复议决定书》对该处理决定予以维持并无不当。《企业所得税法》第一条规定，在中华人民共和国境内，企业和其他取得收入的组织为企业所得税的纳税人，依照该法的规定缴纳企业所得税，因此，仪器厂认为该款项为搬迁补偿款，不应算作当期收入，无须缴纳企业所得税的主张不能成立。

4. 关于本税案权责发生制的适用

根据《企业政策性搬迁所得税管理办法》（国家税务总局公告 2012 年第 40 号发布）第三条的规定，企业政策性搬迁，是指由于社会公共利益的需要，在政府主导下企业进行整体搬迁或部分搬迁。关于政策性搬迁的范围有三个关键词：一是"公共利益的需要"，二是"政府主导"，三是"包括整体搬迁或部分搬迁"。政策性搬迁不包括企业自行搬迁或商业性搬迁等情形。本案中，仪器厂根据人民法院生效的《民事调解书》腾空并返还土地及房屋，由此取得相应补偿，非政策性原因引起的搬迁。

根据《企业所得税法实施条例》第九条的规定，企业应纳税所得额的计算以权责发生制为原则，属于当期的收入和费用，无论款项是否收付，均作为当期的收入和费用；不属于当期的收入和费用，即使款项已经在当期收付，均不作为当期的收入和费用，以权利是否实现、义务是否履行作为判断收入和费用的确认时间标准。

本税案中，仪器厂根据人民法院生效的（2011）N民终字第1974号《民事调解书》确定的内容腾空并返还土地及房屋，由此取得相应补偿。双方当事人系按照交房进度支付相应款项，X办事处代振宁公司向仪器厂垫付的每一笔款项均以土地、构筑物返还为前提，仪器厂在取得相应款项前，已将自己占有的房屋腾空移交，同时还清理了承租户租用的房屋并移交。对于振宁公司而言，仪器厂已完成了调解书约定的相应义务，而仪器厂则实际享有了收取相应款项的权利，且款项已于相应年度入账。因搬迁、清理发生的费用，如当期无法计算或未实际发生，亦可于此后相应发生年度在计算应纳税所得额时予以扣除。

5. 国税函〔2008〕875号文件是否适用

国税函〔2008〕875号文件系国家税务总局就《企业所得税法》第六条规定的九种形式中的第一项销售货物收入、第二项提供劳务收入应如何确认企业所得税收入的专项规定。该文件规定，除《企业所得税法》及其实施条例另有规定外，企业销售收入的确认，必须遵循权责发生制原则和实质重于形式原则。实质重于形式原则是指企业应当按照交易或事项的经济实质进行应纳税所得额的计算，这是当一个行为的法律形式和经济性质之间有差异时如何做最后处理的原则。当经济事实和法律形式不一致时，否定其形式而重视其实质，但其适用必须有明确的法律规定和授权。上述两项原则，系确认企业销售收入时应遵循的原则。

关于劳务收入的确认，该文件规定，企业在各个纳税期末，提供劳务交易的结果能够可靠估计的，应采用完工进度（完工百分比）法确认提供劳务收入。其中，可靠估计要满足以下条件：（1）收入金额能可靠地计量；（2）交易的完工进度能够可靠地确定；（3）交易中已发生和将发生的成本能可靠地核算。另外，企业确定提供劳务交易的完工进度，可以选用以下方法：（1）测量已完成的工作；（2）确定已经提供的劳务占应提供劳务总量的比例；（3）确定已经发生的成本占估计成本的比例。同时，根据《企业所得税法实施条例》第十五条的规定，《企业所得税法》第六条第二项所称提供劳务收入，是指企业从事建筑安装、修理修配、交通运输、仓储租赁、金融保险、邮电通信、咨询经纪、文化体育、科学研究、技术服务、教育培训、餐饮住宿、中介代理、卫生保健、社区服务、旅游、娱乐、加工以及其他劳务服务活动取得的收入。

本案中，仪器厂营业执照载明，其经营范围为：实验仪器及装置制造、销售；自营和代理各类商品和技术的进出口业务。仪器厂并不具备有关提供劳务交易的资质，至于清理承租户是否属于提供劳务，抑或是一种特殊的劳务，仪器厂并未提交相关证据予以证明。故国税函〔2008〕875号文件不应适用于本案。仪器厂认为涉案的款项是预付的搬迁、劳务费用，清理承租户所收取的款项系劳务收入的主张依法不能成立。

6. 人民法院在何种情形下可以撤销行政行为

《行政诉讼法》第六条规定，人民法院审理行政案件，对行政行为是否合法进行审查。该法第七十条又规定："行政行为有下列情形之一的，人民法院判决撤销或者部分撤销，并可以判决被告重新做出行政行为：（一）主要证据不足的；（二）适用法律、法规错误的；（三）违反法定程序的；（四）超越职权的；（五）滥用职权的；（六）明显不当的。"《最高人民法院关于执行〈中华人民共和国行政诉讼法〉若干问题的解释》第五十三条第一款规定："复议决定维持原具体行政行为的，人民法院判决撤销原具体行政行为，复议决定自然无效。"

风险防控提示

搬迁补偿款的税务处理

《企业所得税法》规定，企业以货币形式和非货币形式从各种来源取得的收入，为收入总额。因此，企业从政府处获得搬迁补偿款，无论是货币资金还是非货币资金，从性质和根源上均构成税收上的收入。企业在纳税申报时，应按税收规定进行税务处理。考虑到企业取得的搬迁补偿款将用于弥补搬迁损失和支付重建成本，为减轻企业税收资金占用负担，对将搬迁补偿款确实用于安排搬迁成本的，国家税务总局于2009年发布了《关于企业政策性搬迁或处置收入有关企业所得税处理问题的通知》（国税函〔2009〕118号）予以明确，但《企业政策性搬迁所得税管理办法》（国家税务总局公告2012年第40号发布）出台后，国税函〔2009〕118号文件已全文失效。

《企业政策性搬迁所得税管理办法》第四章明确了搬迁资产的税务处理。这一章是该办法与国税函〔2009〕118号文件的最大区别。上述文件考虑到企业取得的政策性搬迁收入大部分用于资产重置，因此允许重置资产的价值从政策性搬迁收入中扣减，并允许重置资产在未来计提折旧。如果仅仅是允许重置资产的价值直接从搬迁补偿收入中"坐扣"，即重置资产价值允许从收入中扣减，同时未来不允许重置资产计提折旧，这就是递延纳税的"不征税收入"；而国税函〔2009〕118号文件的规定是抵偿重置资产的这部分收入，取得时不纳税，未来资产还可以计提折旧，这是"免税收入"的概念，《企业所得税法》第二十六条只规定了四类免税收入，没有"其他"兜底条款，因此，国税函〔2009〕118号文件的这一规定是违背上位法的。

而《企业政策性搬迁所得税管理办法》第十四条规定，企业发生的购置资产支出，不得从搬迁收入中扣除。该办法的规定也是一种递延纳税，没有让企业在取得搬迁补偿收入当年直接缴税，而是递延到了搬迁完成年度。

从原则上和精神上看，国税函〔2009〕118号文件和《企业政策性搬迁所得税管理办法》是一致的，没有变化。该办法放宽了政策性搬迁业务的认定范围、标准和给予弥补亏损足够的年限，其计算方法与国税函〔2009〕118号文件不一样[1]：

（1）政策性搬迁补偿款的确可以作为不征税收入，由企业选择。《企业政策性搬迁所得税管理办法》也给了企业这个选择的权力。

（2）国税函〔2009〕118号文件是采用净额法计算方法，即：政策性搬迁补偿款－其对应支出＝所得，并入第5年的年度汇算中；搬迁处置收入－其对应损失支出＝所得，并入当年的年度汇算中。

《企业政策性搬迁所得税管理办法》是采用还原法计算方法，即：搬迁收入（总）－搬迁支出（总）＝搬迁所得（损失）。并入第5年的年度汇算中。

拆迁补偿费可能涉及的税金及相关政策

1. 土地增值税

（1）《中华人民共和国土地增值税暂行条例》（以下简称《土地增值税暂行条例》）第八条规定："有下列情形之一的，免征土地增值税：（一）纳税人建造普通标准住宅出售，增值额未超过扣除项目金额20%的；（二）因国家建设需要依法征用、收回的房地产。"

---

[1] 张伟.118号文件和40号公告本质上是一样，只是计算方法不一样[OL].税屋网，2012-08-18.

（2）《中华人民共和国土地增值税暂行条例实施细则》（以下简称《土地增值税暂行条例实施细则》）第十一条规定，《土地增值税暂行条例》第八条第二项所称的因国家建设需要依法征用、收回的房地产，是指因城市实施规划、国家建设的需要而被政府批准征用的房产或收回的土地使用权。因城市实施规划、国家建设的需要而搬迁，由纳税人自行转让原房地产的，比照该规定免征土地增值税。符合上述免税规定的单位和个人，须向房地产所在地税务机关提出免税申请，经税务机关审核后，免予征收土地增值税。

（3）《财政部 国家税务总局关于土地增值税若干问题的通知》（财税〔2006〕21号）第四条规定，《土地增值税暂行条例实施细则》第十一条第四款所称因"城市实施规划"而搬迁，是指因旧城改造或因企业污染、扰民（指产生过量废气、废水、废渣和噪音，使城市居民生活受到一定危害），而由政府或政府有关主管部门根据已审批通过的城市规划确定进行搬迁的情况；所称因"国家建设的需要"而搬迁，是指因实施国务院、省级人民政府、国务院有关部委批准的建设项目而进行搬迁的情况。

2. 企业所得税

《财政部 国家税务总局关于企业政策性搬迁收入有关企业所得税处理问题的通知》（财税〔2007〕61号）第二条第五项规定，搬迁企业从规划搬迁第二年起的五年内，其取得的搬迁收入暂不计入企业当年应纳税所得额，在五年期内完成搬迁的，企业搬迁收入按上述规定扣除相关成本费用后，其余额并入搬迁企业当年应纳税所得额，缴纳企业所得税。

财务处理方面，《财政部关于企业收到政府拨给的搬迁补偿款有关财务处理问题的通知》（财企〔2005〕123号）规定，企业收到政府拨给的搬迁补偿款,作为专项应付款核算。搬迁补偿款存款利息,一并转增专项应付款。企业在搬迁和重建过程中发生的损失或费用,区分以下情况进行处理:(1)因搬迁出售、报废或毁损的固定资产,作为固定资产清理业务核算,其净损失核销专项应付款;(2)机器设备因拆卸、运输、重新安装、调试等原因发生的费用,直接核销专项应付款;(3)企业因搬迁而灭失的、原已作为资产单独入账的土地使用权,直接核销专项应付款;(4)用于安置职工的费用支出,直接核销专项应付款。企业搬迁结束后,专项应付款如有余额,做调增资本公积金处理,由此增加的资本公积金由全体股东共享;专项应付款如有不足,应计入当期损益。企业收到政府拨给的搬迁补偿款金额及搬迁结束后计入资本公积金或当期损益的金额应当单独披露。

链接1 类似案例统计

经对中国裁判文书网判例统计,2010年至2017年11月1日,全国涉及纳税人针对搬迁补偿款起诉税务机关的裁判案例还有1件(不排除部分类似案件未上传到数据库),法律文书为《林某良与江苏省苏州工业园区国家税务局第一税务分局、江苏省苏州工业园区国家税务局行政复议一审行政判决书》。

链接2 拆迁补偿款的风险提示

1. 补偿款是否可以直接抵扣进项

《财政部 国家税务总局关于全面推开营业税改征增值税试点的通知》(财税〔2016〕36号)附件2《营业税改征增值税试点有关事项的规定》规定:

（1）房地产开发企业中的一般纳税人销售其开发的房地产项目（选择简易计税方法的房地产老项目除外），以取得的全部价款和价外费用，扣除受让土地时向政府部门支付的土地价款后的余额为销售额。纳税人按照上述规定从全部价款和价外费用中扣除的向政府支付的土地价款，以省级以上（含省级）财政部门监（印）制的财政票据为合法有效凭证。

（2）房地产开发企业中的一般纳税人，销售自行开发的房地产老项目，可以选择适用简易计税方法按照5%的征收率计税。

（3）房地产老项目，是指《建筑工程施工许可证》注明的合同开工日期在2016年4月30日前的房地产项目。

2. 在计算土地增值税时土地拆迁补偿款是否可以作为开发成本扣除

根据《土地增值税暂行条例实施细则》第七条的规定，计算增值额的扣除项目，具体为：开发土地和新建房及配套设施的成本，是指纳税人房地产开发项目实际发生的成本，包括土地征用及拆迁补偿费……土地征用及拆迁补偿费，包括土地征用费、耕地占用税、劳动力安置费及有关地上、地下附着物拆迁补偿的净支出、安置动迁用房支出等。

《土地增值税清算管理规程》（国税发〔2009〕91号文件发布）第二十条规定，房地产开发成本，包括土地征用及拆迁补偿费、前期工程费、建筑安装工程费、基础设施费、公共配套设施费、开发间接费用。

3. 在计算企业所得税时土地拆迁补偿款是否可以扣除

《房地产开发经营业务企业所得税处理办法》（国税发〔2009〕31号文件发布）第二十七条规定，开发产品计税成本支出的内容如下：

土地征用费及拆迁补偿费，指为取得土地开发使用权（或开发权）而发生的各项费用，主要包括土地买价或出让金、大市政配套费、契税、耕地占用税、土地使用费、土地闲置费、土地变更用途和超面积补交的地价及相关税费、拆迁补偿支出、安置及动迁支出、回迁房建造支出、农作物补偿费、危房补偿费等。

4. 个人房屋被征收用补偿款新购房屋免征契税

市、县级人民政府根据《国有土地上房屋征收与补偿条例》有关规定征收居民房屋，居民因个人房屋被征收而选择货币补偿用以重新购置房屋，并且购房成交价格不超过货币补偿款的，对新购房屋免征契税；购房成交价格超过货币补偿款的，对差价部分按规定征收契税。

5. 拆迁户用住房征收补偿款买房后有剩余，再买住房时，是否可以继续抵免契税

《财政部 国家税务总局关于企业以售后回租方式进行融资等有关契税政策的通知》（财税〔2012〕82号）规定，居民因个人房屋被征收而选择货币补偿用以重新购置房屋，并且购房成交价格不超过货币补偿款的，对新购房屋免征契税；购房成交价格超过货币补偿的，对差价部分按规定征收契税。该政策并未限定是一次购房行为，因此，只要是购房成交价格不超过房屋征收货币补偿的，对新购房屋均可以免征契税。例如，A房地产公司拆迁中，甲的个人房屋被征收，获取货币补偿100万元，再次购房，购房价款90万元，则新购房免契税。购房价格120万元，则按（120-100）×3%征收契税。即甲获取房屋补偿，不支付差价，则不征收契税，支付20万元差价，则差价部分征收契税。

6. 父母拆迁获得补偿款后，将补偿款赠与子女用于购买住房的，是否可以对相当于拆迁补偿款的部分免征契税

《国家税务总局关于城镇房屋拆迁契税优惠政策适用对象的批复》（国税函〔2005〕903号）规定：城镇房屋拆迁契税优惠政策适用的对象，应为被拆迁房屋的所有权人或共有权人以及领取拆迁补偿款的被拆迁公有住房的承租人。所以上述子女不属于政策享受对象，以子女名义购房不可抵免拆迁款部分的契税。

链接3 拆迁补偿款是否属于企业所得税征税范围相关案例

2008年6月16日，台科电子与S工业园区拆迁事务中心签订房屋拆迁货币补偿协议，约定补偿总额计人民币19 800 180.22元。

2009年9月25日，台科电子终止经营并经批准依法进行清算，审计报告及会计报表等材料列明，该公司取得的拆迁补偿金净收入为10 292 105.03元（计入公司营业外收入），2009年度应纳税所得额共计8 282 273.09元，应缴企业所得税2 070 568.27元。

2010年3月17日，台科电子通过在税务部门预留登记的农业银行批扣账户自行完成了2009年度企业所得税申报及缴纳，实缴税款2 070 568.27元。

2014年9月20日，台科电子原法定代表人林某良向园区国税一分局提出退税申请。税务机关审查后，依据相关法律认为，台科电子并未重置或改良固定资产、技术改造或购置其他固定资产，其取得的拆迁补偿金净收入应该规定计算缴纳企业所得税，且台科电子缴款日期为2010年3月17日，而申请退税时间为2014年9月20日，已超出申请时效。林

某良申请行政复议未果，诉至S市G区人民法院。

人民法院经审理后指出，林某良认为台科电子拆迁补偿属于公共利益性质，依照财政部《关于企业收到政府拨给的搬迁补偿款有关财务处理问题的通知》（财企〔2005〕123号）的规定，不应缴纳企业所得税。由于上述通知规范的是获得拆迁补偿款后企业财务与会计处理问题，未涉及税款处理，台科电子虽因公共政策拆迁，但其获得的拆迁补偿款并不属于《企业所得税法》第七条规定的"不征税收入"，且其计入应纳税所得的拆迁补偿已是经过相关项目核销后的净收入，该公司缴纳的2009年度企业所得税2 070 568.27元亦非仅针对拆迁补偿净收入一项，故台科电子关于拆迁补偿款不应缴纳企业所得税并要求退回所缴2 070 568.27元税款的主张，缺乏事实和法律依据，园区国税一分局答复不予退税，理由并无不当。

《税收征收管理法》第五十一条规定，纳税人超过应纳税额缴纳的税款，税务机关发现后应当立即退还；纳税人自结算缴纳税款之日起三年内发现的，可以向税务机关要求退还多缴的税款并加算银行同期存款利息，税务机关及时查实后应当立即退还。本案中，台科电子于2010年3月缴纳税款，虽向税务机关以外的部门进行过情况反映，但直至2014年9月才提出退税申请，显然已经超过法定的3年退税申请时限，故税务机关认定其超过法定救济时效并无不当，台科电子的退税申请无法得到支持。

据上，人民法院认为，台科电子获得的政策性搬迁补偿款应缴纳企业所得税，林某良的退税申请已超出法定时效，驳回台科电子原法定代表人林某良的诉讼请求。

税款追征期限适用风险败诉案 6

基本案情[1]

H市伟华实业有限公司（以下简称伟华公司）成立于2005年1月7日，其经营范围主要为沥青混凝土拌和及沥青砼施工机械租赁。伟华公司的营业税及附加税费和企业所得税均由地税局负责征收管理。伟华公司在2006—2010年度主要开展了经营运动场、转让不动产及道路工程施工等业务。

1.伟华公司经营伟华运动城项目情况

伟华公司经营伟华运动城项目，在2010年账簿上少列收入118 728.00元，未如实进行纳税申报，少缴营业税5 936.40元、城市维护建设税415.55元、教育费附加178.09元，合计6 530.04元。伟华公司对

---

[1] 2017年9月24日摘自中国裁判文书网。

此承认违法事实，对市地税局的认定、处理和处罚无异议，未申请复议并已执行完毕。

2. 伟华公司转让不动产业务情况

2006年12月8日，伟华公司从H市H拍卖行以39 816 000元竞拍取得H街东二座首层、二层及三层物业（原L商场），每层各取得一张发票，其中：2007年3月29日取得首层发票记载金额23 678 675元，面积1 781.97平方米；2007年3月14日取得二层、三层发票，二层发票记载金额13 900 658元，面积2 163.19平方米；三层发票记载金额2 240 665元，面积2163.39平方米。以上三项发票开具金额共计39 819 998.00元，面积6 108.55平方米，账面实际记载金额39 816 000元，差额3 998.00元。伟华公司于2007年4月26日取得房地产权证，产权证记载座落H市H街东二座一层至三层，面积6 108.35平方米。其后伟华公司于2007—2010年度将上述物业分别转让。

（1）2007年物业转让情况。伟华公司2006年12月21日至2007年3月27日期间签订了10份《商铺买卖合同》，10个商铺面积合计804.955平方米，合同金额共计29 369 694.00元，该10个商铺已在2007年5月14日办理产权转移手续。伟华公司就以上收入进行了两次申报，第一次于2007年7月10日、11日由H区地方税务局F税务分局向受让方共开具的10份发票金额（共计12 668 275.00元），申报缴纳税费共计823 437.91元，其中：营业税633 413.78元、城市维护建设税44 338.96元、教育费附加19 002.42元、土地增值税126 682.75元。第二次于2009年3月23日就以上资产转让自查补申报收入16 701 419.00元，申报缴纳税费共计1 085 592.24元，其中：营业税835 070.95元、城市维护建设税58 454.97元、教育费附加25 052.13元、土地增值税167 014.19元。

（2）2010年物业（房产）转让情况。伟华公司在2010年9月将剩余商铺首层1号、8号、13号及二层、三层面积共5 298.18平方米转让给佛山欧亚美园林绿化工程有限公司（销售面积比购进面积少5.415平方米），以上物业办理产权转移手续日期为2010年9月3日，取得转让收入共计25 300 000元（其中：首层1号商铺52.93平方米，发票开具日期2010年9月27日，合同金额与发票金额相符，为1 746 690.00元；13号商铺45.89平方米，发票开具日期2010年9月27日，合同金额与发票金额相符，为1 514 370.00元；首层8号及二、三层共5 199.36平方米，金额为22 038 940.00元）。

3. 伟华公司税款申报缴纳情况

2010年9月27日，伟华公司向H市地税局F税务分局申报时选择整体收入减整体成本的方式，F税务分局按照先税后证制度的规定接收伟华公司提交的转让物业纳税申报资料，按程序对伟华公司的纳税申报履行了受理和审核程序，向伟华公司征收税款并代开发票。伟华公司在2010年9月27日申报缴纳税费共计1 919 503.50元，其中：营业税109 071.05元、城市维护建设税7 634.97元、教育费附加3 272.13元、土地增值税1 799 525.35元。

2010年10月8日，伟华公司以"误缴税款"为由向税务机关申请退还转让物业多缴税款，经审核，伟华公司在2009年度转让物业时F税务分局错按"资产租赁"税目缴纳了营业税费，因此，H市地税局F税务分局于2010年11月10日将税费共计918 578.05元退还给伟华公司，其中：营业税835 070.95元、城市维护建设税58 454.97元、教育费附加25 052.13元。

综上，伟华公司在转让H街东二座首层、二层、三层房产业务中，共缴纳税费 2 909 955.57 元，其中：营业税 742 484.80 元、城市维护建设税 51 973.93 元、教育费附加 22 274.55 元、土地增值税 2 093 222.29 元。

H 市地方税务局稽查局认为，应按照每层面积平均计算各层物业单位原价，按每个转让物业所占面积计算购置成本的方法计算确定单个商铺原价，税收征管部门及稽查部门所用计算方式的差异导致了结果的差异，因此产生营业税费、土地增值税的补缴问题。

4. 伟华公司承建 H 区市政工程情况

伟华公司从 2002 年开始，与通大路桥工程有限公司、H 市 J 建筑工程有限公司、H 市 H 建筑装饰工程有限公司等五家企业签订了施工合同、承包经营协议书、合作经营合同，承建了 H 区的先锋等五条道路改造及装饰工程、松岗路等四条街土建工程、H 市 H 区桥北路改造工程、H 区文化中心大楼周边的道路沥青硅路面工程、城北路等四条街改造工程、北江三桥引道道路工程之先锋主干道工程，以及 H 区沿江二、三路道路工程等七项工程。截至 2010 年 12 月 31 日，伟华公司从市政道路等工程中共收取了工程款合计 202 794 466.55 元，包括 2006 年建设方（区政府）以原 L 商场物业转让的价值，以拍卖形式作价 39 816 000 元抵顶伟华公司应收建安工程收入。这七项工程已由建筑公司向建设方（区政府）开具了 166 997 571.16 元的建安业发票，未开具发票部分金额 35 796 895.39 元，该部分金额未向主管税务机关进行纳税申报。

5. 税务机关的处理

H 市地税局认为，应追缴伟华公司未开具发票部分少缴未缴的营业税费和 2006—2010 年少缴的企业所得税，伟华公司 2006 年取得建安收入 42 232 510.05 元；2007 年取得建安收入 52 316 000.00 元；2009 年取得建安收入9 592 369.26元,申报营业收入(不含2009年建安收入)6 534 405.17元;2010年取得建安收入36 060 333.24元,转让不动产收入和转让无形资产收入31 060 400.00元,运动城收入118 728.00元,申报营业收入(不含2010年上述建安、运动城等收入)4 348 420.04元,伟华公司取得的建安工程收入在账簿上不记收入、不列成本,未向税务机关如实申报缴纳企业所得税,应追缴少缴税款。

2011年4月25日至2014年7月16日,H市地税局对伟华公司2006年1月1日至2010年12月31日的纳税情况进行检查,认定伟华公司存在偷税行为,少缴税款和应纳税款合计11 293 057.66元。

2014年9月1日,H市地税局对伟华公司做出H地税处〔2014〕2号《税务处理决定书》,指出伟华公司有以下违法违规事实:

(1)经营运动城少缴营业税费。经查,伟华公司经营运动城2010年在账簿上少列收入118 728元,未如实进行纳税申报,少缴营业税5 936.4元(118 728元×5%),城市维护建设税415.55元(5 936.4元×7%),教育费附加178.09元(5 936.4×3%),合计6 530.04元。

(2)转让物业少缴营业税费、土地增值税。经查,伟华公司转让物业未如实申报缴纳营业税、城市维护建设税及附加,2007年、2010年度转让物业首层共12个商铺应缴营业税1 031 073.2元,已缴纳营业税742 484.83元,少缴营业税288 588.37元、城市维护建设税20 201.19元、教育费附加8 657.65元。伟华公司转让H街东二座首层、二层、三层物业不履行纳税义务,向税务机关进行虚假纳税申报,其中2010年度转让首层10个商铺应申报缴纳土地增值税6 846 632.65元,已缴土地增值税293 696.94元,少缴土地增值税6 552 935.71元;2007年度转让首层两个商铺应缴纳土地增值税 558 215.94 元，已申报缴纳土地增值税 1 799 525.35 元，多缴土地增值税 1 241 309.41 元。综上，伟华公司合计少缴土地增值税 5 311 626.30 元（6 552 935.71-1 241 309.41）。

（3）承建市政工程收入少缴营业税费。经查，伟华公司与有资质的建筑公司签订施工合同、承包经营协议书或合作经营合同承建市政工程项目，工程收入未在伟华公司账簿中反映。外调证据资料反映，截至 2010 年 12 月 31 日，工程收入合计 202 794 466.55 元，工程收入已由建筑公司向建设方开具发票 166 997 571.16 元，伟华公司 2006 年 1 月 1 日至 2007 年 12 月 31 日取得未由扣缴义务人代扣代缴的建安工程收入 35 796 895.39 元未按规定开具发票申报缴税，少缴营业税 1 073 906.86 元，城市维护建设税 75 173.48 元，教育费附加 32 217.21 元。

（4）2006—2010 年少缴企业所得税。经查，伟华公司 2006—2007 年取得建安工程收入在账簿上不列收入，不列成本，对伟华公司 2006 年、2007 年取得建安收入采取核定征收方式计算企业所得税，伟华公司 2006 年少缴企业所得税 853 862.16 元，2007 年少缴企业所得税 1 429 428 元。伟华公司 2009—2010 年度取得建安收入在账簿上不列收入，不列成本，未如实向税务机关申报缴纳企业所得税，对伟华公司当期取得建安工程收入合并当期主营业务收入、转让不动产收入采取核定征收方式计算企业所得税，伟华公司 2009 年少缴企业所得税 403 169.36 元，2010 年少缴企业所得税 1 789 697.03 元。

综上所述，伟华公司 2006—2010 年合计少缴企业所得税 4 476 156.55 元。

伟华公司对该处理决定不服，于 2014 年 9 月 22 日向 G 省地方税务局申请行政复议，G省地方税务局于2014年12月19日做出Y地税行复〔2014〕5号《行政复议决定书》，维持了H市地税局做出的处理决定。伟华公司仍不服，遂向人民法院提起行政诉讼。一审法院裁判后，伟华公司、H市地税局均不服，提出上诉。

税企争议焦点

纳税人伟华公司观点

（1）H市地税局于2010年11月10日对伟华公司转让物业营业税、土地增值税进行了核查清算，至该局于2014年9月1日做出H地税处〔2014〕2号《税务处理决定书》，将近四年，超过了法定的三年追征期。市地税局关于追征期应从其于2011年4月25日向伟华公司做出《税务检查通知书》和《调取账簿资料通知书》之日起算的主张缺乏证据。认定追征期应从2011年4月25日起算且截至2014年9月1日未超过三年错误。

（2）伟华公司无建筑资质，只能挂靠在工程中标公司并以被挂靠公司的名义承建工程，因此，建安工程收入的纳税义务主体应是中标公司，而非伟华公司。伟华公司收取的工程款是受中标公司（即被挂靠公司）委托而代为收取的，工程收入属于中标公司的收入，认定中标公司仅是扣缴义务人、伟华公司是建安工程收入的纳税义务人错误。此外，根据中标合同的约定，工程项目未结算时已支付给伟华公司的款项属于"工程预付款项"，不属于伟华公司的营业所得。

（3）根据"法不禁则准"的原则，伟华公司选择"整体收入减整体成本"的方式申报纳税，并不违反《财政部、国家税务总局关于营业税若干政策问题的通知》（财税〔2003〕16号）的规定，该文件并未规定税务机关应"按照每层面积平均计算各层物业单位原价，按每个转让物业所占面积计算购置成本的方法计算确定单个商铺原价"。H市地税局认定伟华公司转让物业少缴营业税不符合该文件的规定。

（4）H市地税局认定伟华公司转让物业少缴土地增值税，违反了《国家税务总局关于土地增值税清算有关问题的通知》（国税函〔2010〕220号）以及《财政部 国家税务总局关于土地增值税若干问题的通知》（财税〔2006〕21号）的规定。

（5）H市地税局认定伟华公司是营业税纳税义务人，违反了《中华人民共和国营业税暂行条例》（以下简称《营业税暂行条例》）及其实施细则的规定。

（6）H市地税局认定伟华公司是建安工程营业税纳税义务人，违反了《H市地方税务局建筑业税收征收管理试行办法》的规定。H市地税局编制的《各项工程结算价格及已开票建安收入核对表》记载的发票开具单位、完税单位、建安收入企业所得税缴纳单位均为中标公司，表明H市地税局已将中标公司确认为纳税主体，即使存在欠缴企业所得税的情况，也应当向中标公司而不是伟华公司追征，不能同时确定两个纳税主体。

H市地税局观点

（1）H市地税局对伟华公司就转让物业少缴税款予以追征并加收滞纳金证据充分，程序合法，适用法律正确。伟华公司未如实进行纳税申报，由此产生的法律责任应由其承担。H市地税局F税务分局对伟华公司的申报纳税进行的是形式审查，该局于2010年11月10

日向伟华公司退还部分税费也只是对伟华公司错误适用税目予以更正，而非对伟华公司预征税款情况进行审核清算并确认了预征税收事项。伟华公司少缴税款累计在10万元以上，属于《税收征收管理法实施细则》第八十二条规定的特殊情况，根据《税收征收管理法》第五十二条第二款的规定，本案税款的追征期应为5年，而非3年，且应当加收滞纳金。即使伟华公司转让物业收入少缴税款系因税务机关的原因导致，H市地税局也已于2011年4月25日向伟华公司送达了《税务检查通知书》和《调取账簿资料通知书》，从开始检查距伟华公司2010年9月27日自行向H市地税局F税务分局申报纳税的时间并未超过三年追征期。伟华公司购进物业时，是在不同时间分层购进的，每层的成本价不同。作为二手房卖出时，大部分房屋的卖出时间、价格及受让人均不相同，因此每卖出一间房屋就是一项交易，H市地税局据此对伟华公司转让物业收入按照每间房屋单独计税正确。

（2）H市地税局对伟华公司就施工市政工程项目少缴税款予以追征并加收滞纳金证据确凿，适用法律正确。虽然伟华公司不是七项市政工程的中标单位，但其实际承建了七项工程，提供了应税劳务，直接取得了收入，而被挂靠的中标公司只是收取工程结算造价一定比例的管理费，因此，伟华公司是纳税义务人。伟华公司实际取得建安工程的未开票收入达35 796 859.39元，其在账簿上不列上述收入，少缴相应税费，H市地税局向其追征税款并加收滞纳金符合法律规定。对于已经以中标公司名义缴纳的企业所得税，在计算伟华公司应补缴的税款时已经予以扣除，因此，不存在就同一收入认定两个纳税主体的问题。

综上，应驳回伟华公司的再审申请。

本案争议焦点

根据税企双方意见，可以将本案的争议焦点归纳为：税款追征期限应如何适用。

人民法院裁判观点

一审法院裁判观点

依照《行政诉讼法》第六十九条和第七十条第一、第二项的规定，判决：（1）撤销 H 市地税局于 2014 年 9 月 1 日做出的 H 地税处〔2014〕2 号《税务处理决定书》中第二部分处理依据及决定第二项、第三项关于伟华公司应补缴转让物业营业税 288 588.37 元，城市维护建设税 20 201.19 元；教育费附加 8 657.65 元和土地增值税 5 311 626.30 元以及第七项关于转让物业上述应补缴税款按日加收滞纳税款万分之五的滞纳金的处理决定。（2）驳回伟华公司要求撤销 H 市地税局于 2014 年 9 月 1 日做出的 H 地税处〔2014〕2 号《税务处理决定书》中第二部分处理依据及决定第四项、第五项、第六项关于伟华公司取得未由扣缴义务人代扣代缴税费的建筑安装工程收入应补缴营业税 1 073 906.86 元，城市维护建设税 75 173.48 元，教育费附加 32 217.21 元，2006、2007、2009、2010 年度分别应补缴企业所得税 853 862.16 元、1 429 428.00 元、403 169.36 元、1 789 697.03 元以及第七项关于建筑安装工程上述应补缴税款和企业所得税款按日加收滞纳税款万分之五的滞纳金的诉讼请求。上述税款及滞纳金应在本判决生效之日起 15 日内由伟华公司以项目中标建筑工程公司名义开具发票向税务机关缴纳。

二审法院裁判观点

一审判决有关 H 市地方税务局做出的涉案税务处理决定中滞纳金部分的处理正确，二审法院予以确认，有关转让物业应当补缴营业税费以及土地增值税部分的处理不当，二审法院予以改判。伟华公司的部分上诉理由成立，本院予以采纳。H 市地税局的部分上诉理由成立，本院亦予以采纳。依照《行政诉讼法》第八十九条第一款第二项的规定，判决如下：

（1）变更 G 省 H 市中级人民法院做出的（2015）H 中法行初字第 1 号行政判决第一项为："撤销 H 市地方税务局于 2014 年 9 月 1 日做出的 H 地税处〔2014〕2 号《税务处理决定书》第二部分处理依据及决定第七项，H 市地方税务局应对伟华公司应纳税款 5 663 984.14 元从滞纳之日起至实际缴纳税款之日止按日加收滞纳税款万分之五的滞纳金。"

（2）变更 G 省 H 市中级人民法院做出的（2015）H 中法行初字第 1 号行政判决第二项为："驳回伟华公司要求撤销 H 市地方税务局于 2014 年 9 月 1 日做出的 H 地税处〔2014〕2 号《税务处理决定书》中第二部分处理依据及决定第二、三、四、五、六项，以及第七项因承建市政工程收入少缴营业税等各项税费、2006—2010 年少缴企业所得税等违法行为加收滞纳金的诉讼请求。"

再审法院裁判观点

本案系当事人申请最高人民法院再审案件，再审法院围绕伟华公司申请再审的理由是否成立进行审查。再审法院经审查认为，伟华公司申请再审的理由均不能成立，本案不符合《行政诉讼法》第九十一条第三项、第四项规定的情形。再审法院依照《最高人民法院关于执行〈中华人民共和国行政诉讼法〉若干问题的解释》第七十四条的规定，裁定驳回伟华公司的再审申请。

税务律师解析

1. 伟华公司转让物业是否存在少缴税款的问题

《营业税暂行条例》第一条规定："在中华人民共和国境内提供本条例规定的劳务、转让无形资产或者销售不动产的单位和个人，为营业税的纳税人，应当依照本条例缴纳营业税。"第四条第一款规定："纳税人提供应税劳务、转让无形资产或者销售不动产，按照营业额和规定的税率计算应纳税额。应纳税额计算公式：应纳税额＝营业额 × 税率。"《土地增值税暂行条例》第二条规定："转让国有土地使用权、地上的建筑物及其附着物并取得收入的单位和个人，为土地增值税的纳税义务人，应当依照本条例缴纳土地增值税。"《财政部 国家税务总局关于营业税若干政策问题的通知》（财税〔2003〕16号）第三条第一款第二十项规定："单位和个人销售或者转让其购置的不动产或受让的土地使用权，以全部收入减去不动产或土地使用权的购置或受让原价后的余款为营业额。"

本税案中，伟华公司分批多次购进后又分别转让物业，其采取整体收入减去整体成本的方式计算营业额并进行纳税申报并不恰当，H市地税局按照每间物业的销售收入减去受让原价的方式计算营业额更符合行业习惯，亦不违反上述规定。营业额的计算方式调整后，伟华公司转让物业的营业额发生变化，其即存在少缴营业税和土地增值税的情形，H市地税局要求伟华公司补缴这部分税款并无不当。

2. 本税案应适用的税款追征期

《税收征收管理法》及其实施细则关于税款追征期的规定主要有：

《税收征收管理法》第五十二条第一款:"因税务机关的责任,致使纳税人、扣缴义务人未缴或者少缴税款的,税务机关在三年内可以要求纳税人、扣缴义务人补缴税款,但是不得加收滞纳金。"

《税收征收管理法实施细则》第八十一条:"税收征收管理法第五十二条所称纳税人、扣缴义务人计算错误等失误,是指非主观故意的计算公式运用错误以及明显的笔误。"

《税收征收管理法》第五十二条第二款:"因纳税人、扣缴义务人计算错误等失误,未缴或者少缴税款的,税务机关在三年内可以追征税款、滞纳金;有特殊情况的,追征期可以延长到五年。"

《税收征收管理法实施细则》第八十二条:"税收征收管理法第五十二条所称特殊情况,是指纳税人或者扣缴义务人因计算错误等失误,未缴或者少缴、未扣或者少扣、未收或者少收税款,累计数额在10万元以上的。"

《税收征收管理法》第五十二条第三款:"对偷税、抗税、骗税的,税务机关追征其未缴或者少缴的税款、滞纳金或者所骗取的税款,不受前款规定期限的限制。"

本税案中,伟华公司就物业转让在申报纳税时采用的是整体收入减去整体成本的方法,H市地税局在伟华公司申报后,审核确认了伟华公司的申报方式,于2010年11月10日退税。但H市地税局于2011年4月25日开始的税务检查中,认为本案所涉物业是伟华公司在不同时间分别购进的,每层成本价不同,每卖出一间即为一项交易,因此,伟华公司转让物业收入应当按照每间房屋单独计税。

综上，造成伟华公司少缴税款的原因，并不是伟华公司在纳税申报时少申报或虚假申报，而是 H 市地税局在稽查过程中改变了计税方式，H 市地税局在稽查环节对伟华公司申报行为的意见和在征管环节的确认结果不同，属于"因税务机关的责任，致使纳税人、扣缴义务人未缴或者少缴税款的"情形，根据上述税款追征期的规定，本税案税款追征期限应适用三年。

3. 本案追征期的起算点

《税收征收管理法实施细则》第八十三条规定："税收征收管理法第五十二条规定的补缴和追征税款、滞纳金的期限，自纳税人、扣缴义务人应缴未缴或者少缴税款之日起计算。"

根据税收实体法的相关规定，不同税种因纳税期限的差异，未缴少缴税款的计算时间也不同。

本案中伟华公司就所涉物业转让申报缴纳营业税的时间，H 市地税局应当根据稽查程序中对收入的确认方式，分月度计算各月度应缴纳营业税税额，并确认纳税期限及各月度应缴税款追征期的起算点。

4. 如何确定本案追征期

因税务机关的责任导致少缴未缴税款，如何界定"税务机关发现"是否在追征期内？以税务机关发现企业可能存在应缴未缴情况截止，还是到纳税义务确认及税务机关的检查处理决定下达之日为止？这是本案争议的关键，实践中对于该问题存在争议。

本案中，最高人民法院审查再审申请时认为，虽然 H 市地税局对伟华公司的《税务处理决定书》是在2014年9月1日做出的，但伟华公司就本案所涉转让物业分别于2009年3月及2010年9月进行纳税申报，H市地税局已于2011年4月25日下发了《税务检查通知书》和《调取账簿资料通知书》，表明H市地税局于2011年4月25日即已开始对伟华公司2009年及2010年间应补缴的税款追征，未超过三年追征期。

税收法律没有明确规定税务机关追征行为的节点，税务机关、纳税人等税收当事人、人民法院各方对此观点也不尽相同，有的观点认为，税务机关发现纳税人、扣缴义务人存在应缴未缴或者少缴税款并立案的，即认定税务机关做出了追征行为；有的观点认为，向纳税人、扣缴义务人发出《税务检查通知书》《调取账簿资料通知书》即标志着税务机关做出了追征行为；有的观点认为，税务机关向纳税人、扣缴义务人做出《税务处理决定书》方可认定税务机关做出了追征行为。

实践中，多数人民法院及税务机关的观点认为，《税务检查通知书》和《调取账簿通知书》等税务稽查程序的开始即可认为税务机关已经发现，以该时间节点距未缴或少缴税款之间的期限判断是否超过三年或五年。但税款征收期限无论是起算点还是结算点都应当是确定的，因此，《税收征收管理法》对税款追征期限计算结点的规定有待进一步完善。

风险防控提示

不及时报税的影响

不按税务机关的规定时限纳税申报，情节较轻的，除补缴税款外，税务机关将对企业会罚款，如果超期更长的，将还会加收滞纳金；对于情节严重的，税务机关将根据情节严重程度，处以相应的更高金额的罚款。

连续3个月不到税务登记机关纳税申报的,税务登记机关将对该企业的税务登记证予以注销。税务登记证被税务机关注销之后将不可能被恢复,即企业的所有证照都会因为税务登记证的注销而相继作废。

公司所有股东的身份证信息将被相关登记机关收录,进入黑名单,其以后的贷款、再次投资创业、出国等都将受到影响。

税款追征期的确定

根据《税收征收管理法》、《税收征收管理法实施细则》、《国家税务总局关于欠税追缴期限有关问题的批复》(国税函〔2005〕813号)和《国家税务总局关于未申报追缴期限问题的批复》(国税函〔2009〕326号)的相关规定,总结出我国现行税款追征期有如下几种情况:

1. 因税务机关责任

《税收征收管理法》第五十二条第一款规定,因税务机关的责任,致使纳税人、扣缴义务人未缴或者少缴税款的,税务机关在三年内可以要求纳税人、扣缴义务人补缴税款,但是不得加收滞纳金。

《税收征收管理法实施细则》第八十条指出,税务机关的责任,是指税务机关适用税收法律、行政法规不当或者执法行为违法。根据这一规定,税务机关追征税款的期限为三年,且不得加收滞纳金,超过三年就不再追征。

2. 因纳税人、扣缴义务人计算错误等失误

《税收征收管理法》第五十二条第二款规定,"因纳税人、扣缴义务人计算错误等失误,未缴或者少缴税款的,税务机关在3年内可以追征

税款、滞纳金；有特殊情况的，追征期可以延长到5年。"这主要是指纳税人在"计算错误等失误"特定情况下的追征期。注意，关于"计算错误等失误"，《税收征收管理法实施细则》第八十一条规定，"税收征收管理法第五十二条所称纳税人或者扣缴义务人计算错误等失误，是指非主观故意的计算公式运用错误以及明显的笔误"，同时规定了特殊情况，《税收征收管理法实施细则》第八十二条对此做出了解释："税收征收管理法第五十二条所称特殊情况，是指纳税人或者扣缴义务人因计算错误等失误，未缴或者少缴、未扣或者少扣、未收或者少收税款，累计数额在10万元以上的"。即累计数额在10万元以上的，税务机关可以在五年内追征。

3. 偷税、抗税、骗税

《税收征收管理法》第五十二条第三款规定，对偷税、抗税、骗税的，税务机关追征其未缴或者少缴的税款、滞纳金或者所骗取的税款，不受前款规定期限的限制。偷税、抗税和骗税，纳税人存有明显的主观故意，社会危害性大，是严重的税收违法行为，税务机关应无限期追征。

4. 欠税

《国家税务总局关于欠税追缴期限有关问题的批复》（国税函〔2005〕813号）规定，纳税人欠缴税款，税务机关追缴税款没有追征期的限制。欠税是因为纳税人通过纳税申报或税务机关做出税务处理意见确定其应纳税款后未按照规定期限缴纳税款行为，在这种情况下，税务机关应当依法无限期追征，任何单位和个人不得豁免。

5. 未申报

《国家税务总局关于未申报追缴期限问题的批复》（国税函〔2009〕

326号)规定,《税收征收管理法》第六十四条第二款规定的纳税人不进行纳税申报造成不缴或少缴应纳税款的情形不属于偷税、抗税、骗税,其追征期按照《税收征收管理法》第五十二条规定的精神,一般为三年,特殊情况可以延长至五年。

税款追征期的起算点

1. 规定了法定纳税申报期限的

税收法律对纳税人的应税行为规定了明确的申报期限的,如果纳税人在法定申报期限内向税务机关进行了纳税申报,税款追征期应当自纳税人办理纳税申报的次日起算;如果纳税人在法定申报期限内未办理纳税申报,则税款追征期应当自纳税申报期限届满的次日起算。

如S省D市中级人民法院(2016)J02行终49号《D高速公路管理处与S省D市地方税务稽查局、S省D市地方税务局行政处理行政处罚、行政复议纠纷二审行政判决书》[1]指出:"追征期的计算,应当自纳税人发生纳税义务,即税法规定的纳税义务发生时间开始计算。耕地占用税的纳税义务发生时间,根据《中华人民共和国耕地占用税暂行条例》第十二条'获准占用耕地的单位或者个人应当在收到土地管理部门的通知之日起30日内缴纳耕地占用税'的规定,耕地占用税的纳税义务发生时间为'收到土地管理部门的通知'之日。"

2. 没有明确规定纳税申报期限的

我国个人所得税法对个人取得应税所得规定了扣缴义务人的扣缴和申报义务,但是没有规定个人纳税人的纳税申报义务和期限。因此,个人纳税人的税款追征期限应当自个人纳税人的纳税义务确定之日的次日

---

[1] 2017年9月24日摘自中国裁判文书网。

起算。

3. 税务机关核定征收的

对于《税收征收管理法》第三十五条规定的情形，税务机关有权核定纳税人的应纳税额。税务机关对纳税人的应税行为有权进行核定征收的，税款追征期应当从纳税人纳税义务的成立之日起算。

4. 责令限期申报的

纳税人发生纳税义务并且未按照法定期限办理纳税申报，经税务机关责令限期申报，纳税人逾期仍未申报的，税款追征期应当自税务机关责令限期申报届满的次日起算。

链接　类似案例统计

经对中国裁判文书网判例统计，2010年至2017年11月1日，全国涉及纳税人对税款追征期有异议最终败诉的裁判案例有21件（不排除部分类似案件未上传到数据库），出现在广东省、海南省、宁夏回族自治区、贵州省、浙江省、山西省、江苏省、吉林省、新疆维吾尔自治区、黑龙江省、山东省、福建省、辽宁省。

7 不当提供纳税担保风险败诉案

基本案情[1]

2011年2月21日,H省地方税务局第一稽查局(以下简称第一稽查局)对H国托科技有限公司(以下简称国托公司)2000年6月至2010年12月31日期间的涉税情况进行专案检查,并于2012年8月14日向国托公司送达Q地税一稽处〔2012〕13号《税务处理决定书》,要求其自收到处理决定书之日起15日内补缴税费48 766 553.12元、加收滞纳金44 139 672.77元,合计92 906 225.89元。

2012年8月24日,第一稽查局向国托公司送达Q地税一稽清缴〔2012〕2号《土地增值税清算税款缴纳通知书》,限其于2012年9月10日前到税务机关补缴土地增值税31 974 638.39元。因国托公司均未依

---

[1] 2017年9月28日摘自中国裁判文书网。

照期限缴纳上述应缴税款及滞纳金，亦未提供相应担保，第一稽查局于2012年9月17日做出Q地税一稽通〔2012〕2号《税务事项通知书》，要求该公司必须依法执行税务处理决定，缴清所有税款，并告知其截至9月8日已超过缴纳税款的期限，该局将按照《税收征收管理法》第四十条的规定采取强制执行措施。该通知书于同年9月19日送达给国托公司。2012年10月16日，第一稽查局做出Q地税一稽保封〔2012〕1号《税收保全措施决定书》，决定从2012年10月15日起对国托公司的H市国用（2007）第009175号《国有土地使用证》项下土地使用权（座落在H市滨海大道填海区，面积36 414.02平方米）及其地上建筑物（工程名称为"八里银海"项目）予以查封，并告知该公司如纳税限期期满仍未缴纳税款，将依法拍卖查封的财产抵缴税款，同时告知如不服该决定可自收到决定之日起60日内依法向H省地方税务局申请行政复议，或者3个月内依法向人民法院起诉。该决定于同月17日送达国托公司并同时送达各相关协助执行部门。国托公司未对Q地税一稽保封〔2012〕1号《税收保全措施决定书》申请行政复议，亦未提起行政诉讼。

第一次提供纳税担保情况

国托公司提出听证申请，第一稽查局经组织听证后，于2013年3月14日做出Q地税一稽变处〔2013〕1号《变更税务处理决定书》，对已做出的Q地税一稽处〔2012〕13号《税务处理决定书》中有关企业所得税的部分内容进行了变更。2013年3月21日，国托公司向第一稽查局递交《纳税担保申请》，称目前情况无法以现金方式缴纳所欠税款，故拟用其正在开发建设的"八里银海"项目的六号楼整栋就上述税务处理决定书确认的应补缴税款及滞纳金提供纳税担保。

2007年11月15日，国托公司与中国银行H龙珠支行签订《人民币借款合同（中期）》，约定国托公司向中国银行龙珠支行借款2.1亿元。

2008年12月1日，双方又就贷款展期、利率计算及还款条件等事项签订了《人民币借款合同补充协议》。2009年2月24日，国托公司就"八里银海"项目的土地使用权和地上建筑物向中国银行H龙珠支行办理借款抵押，即担保前述的借款2.1亿元，H市国土环境资源局于2009年3月2日给中国银行H龙珠支行办理了土地他项权利登记。

第一稽查局于同月28日向国托公司做出〔2013〕1号复函，回复称其提供的上述纳税担保抵押物在2012年10月16日已被查封，该纳税担保抵押物不符合条件，对其提出的纳税担保申请不予受理。国托公司不服该复函，向H省地方税务局申请行政复议，该局于2013年7月30日做出Q地税复决字〔2013〕12号《行政复议决定书》，决定维持第一稽查局做出的〔2013〕1号复函。国托公司仍不服，遂向人民法院提起行政诉讼。一审判决驳回了国托公司的诉讼请求。国托公司提起上诉后，二审判决驳回上诉，维持原判。

第二次提供纳税担保情况

2013年4月3日，国托公司向第一稽查局提交了一份《纳税担保申请》，并附一份H市发展和改革委员会（以下简称H市发改委）于2012年11月26日向H美源房地产开发有限公司（以下简称美源公司）做出的《关于H湾岸线景观工程项目结算的告知函》（以下简称《项目结算告知函》），请求以美源公司垫资建设的H市政工程H湾岸线景观工程的结算款为其提供税务担保，以便其对上述处理决定提出诉求。同年9月26日，美源公司向第一稽查局提交了一份《担保函》，称由其垫资建设的H市政工程H湾岸线景观工程已完工，H市发改委已告知该项目的结算情况，其结算造价为120 852 499.37元，美源公司自愿以该结算款为第一稽查局对国托公司做出的上述税务处理决定提供担保。

另外，2012年5月22日第一稽查局向美源公司做出Q地税一稽（2012）9号《税务处理决定书》，认定美源公司从1993年至2010年12月31日因负有纳税义务应补缴各项税费、滞纳金，共计70 096 994.44元，美源公司至今未缴纳。同年9月7日，第一稽查局根据上述《税务处理决定书》，针对美源公司从2006年3月至2010年10月31日期间偷逃税款的行为，依照相关法律规定做出了Q地税一稽罚（2012）12号《税务行政处罚决定书》，罚款金额共计33 577 833.45元，美源公司至今亦未缴交该罚款。美源公司针对该《税务行政处罚决定书》提起行政诉讼。2013年6月24日，终审行政判决维持了该《税务行政处罚决定书》的具体行政行为。

2013年9月30日，第一稽查局做出Q地税一稽复函〔2013〕4号《关于H美源房地产开发有限公司提供〈担保函〉的复函》，以美源公司不符合纳税担保人条件、不得作为纳税保证人为由，对其担保申请不予受理。同年10月21日，第一稽查局做出Q地税一稽复函〔2013〕5号《关于给H国托科技有限公司纳税担保复议申请的复函》（以下简称5号《复函》），以美源公司不符合纳税保证人条件、不得作为纳税保证人为由，对国托公司的纳税担保申请不予受理。国托公司不服，向H省地方税务局申请行政复议，H省地方税务局于2013年12月23日做出Q地税复决字〔2013〕19号《行政复议决定书》，决定维持第一稽查局做出的5号《复函》。国托公司仍不服，提起本案诉讼，请求撤销5号《复函》。一审判决驳回了国托公司的诉讼请求。国托公司提起上诉后，二审判决驳回上诉，维持原判。国托公司不服二审法院做出的行政判决，向最高人民法院申请再审。最高人民法院最终裁定驳回H国托科技有限公司的再审申请。

税企争议焦点

纳税人国托公司观点

（1）第一稽查局做出的 Q 地税一稽保封〔2012〕1 号《税收保全措施决定书》因事实认定不清，适用法律不当，导致其对"八里银海"项目的查封自始无效，国托公司有权以"八里银海"项目六号楼提供纳税担保。《税收征收管理法》第五十五条规定，税务机关只有在发现纳税人有逃避纳税义务行为，并有明显的转移、隐匿其应纳税的商品、货物以及其他财产或者应纳税的收入迹象时，才有权采取税收保全措施，且采取税收保全措施时应当查封与应纳税款价值相当的财产。但本案中，第一稽查局在没有提供证据证明国托公司存在逃避纳税义务或明显转移财产的情况下，非法采取税收保全措施，查封了价值远远超过应纳税款的"八里银海"整个项目，应当依法认定 Q 地税一稽保封〔2012〕1 号《税收保全措施决定书》自始无效。第一稽查局依据《税收征收管理法》第四十条规定做出上述决定对"八里银海"项目实施查封，但该条是针对税收强制执行措施的规定，并不是税收保全措施的规定，故上述决定书适用法律不当。

（2）查封"八里银海"项目是第一稽查局做出的，为维护国托公司合法权益，第一稽查局应当受理国托公司提出的纳税担保申请。《纳税担保试行办法》第十七条规定，被依法查封的财产不得抵押，但本案中，"八里银海"项目是第一稽查局为避免此前认定的税款流失而予以查封的，并非被其他行政机关或司法机关因其他事由予以查封。国托公司依据《纳税担保试行办法》第十四条规定将"八里银海"项目六号楼作为纳税担保，亦是为了在保证国家税款不会流失的前提下积极维护自身合法权益，能够依法对 Q 地税一稽处〔2012〕13 号《税务处理决定书》及

Q地税一稽变处〔2013〕1号《变更税务处理决定书》提起行政复议。第一稽查局对"八里银海"项目查封与国托公司将"八里银海"项目六号楼作为纳税担保的本质是相同的，均是为保障国家税收不被侵害。此外，由于本次就纳税担保提起的行政诉讼事关国托公司能否就Q地税一稽处〔2012〕13号《税务处理决定书》及Q地税一稽变处〔2013〕1号《变更税务处理决定书》提起行政复议，并对《税务处罚决定书》进行申辩，故请求法院支持国托公司的诉讼请求。综上，请求判令撤销原判决，撤销〔2013〕1号复函。

（3）《项目结算告知函》中的结算款金额明确，且已具备付款条件，可以作为纳税担保物，用于保证国家税款的足额缴纳。由于美源公司所投入的建设资金可冲抵应向政府缴纳的各项费用，因此，美源公司有权以其为国托公司所欠税费及滞纳金提供纳税担保的方式一次性冲抵建设资金。国托公司以该到期债权申请纳税担保，符合法律规定。

第一稽查局观点

（1）本案审理的对象是〔2013〕1号复函这一具体行政行为，而非其他具体行政行为，如果国托公司对其他具体行政行为有异议，应当另行提起诉讼。

（2）〔2013〕1号复函符合法律规定，原判决认定事实清楚，适用法律正确。国托公司于2013年申请以其开发建设的"八里银海"项目六号楼整栋提供纳税担保，但该项目已于2009年2月24日因国托公司向中国银行H龙珠支行贷款2.1亿元而设立抵押，为了保证税款能够及时有效征收，第一稽查局于2012年10月16日做出Q地税一稽保封〔2012〕1号《税收保全措施决定书》将该项目全部查封。根据《纳税担保试行办法》第十七条第五项的规定，"八里银海"项目六号楼因已被查封而不能作为纳税抵押的财产。第一稽查局认为，国托公司所提供的纳税担保抵押物不符合条件，对其纳税担保申请不予受理，符合上述规定。

（3）〔2013〕1号复函符合行政合理原则。国托公司所提供的纳税担保物设立有高达2.1亿元的抵押，已丧失了保证税款征收的价值。第一稽查局出于保护税款征收的目的，不同意国托公司所提供的抵押担保，符合行政合理的原则。

（4）美源公司不能作为国托公司的纳税保证人，认定事实清楚，适用法律正确。美源公司不仅自身存在欠税行为，该公司及其法定代表人王某也因税收违法行为正在被税务机关立案处理并因涉嫌偷税犯罪被司法机关立案侦查。根据《纳税担保试行办法》第八条和第九条的规定，美源公司不能作为纳税保证人。

（5）《项目结算告知函》不能作为纳税质押的权利凭证。《项目结算告知函》是H市发改委针对美源公司对《H湾岸线景观工程结算的初审报告》存在的异议而发出的告知函，并非已实现的工程结算款，不具有《纳税担保试行办法》第二十五条、第二十六条规定的可用于纳税质押的权利凭证的属性。

本案争议焦点

根据税企双方意见，可以将本案的焦点归纳为：

（1）已被依法查封的财产，其价值超出应纳税款的，能否再抵押进行纳税担保；

（2）《项目结算告知函》能否作为纳税质押的权利凭证。

人民法院裁判观点

针对第一次纳税担保人民法院裁判观点

1. 一审法院裁判观点

根据《纳税担保试行办法》第十七条第五项的规定,依法被查封、扣押、监管的财产,不得抵押进行纳税担保。国托公司于2013年3月21日向第一稽查局提出纳税担保申请,拟以其正在开发建设的"八里银海"项目六号楼作为抵押担保,但"八里银海"项目早在2012年10月16日就已被第一稽查局做出Q地税一稽保封〔2012〕1号《税收保全措施决定书》予以全部查封,至该公司提出纳税担保申请时,包括六号楼在内的"八里银海"项目仍处于被查封状态,根据上述《纳税担保试行办法》的相关规定,该六号楼不得抵押进行担保。第一稽查局据此做出〔2013〕1号复函,认为国托公司提供的担保物不符合条件,对其纳税担保申请不予受理,并无不当。另外,本案被诉的具体行政行为是第一稽查局做出的〔2013〕1号复函,至于该公司提出第一稽查局无权查封"八里银海"项目、超标的查封以及查封无效等问题,是关于税收保全措施这一具体行政行为是否合法的问题,不属于本案审理的范围。综上所述,第一稽查局做出的〔2013〕1号复函认定事实清楚,适用法律正确,处理结果并无不当。国托公司的诉讼主张理由不能成立,不予支持。依照《最高人民法院关于执行〈中华人民共和国行政诉讼法〉若干问题的解释》第五十六条第四项的规定,一审法院判决驳回国托公司的诉讼请求。

2. 二审法院裁判观点

国托公司以其正在开发建设的"八里银海"项目六号楼作为抵押担保物向第一稽查局提出纳税担保申请,但"八里银海"项目此前已被第一稽查局全部查封,至该公司提出纳税担保申请时,"八里银海"项目整体仍处于被查封状态。根据《纳税担保试行办法》第十七条第五项的规定,依法被查封的财产,不得抵押进行纳税担保。据此,国托公司拟提供担保的第六号楼不得用于抵押进行纳税担保。第一稽查局做出〔2013〕1号复函,认为该公司提供的纳税担保抵押物不符合条件,对其纳税担保申请不予受理,并无不当。且该公司在提出纳税担保申请之前已就"八里银海"项目向中国银行H龙珠支行进行抵押借款2.1亿元,并办理了土地他项权利登记,现其申请纳税担保,但并未提供"八里银海"项目六号楼在减除上述银行抵押权之后还存有多少价值的证据材料,故第一稽查局对其纳税担保申请不予受理,亦无不妥。此外,关于国托公司提出的第一稽查局无权查封"八里银海"项目、超标的查封以及查封无效等问题,依法不属于本案审理的范围。

综上,国托公司的上诉请求和理由不能成立。原判决认定基本事实清楚,适用法律正确。经审判委员会讨论决定,依照《行政诉讼法》第六十一条第一项之规定,二审法院判决驳回上诉,维持原判。

针对第二次纳税担保再审法院裁判观点

本案中,H市发改委出具给美源公司的《项目结算告知函》虽然已经明确工程结算造价,但已支付的工程款和尚欠的工程款数额不明,是否已具备付款条件、应付款时间亦不明确,因此,不能将其认定为美源公司确定的到期债权或应收账款,《项目结算告知函》所载结算款不属于《纳税担保试行办法》规定的可以作为纳税担保的财产。二审判决以《项目结算告知函》不能作为纳税质押权利凭证为由,认定第一稽查局不接受美源公司以其"工程结算款"为国托公司提供纳税担保并无不当是正确的。国托公司关于以该到期债权申请纳税担保符合法律规定、二审判决认定事实的主要证据不足的申请再审理由不能成立。

综上，国托公司申请再审的理由不能成立。本案不存在《行政诉讼法》第九十一条第三项规定的情形，再审法院依照《最高人民法院关于执行〈中华人民共和国行政诉讼法〉若干问题的解释》第七十四条的规定，裁定驳回 H 国托科技有限公司的再审申请。

税务律师解析

1. 行政诉讼期限是六个月还是三个月

第一稽查局做出 Q 地税一稽保封〔2012〕1 号《税收保全措施决定书》中表述"或者三个月内依法向人民法院起诉"。那么，行政诉讼期限究竟是六个月还是三个月？2014 年 11 月 1 日，十二届全国人大常委会第十一次会议表决通过了关于修改《行政诉讼法》的决定，这是《行政诉讼法》实施 24 年来的第一次修改。修改后的《行政诉讼法》第四十六条第一款规定："直接向法院提起诉讼的，应当自知道或应当知道作出行政行为之日起六个月内提出。"修改后的《行政诉讼法》延长了公民、法人和其他组织作为原告的起诉期限，由现行的行政诉讼法中的三个月延长到了六个月。由此，将给原告更多的时间来提起诉讼。《最高人民法院关于适用〈中华人民共和国行政诉讼法〉若干问题的解释》第二十六条规定："2015 年 5 月 1 日前起诉期限尚未届满的，适用修改后的行政诉讼法关于起诉期限的规定。"综上，第一稽查局于 2012 年做出的《税收保全措施决定书》中告知三个月的起诉期限符合法律规定。但现行《行政诉讼法》中规定的行政诉讼期限是六个月。

2. 针对第一次纳税担保的法律分析

（1）国托公司提供的纳税担保是否符合法定条件。《中华人民共和国担保法》第二条规定："担保的方式为保证、抵押、质押、留置和定金"。

《纳税担保试行办法》第二条规定:"本办法所称纳税担保,是指经税务机关同意或确认,纳税人或其他自然人、法人、经济组织以保证、抵押、质押的方式,为纳税人应当缴纳的税款及滞纳金提供担保的行为。"该条明确规定了纳税担保的三种方式,即纳税保证、纳税抵押、纳税质押。纳税担保方式排除了定金和留置,较民法关于担保的规定有所取舍。税务机关通常并不事先占有纳税人的财产,留置也不适用于纳税担保。

《纳税担保试行办法》第五条规定:"纳税担保范围包括税款、滞纳金和实现税款、滞纳金的费用。费用包括抵押、质押登记费用,质押保管费用,以及保管、拍卖、变卖担保财产等相关费用支出。"

本税案中,第一稽查局于2012年8月14日做出《税务处理决定书》,国托公司于2013年3月21日向第一稽查局递交《纳税担保申请》,申请用其正在开发建设的"八里银海"项目六号楼整栋就《税务处理决定书》确认的应补缴税款及滞纳金提供抵押担保,符合《纳税担保试行办法》的上述规定。

(2)已依法查封的财产能否再进行纳税担保。《税收征收管理法》第四十条第二项规定:"从事生产、经营的纳税人、扣缴义务人未按照规定的期限缴纳或者解缴税款……税务机关可以采取下列强制措施:(二)扣押、查封、依法拍卖或者变卖其价值相当于应纳税款的商品、货物或者其他财产,以拍卖或者变卖所得抵缴税款"。

《纳税担保试行办法》第五条第二款规定:"用于纳税担保的财产、权利的价值不得低于应当缴纳的税款、滞纳金,并考虑相关的费用。纳税担保的财产价值不足以抵缴税款、滞纳金的,税务机关应当向提供担保的纳税人或纳税担保人继续追缴。"该条款虽然对纳税担保的财产、权利的价值不得低于应当缴纳的税款、滞纳金做出了相关规定，但未提及对超过应纳税款、滞纳金的情形应如何处理。《纳税担保试行办法》第十七条第五项规定，依法被查封、扣押、监管的财产不得抵押。

本税案中，国托公司以其正在开发建设的"八里银海"项目六号楼向第一稽查局提出纳税抵押担保申请，而"八里银海"项目此前已被第一稽查局全部查封，至国托公司提出纳税担保申请时，"八里银海"项目整体仍处于被查封状态。根据《纳税担保试行办法》第十七条第五项的规定，依法被查封的财产不得进行纳税抵押担保。综上，国托公司提供抵押担保的"八里银海"项目六号楼不得进行纳税抵押担保。第一稽查局做出〔2013〕1号复函，认为该公司提供的纳税抵押担保不符合担保条件，对其纳税担保申请不予受理，并无不当。可以看出，人民法院就本案的观点是：被查封的财产或被超标的查封的财产均不得再进行纳税抵押担保。

3. 纳税人对被超标查封的财产有何救济方式

《行政诉讼法》第十一条第二项规定："根据税收工作实际，纳税单位和个人对财产的查封、扣押、冻结行政强制措施不服的，可以提起行政诉讼。"《税收征收管理法》第三十七、第三十八、第四十条均规定，扣押、查封纳税人的价值相当于应纳税款的商品、货物或者其他财产。综上，若税务机关查封明显超出应纳税款的财产，纳税人可以提出异议，可以通过行政诉讼途径申请人民法院依法解封。

《税收征收管理法实施细则》第六十五条规定："对价值超过应纳税额且不可分割的商品、货物或者其他财产，税务机关在纳税人、扣缴义务人或者纳税担保人无其他可供强制执行的财产的情况下，可以整体扣押、查封、拍卖"。也就是说，若税务机关查封了明显超出应纳税款的财产，但被查封财产无法分割且相关义务人无其他财产可供执行，则纳税人没有法律依据申请人民法院解封。

针对第二次纳税担保的法律分析

1. 美源公司不符合作为纳税保证人的条件

《纳税担保试行办法》第八条规定："纳税保证人，是指在中国境内具有纳税担保能力的自然人、法人或者其他经济组织。法人或其他经济组织财务报表资产净值超过需要担保的税额及滞纳金2倍以上的，自然人、法人或其他经济组织所拥有或者依法可以处分的未设置担保的财产的价值超过需要担保的税额及滞纳金的，为具有纳税担保能力。"《纳税担保试行办法》第九条规定"有以下情形之一的，不得作为纳税保证人：（一）有偷税、抗税、骗税、逃避追缴欠税行为被税务机关、司法机关追究过法律责任未满2年的；（二）因有税收违法行为正在被税务机关立案处理或涉嫌刑事犯罪被司法机关立案侦查的；……（七）有欠税行为的"。

本税案中，美源公司自身存在欠税行为，美源公司及其法定代表人也因税收违法行为正在被税务机关立案处理，同时因涉嫌偷税犯罪被司法机关立案侦查。根据《纳税担保试行办法》第八、第九条的规定，美源公司不符合作为纳税保证人的条件。

2.《项目结算告知函》不能作为纳税质押的权利凭证

《纳税担保试行办法》第二十五条规定："纳税质押，是指经税务机关同意，纳税人或纳税担保人将其动产或权利凭证移交税务机关占有，将该动产或权利凭证作为税款及滞纳金的担保。纳税人逾期未缴清税款及滞纳金的，税务机关有权依法处置该动产或权利凭证以抵缴税款及滞纳金。纳税质押分为动产质押和权利质押。动产质押包括现金以及其他除不动产以外的财产提供的质押。汇票、支票、本票、债券、存款单等权利凭证可以质押。对于实际价值波动很大的动产或权利凭证，经设区的市、自治州以上税务机关确认，税务机关可以不接受其作为纳税质押。"第二十六条规定："纳税人提供质押担保的，应当填写《纳税担保书》和纳税担保财产清单并签字盖章。纳税担保财产清单应当写明财产价值及相关事项。……纳税质押自《纳税担保书》和纳税担保财产清单经税务机关确认和质物移交之日起生效。"

美源公司提供的H市发改委出具的《项目结算告知函》虽然已经明确工程结算造价，但其中未明确已支付的工程款和尚欠的工程款数额，亦不明确是否已具备付款条件及付款时间，因此不能将该《项目结算告知函》认定为美源公司已确定的到期债权、应收账款，《项目结算告知函》所载结算款不属于《纳税担保试行办法》规定的可以作为纳税担保的财产，且不具有《纳税担保试行办法》第二十五、第二十六条规定的可用于纳税质押的权利凭证的属性。

综上可见，纳税人申请纳税担保，纳税担保人和抵押物均须符合《纳税担保试行办法》的规定。

风险防控提示

纳税担保的适用情形

纳税担保是指经税务机关同意或确认，纳税人或其他自然人、法人、经济组织以保证、抵押、质押的方式，为纳税人应当缴纳的税款及滞纳金提供担保的行为。根据《纳税担保试行办法》的规定，纳税人、扣缴义务人及纳税担保人均可以申请适用纳税担保。

1. 纳税人适用纳税担保的情形

根据《纳税担保试行办法》第三条的规定，纳税人在以下情形中可以向税务机关申请办理纳税担保：

（1）税务机关有根据认为从事生产、经营的纳税人有逃避纳税义务行为，在规定的纳税期之前经责令其限期缴纳应纳税款，在限期内发现纳税人有明显的转移、隐匿其应纳税的商品、货物以及其他财产或者应纳税收入的迹象，责成纳税人提供纳税担保的；
（2）欠缴税款、滞纳金的纳税人或者其法定代表人需要出境的；
（3）纳税人同税务机关在纳税上发生争议而未缴清税款，需要申请行政复议的；
（4）税收法律、行政法规规定可以提供纳税担保的其他情形。

2. 扣缴义务人适用纳税担保的情形

扣缴义务人同税务机关在纳税上发生争议而未缴清税款，需要申请行政复议的，可以向税务机关申请办理纳税担保。

3. 纳税担保人适用纳税担保的情形

根据《纳税担保试行办法》的规定，纳税担保人是指有别于纳税人的第三人，包括以保证方式为纳税人提供纳税担保的纳税保证人和其他以未设置或者未全部设置担保物权的财产为纳税人提供纳税担保的第三人。

以保证方式为纳税人提供纳税担保的纳税担保人（即纳税保证人）同税务机关在纳税上发生争议而未缴清税款，需要申请行政复议的，应当按照规定的抵押、质押方式以其财产提供纳税担保。以设置担保物权方式为纳税人提供纳税担保的纳税担保人同税务机关在纳税上发生争议而未缴清税款，需要申请行政复议的，无须再提供新的担保。

4. 纳税担保的方式

《纳税担保试行办法》规定的纳税担保方式有三种，分别是保证担保、抵押担保和质押担保。

5. 纳税担保的范围

根据《纳税担保试行办法》的规定，纳税担保的范围包括税款、滞纳金和实现税款、滞纳金的费用。这里的费用包括抵押、质押登记费用，质押保管费用，以及保管、拍卖、变卖担保财产等相关费用支出。

纳税保证

纳税保证，是指纳税保证人向税务机关保证，当纳税人未按照税收法律、行政法规规定或者税务机关确定的期限缴清税款、滞纳金时，由纳税保证人按照约定履行缴纳税款及滞纳金的行为。税务机关认可的，保证成立；税务机关不认可的，保证不成立。

纳税保证人需具备以下条件：

（1）纳税保证人应当是在中国境内具有纳税担保能力的自然人、法人或者其他经济组织。《纳税担保试行办法》对"具有纳税担保能力"的规定如下：

① 法人、其他经济组织：财务报表资产净值应当超过需要担保的税额及滞纳金 2 倍以上；

② 自然人：所拥有或依法可处分的未设置担保的财产的价值超过需

要担保的税额及滞纳金。

（2）根据《纳税担保试行办法》的规定，以下主体不得作为纳税保证人：

① 国家机关，学校、幼儿园、医院等事业单位、社会团体、企业法人的职能部门；
② 未有法人书面授权的企业法人的分支机构，经法人书面授权的法人分支机构可以在授权范围内提供纳税保证；
③ 有偷税、抗税、骗税、逃避追缴欠税行为被税务机关、司法机关追究过法律责任未满2年的主体；
④ 因有税收违法行为正在被税务机关立案处理或涉嫌刑事犯罪被司法机关立案侦查的主体；
⑤ 纳税信誉等级被评为C级以下的；
⑥ 无民事行为能力或限制民事行为能力的自然人；
⑦ 在主管税务机关所在地的市（地、州）没有住所的自然人或税务登记不在本市（地、州）的企业；
⑧ 与纳税人存在担保关联关系的；
⑨ 有欠税行为的。

《纳税担保书》的签订与生效

纳税保证人同意为纳税人提供纳税担保的，应当填写《纳税担保书》。《纳税担保书》的主要内容包括：

（1）纳税人应缴纳的税款及滞纳金数额、所属期间、税种、税目名称；
（2）纳税人应当履行缴纳税款及滞纳金的期限；

（3）保证担保范围及担保责任；

（4）保证期间和履行保证责任的期限；

（5）保证人的存款账号或者开户银行及其账号；

（6）税务机关认为需要说明的其他事项。

《纳税担保书》须经纳税人、纳税保证人签字盖章并经税务机关签字盖章同意方为有效，从税务机关在《纳税担保书》签字盖章之日起生效。

保证责任的承担

1. 连带保证责任

根据《纳税担保试行办法》的规定，纳税保证人承担的保证责任为连带保证责任，即纳税人在税收法律、行政法规或税务机关确定的期限届满未缴清税款及滞纳金的，税务机关既可以向纳税人要求履行义务，也可以要求纳税保证人承担保证责任。

相较于连带保证，一般保证的效果相对较弱，根据担保法的规定，债务人主债履行期届满仍不能履行债务时，只有当债权人诉诸诉讼或者仲裁并就债务人财产依法强制执行仍不能履行债务之条件成就时，债权人才可以向保证人要求承担保证责任。由此可见，作为连带保证的纳税保证效果较强。

2. 保证期间

保证期间是指债务人的主债务履行期届满后，保证人能够容许债权人主张权利的最长期限，它具有敦促债权人积极行使权利及保障保证人权益的功能。即若在保证期间内债权人没有向保证人行使合法、有效的权利主张，则保证期间届满后，保证人自动免除保证责任。保证期间的长短通常由合同当事人进行有效的约定，同时我国担保法也规定了当合同当事人没有约定保证期间时保证期间如何确定。

根据《纳税担保试行办法》的规定，《纳税担保书》中约定的保证期间必须是自纳税人应缴纳税款期限届满之日起的60日。纳税人应缴纳税款的期限届满后在60日内，税务机关有权直接要求纳税保证人承担保证责任，缴纳税款和滞纳金。如果在保证期间内税务机关自始至终没有通知保证人承担保证责任，则自保证期间60日届满后，保证人免除纳税担保责任。

3. 保证责任的履行：15日+15日

（1）履行保证责任期。根据《纳税担保试行办法》的规定，纳税保证人的履行保证责任期间为15日，即纳税人在规定的期限届满未缴清税款及滞纳金，税务机关在保证期限内书面通知纳税保证人的，纳税保证人应按照《纳税担保书》约定的范围，自收到纳税通知书之日起15日内缴纳税款及滞纳金，履行担保责任。

（2）责令缴纳税款期。如果15日的履行保证责任期届满后保证人仍未履行保证责任，则税务机关有权发出《责令限期缴纳通知书》，责令纳税保证人在限期15日内缴纳。

4. 强制执行

责令缴纳税款期届满后保证人仍未缴纳税款、滞纳金的，经县以上税务局（分局）局长批准，税务机关有权对保证人采取强制执行措施，包括通知其开户银行或其他金融机构从其存款中扣缴、扣押、查封、拍卖、变卖保证人的等值财产抵缴税款、滞纳金。

纳税抵押

纳税抵押是指纳税人或纳税担保人不转移可抵押财产的占有，将该财产作为税款及滞纳金的担保。纳税人逾期未缴清税款及滞纳金的，税务机关有权依法处置该财产以抵缴税款及滞纳金。纳税人或第三人为抵押人，税务机关为抵押权人，提供担保的财产为抵押物。

1. 抵押物的条件

（1）根据《纳税担保试行办法》的规定，以下财产可以设定纳税抵押：

① 抵押人所有的房屋和其他地上定着物；
② 抵押人所有的机器、交通运输工具和其他财产；
③ 抵押人依法有权处分的国有的房屋和其他地上定着物；
④ 抵押人依法有权处分的国有的机器、交通运输工具和其他财产；
⑤ 经设区的市、自治州以上税务机关确认的其他可以抵押的合法财产；
⑥ 学校、幼儿园、医院等以公益为目的事业单位、社会团体，可以其教育设施、医疗卫生设施和其他社会公益设施以外的财产为其应缴纳的税款及滞纳金提供抵押。

（2）根据《纳税担保试行办法》的规定，以下财产不得设定纳税抵押：

① 土地所有权；

② 土地使用权，但是以依法取得的国有土地上的房屋抵押的，该房屋占用范围内的国有土地使用权同时抵押，以乡、镇、村企业的厂房等建筑物抵押的，其占用范围内的土地使用权同时抵押；

③ 学校、幼儿园、医院等以公益为目的的事业单位、社会团体、民办非企业单位的教育设施、医疗卫生设施和其他社会公益设施；

④ 所有权、使用权不明或者有争议的财产；

⑤ 依法被查封、扣押、监管的财产；

⑥ 依法定程序确认为违法、违章的建筑物；

⑦ 法律、行政法规规定禁止流通的财产或者不可转让的财产。

⑧ 经设区的市、自治州以上税务机关确认的其他不予抵押的财产。

《纳税担保书》与抵押登记

1.《纳税担保书》的签订与生效

纳税人或第三人提供抵押担保的，应当填写《纳税担保书》和纳税担保财产清单。《纳税担保书》应当包括以下内容：

（1）担保的纳税人应缴纳的税款及滞纳金数额、所属期间、税种名称、税目；

（2）纳税人履行应缴纳税款及滞纳金的期限；

（3）抵押物的名称、数量、质量、状况、所在地、所有权权属或者使用权权属；

（4）抵押担保的范围及担保责任；

（5）税务机关认为需要说明的其他事项。

纳税担保财产清单应当写明财产价值以及相关事项。《纳税担保书》和纳税担保财产清单须经纳税人、纳税担保人签字盖章并经税务机关确认后生效。

2.抵押物登记与抵押权的生效

根据《纳税担保试行办法》的规定，纳税抵押财产应当办理抵押物登记，税务机关的抵押权自抵押物登记之日起生效。

纳税人或纳税担保人应向税务机关提供由以下部门出具的抵押登记的证明及其复印件：

（1）以城市房地产或者乡（镇）、村企业的厂房等建筑物抵押的，提供县级以上地方人民政府规定部门出具的证明材料；

（2）以船舶、车辆抵押的，提供运输工具的登记部门出具的证明材料；

（3）以企业的设备和其他动产抵押的，提供财产所在地的工商行政管理部门出具的证明材料或者纳税人所在地的公证部门出具的证明材料。

抵押责任的承担

1.抵押权的行使期间

《物权法》第二百零二条规定："抵押权人应当在主债权诉讼时效期间行使抵押权；未行使的，人民法院不予保护。"由于纳税人应缴纳税款、滞纳金的义务不存在民法意义上的诉讼时效期间，因此纳税抵押的行使期间不能遵循物权法的有关规定。《纳税担保试行办法》中有类似于行使期间的规定。根据《纳税担保试行办法》的规定，纳税人在规定的期限届满未缴清税款、滞纳金的，税务机关应当在期限届满之日起15日内书面通知纳税担保人缴纳担保的税款、滞纳金。但如果15日届满税务机关没有向纳税担保人做出书面通知，纳税担保人是否能够免除抵押责任,《纳税担保试行办法》没有做出明确规定。如果将该 15 日书面通知的规定理解为抵押权的存续期间,那么按照物权法的精神,上述情形下纳税担保人应当免除抵押责任。

2. 抵押责任的履行:15 日 +15 日

根据《纳税担保试行办法》的规定,纳税担保人应当自收到税务机关书面的纳税通知书之日起 15 日内缴纳担保的税款、滞纳金。

纳税担保人未在上述期限内缴纳所担保的税款、滞纳金的,税务机关有权发出责令限期缴纳通知书,责令纳税担保人在限期 15 日内缴纳。

3. 强制执行

纳税担保人在责令期内仍未缴纳税款、滞纳金的,经县以上税务局(分局)局长批准,税务机关有权对纳税担保人采取强制执行措施,依法拍卖、变卖抵押物,抵缴税款、滞纳金,实现其抵押权。

纳税质押

纳税质押是指经税务机关同意,纳税人或纳税担保人将其动产或权利凭证移交税务机关占有,将该动产或权利凭证作为税款及滞纳金的担保。纳税人逾期未缴清税款及滞纳金的,税务机关有权依法处置该动产或权利凭证以抵缴税款及滞纳金。

1. 质押物的条件

根据《纳税担保试行办法》的规定,纳税质押分为动产质押和权利质押。动产质押的质押物包括现金以及除不动产以外的其他财产。权利质押的质押物包括汇票、支票、本票、债券、存款单等权利凭证。

对于实际价值波动很大的动产或权利凭证，经设区的市、自治州以上税务机关确认，税务机关有权不接受其作为纳税质押标的。

2.《纳税担保书》与权利凭证背书

纳税人或第三人提供质押担保的，应当填写《纳税担保书》和《纳税担保财产清单》并签字盖章。《纳税担保书》应当包括以下内容：

（1）担保的税款及滞纳金数额、所属期间、税种名称、税目；
（2）纳税人履行应缴纳税款、滞纳金的期限；
（3）质物的名称、数量、质量、价值、状况、移交前所在地、所有权权属或者使用权权属；
（4）质押担保的范围及担保责任；
（5）纳税担保财产价值；
（6）税务机关认为需要说明的其他事项。

《纳税担保财产清单》应当写明财产价值及相关事项。纳税质押自《纳税担保书》和纳税担保财产清单经税务机关确认和质物移交之日起生效。

以汇票、支票、本票、公司债券出质的，税务机关应当在纳税人背书清单上记载"质押"字样。以存款单出质的，应由签发的金融机构核押。

质押责任的承担

1. 质押权的行使期间

纳税担保不存在主债诉讼时效的问题。《纳税担保试行办法》做出了一个类似的规定，即纳税人在规定的期限内未缴清税款、滞纳金的，税务机关应当在期限届满之日起15日内书面通知纳税担保人缴纳担保的税款、滞纳金。不过逾期税务机关没有书面告知的,是否可以免除纳税担保人的质押责任没有规定。

2. 质押责任的履行:15日+15日

根据《纳税担保试行办法》的规定,纳税担保人应当自收到税务机关书面的纳税通知书之日起15日内缴纳担保的税款、滞纳金。

纳税担保人未在上述期限内缴纳所担保的税款、滞纳金的,税务机关有权发出责令限期缴纳通知书,责令纳税担保人在限期15日内缴纳。

3. 强制执行

纳税担保人在责令期内仍未缴纳税款、滞纳金的,经县以上税务局(分局)局长批准,税务机关有权对纳税担保人采取强制执行措施,依法拍卖、变卖质押物,抵缴税款、滞纳金,实现其质押权。

4. 质押物的提前变现与返还

(1)质押物的提前变现。根据《纳税担保试行办法》的规定,纳税人、纳税担保人与税务机关应当约定,如果以载明兑现或者提货日期的汇票、支票、本票、债券、存款单出质,汇票、支票、本票、债券、存款单兑现日期先于纳税义务履行期或者担保期的,应当将兑现的价款先行用于缴纳或者抵缴所担保的税款及滞纳金。

(2)质押物的返还。纳税人在规定的期限内缴清税款及滞纳金的,税务机关应当自纳税人缴清税款及滞纳金之日起3个工作日内返还质物,解除质押关系。

纳税担保人自收到税务机关书面通知之日起15日内缴纳税款、滞纳金的，或者纳税担保人在责令税款缴纳期内缴纳税款、滞纳金的，税务机关应当自纳税担保人缴清税款及滞纳金之日起3个工作日内返还质物，解除质押关系。

税务机关的责任

1. 保管不善的责任

根据《纳税担保试行办法》的规定，税务机关负有妥善保管质物的义务。因保管不善致使质物灭失或者毁损，或未经出质人同意擅自使用、出租、处分质物而给出质人造成损失的，税务机关应当对直接损失承担赔偿责任。

2. 怠于行使质权的责任

纳税义务期限届满或担保期间，纳税人或者纳税担保人请求税务机关及时行使权利，而税务机关怠于行使权利致使质物价格下跌造成损失的，税务机关应当对直接损失承担赔偿责任。

链接1　类似案例统计

经对中国裁判文书网判例统计，2010年至2017年11月1日，全国涉及因税务机关不予确认纳税担保的裁判案例有9件（不排除部分类似案件未上传到数据库），如：

（1）福建省福州市中级人民法院（2015）榕行终字第222号《天安登云（福建）房地产开发有限公司与福州市地方税务局涉外税务分局行政确认二审行政判决书》[1]指出："根据《纳税担保试行办法》第九条第三

---

[1]　2017年9月28日摘自中国裁判文书网。

款的规定，企业作为纳税保证人的条件是税务登记在本市。现有法律规范对'本市'的界定范围没有明确规定，结合文义以及《税务登记管理办法》第五条第一款关于税务属地管理、登记方式的有关规定，'本市'应解释为按税务属地管理界定，而非行政区划。本案福建住总有限公司在福建省地方税务局进行税务登记，其为上诉人在福州市地方税务局涉外税务分局提供担保，因税务属地管辖不同，不符合《纳税担保试行办法》关于纳税保证人的规定要求，福州市地方税务局涉外税务分局做出不予确认的决定，并无不当。"

（2）山东省临沂市中级人民法院〔2014〕临行终字第153号《沂水安达肉联厂与山东省临沂市国家税务局行政复议二审行政判决书》[1]指出："原告未缴纳税款及滞纳金，其虽然提供了《纳税担保书》，但从形式上未经税务机关确认，不符合上述规定的要求；且经山东省临沂市国税局书面告知，在指定期限内仍未予以补正。"

链接2　我国纳税连带责任的主要法定情形

1. 企业分立后的纳税连带责任

《税收征收管理法》第四十八条规定："纳税人分立时未缴清税款的，分立后的纳税人对未履行的纳税义务应当承担连带责任。"据此规定，当纳税主体出现分立情形时，应当向税务机关报告，并且根据法律规定缴清税款，如果分立时尚有税款未缴清，由分立后的纳税主体承担连带纳税责任。这一规定借鉴了民法中企业法人分立的概括承受制度。

2. 发包人与承包人、出租人与承租人之间的纳税连带责任

《税收征收管理法实施细则》第四十九条规定："承包人或者承租人

---

[1] 2017年9月28日摘自中国裁判文书网。

有独立的生产经营权，在财务上独立核算，并定期向发包人或者出租人上缴承包费或者租金的，承包人或者承租人应当就其生产、经营收入和所得纳税，并接受税务管理；但是，法律、行政法规另有规定的除外。发包人或者出租人应当自发包或者出租之日起30日内将承包人或者承租人的有关情况向主管税务机关报告。发包人或者出租人不报告的，发包人或者出租人与承包人或者承租人承担纳税连带责任。"据此规定，发包人、出租人未及时报告承包人、承租人信息的，应与承包人、承租人承担纳税连带责任。该条的立法目的是加强税源控制，防止承包人、承租人偷税避税，加大发包人、出租人的义务，保证应纳税款的及时足额入库。

3. 纳税担保中的纳税连带责任

《税收征收管理法》规定了纳税人应当提供纳税担保的三种法定情形，《纳税担保试行办法》对纳税担保人的连带纳税责任做出了明确规定。纳税担保人可以选择纳税保证、纳税抵押、纳税质押三种方式提供纳税担保，纳税担保人与纳税人承担连带纳税责任。

（1）置于税收保全措施之前的纳税担保。根据《税收征收管理法》第三十八条的规定，税务机关责令纳税人限期缴纳税款的期限内发现纳税人有明显的转移、隐匿其应纳税的商品、货物以及其他财产或者应纳税的收入的迹象的，可以责成纳税人提供纳税担保。经税务机关要求而纳税人拒绝提供纳税担保的，税务机关可以采取税收保全措施。

（2）欠税人出境前的纳税担保。根据《税收征收管理法》第四十四条的规定，欠税的纳税人或其法定代表人需要出境的，应当在出境前向税务机关结清税款、滞纳金或者提供纳税担保。

（3）提请复议的纳税担保。根据《税收征收管理法》第八十八条的规定，纳税人、扣缴义务人、纳税担保人同税务机关发生纳税争议欲申请行政复议的，必须先依照税务机关的纳税决定缴纳税款、滞纳金或者提供相应的纳税担保。

除上述税法所明确规定的纳税连带责任法定情形外，还存在基于民事连带责任成立的纳税连带责任，如合伙人对合伙企业的债务承担连带责任、共同共有人对债务承担连带责任等，上述主体的债务既包括民事债务，也会包括一些特定的税收债务。

限制欠税人出境风险败诉案 8

基本案情[1]

B艾恩吉商贸有限公司（以下简称艾恩吉公司）于1999年3月22日设立登记，法定代表人刘某宇。2012年6月1日，B市M区国家税务局（以下简称M区国税局）向艾恩吉公司做出M国处〔2012〕5号《税务处理决定书》，认定艾恩吉公司存在虚开增值税发票的违法行为，要求艾恩吉公司补缴增值税8 450 322.31元。2012年9月13日，M区国税局向艾恩吉公司做出M国罚〔2012〕8号《税务行政处罚决定书》，对艾恩吉公司的偷税和虚开发票的违法行为处以8 958 658.19元的罚款。2012年9月17日，M区国税局向艾恩吉公司公告送达了上述《税务处理决定书》和《税务行政处罚决定书》。

---

[1] 2017年10月3日摘自中国裁判文书网。

2012年10月22日，艾恩吉公司被吊销营业执照。2015年6月9日，M区国税局稽查局向M区国税局提出请示，要求对包括艾恩吉公司在内的11家企业的法定代表人采取阻止出境措施。2015年7月10日，M区国税局向B市国税局提出申请，申请出境管理机关对刘某宇采取阻止出境措施。2015年7月13日，B市国税局向B出入境边防检查总站提交了《B市国家税务局关于阻止欠税人陈海燕等8人出境的函》和《边控对象通知书》，要求阻止刘某宇等8人出境。2015年7月23日，M区国税局稽查局向刘某宇做出M国税稽阻〔2015〕2号《阻止出境决定书》，内容如下："B艾恩吉商贸有限公司：鉴于你（单位）未按规定结清应纳税款、滞纳金，又不提供纳税担保，根据《中华人民共和国税收征收管理法》（2015年修正）第四十四条规定，决定并通知出入境管理机关于2015年7月23日起阻止你（单位）刘某宇出境。"2015年9月29日，M区国税局稽查局将《阻止出境决定书》向刘某宇进行了送达。

刘某宇收到《阻止出境决定书》后向国家税务总局提起行政复议。2015年10月12日，国家税务总局收到刘某宇提交的复议申请及相关材料并予以受理。2015年12月2日，国家税务总局对上述行政复议申请进行了延期审理。2016年1月7日，国家税务总局做出税复决字〔2015〕13号《行政复议决定书》，维持了M区国税稽查局做出的《阻止出境决定书》。刘某宇于2016年1月向一审法院提起行政诉讼。2016年11月4日，一审法院判决驳回刘某宇的全部诉讼请求。刘某宇提起上诉。2017年6月26日，B市第一中级人民法院就刘某宇不服M区国税稽查局《阻止出境决定书》及国家税务总局《行政复议决定书》，做出（2017）B01行终387号《行政判决书》，判决驳回刘某宇上诉，维持一审判决。

税企争议焦点

纳税人艾恩吉公司法定代表人刘某宇观点

刘某宇自 2009 年 1 月之后,未实际经营及控制艾恩吉公司,未参与虚开增值税专用发票,刘某宇作为艾恩吉公司的法定代表人没有受到刑罚处罚,艾恩吉公司亦没有受到刑罚处罚。艾恩吉公司欠税是被犯罪分子利用所导致,一审判决对艾恩吉公司欠税的原因没有查清楚。M 区国税局稽查局在明知欠税由犯罪分子利用艾恩吉公司所致,刘某宇对此并不知情的情况下,仍做出限制刘某宇出境的决定,不适当。

刘某宇作为艾恩吉公司的股东,对公司的债务应当以出资额为限承担责任,刘某宇即使愿意以个人资产缴纳税款,也根本无力缴清所欠税款及罚款,M 区国税局稽查局做出限制刘某宇出境的行政处罚,措施过于简单、表面,对收缴所欠税款及罚款没有任何实际效果,严重违反了行政执法的比例原则及行责相适应原则,做出的阻止出境决定明显失当。

一审判决对 M 区国税局稽查局做出的《阻止出境决定书》是否适当没有查清。M 区国税局稽查局在做出阻止刘某宇出境决定前,没有向刘某宇申明不准出境,而是径行做出《阻止出境决定书》,并于做出决定后两个月后才送达刘某宇。M 区国税局稽查局做出《阻止出境决定书》的程序及送达的程序严重违反法律规定,依法也应当予以撤销。一审判决对 M 区国税局稽查局做出《阻止出境决定书》的程序及送达程序的合法性未予查清。一审判决对《行政复议决定书》认定的事实是否清楚没有查清。综上所述,一审判决认定事实不清,适用法律不当,故请求撤销一审判决,撤销《阻止出境决定书》,撤销《行政复议决定书》。

M 区国税局稽查局、国家税务总局观点

M 国税局稽查局及国家税务总局均表示同意一审判决,请求二审法院驳回艾恩吉公司法定代表人刘某宇的上诉请求,维持一审判决。

本案争议焦点

根据税企双方意见,可以将本案的焦点归纳为:

(1)税务机关对刘某宇做出的阻止出境决定是否合法;
(2)人民法院审查 M 区国税局稽查局做出的《阻止出境决定书》及国家税务总局做出的《行政复议决定书》,是否能一并审查 M 区国税局做出的《税务处理决定书》。

人民法院裁判观点

一审法院裁判观点

《税收征收管理法》第四十四条规定:"欠缴税款的纳税人或者他的法定代表人需要出境的,应当在出境前向税务机关结清应纳税款、滞纳金或者提供担保。未结清税款、滞纳金,又不提供担保的,税务机关可以通知出境管理机关阻止其出境。"第十四条规定:"本法所称税务机关是指各级税务局、税务分局、税务所和按照国务院规定设立的并向社会公告的税务机构。"《税收征收管理法实施细则》第九条第一款规定:"税收征管法第十四条所称按照国务院规定设立的并向社会公告的税务机构,是指省以下税务局的稽查局。稽查局专司偷税、逃避追缴欠税、骗税、抗税案件的查处。"因此,M 区国税局稽查局作为偷税、逃避追缴欠税、骗税、抗税案件的查处机关,具有对未结清税款、滞纳金,又不提供担

保的有关人员，通知出境管理机关阻止其出境的法定职责。

《税收征收管理法实施细则》第七十四条规定："欠缴税款的纳税人或者其法定代表人在出境前未按照规定结清应纳税款、滞纳金或者提供纳税担保的，税务机关可以通知出入境管理机关阻止其出境。阻止出境的具体办法，由国家税务总局会同公安部制定。"

国家税务总局和公安部联合制定的《阻止欠税人出境实施办法》（国税发〔1996〕215号文件发布）第三条第一款规定："经税务机关调查核实，欠税人未按规定结清应纳税款又未提供纳税担保且准备出境的，税务机关可依法向欠税人申明不准出境。对已取得出境证件执意出境的，税务机关可按本办法第四条规定的程序函请公安机关办理边控手续，阻止其出境。"第三条第三款规定："欠税人为法人的，阻止出境对象为其法定代表人。"第四条第一款规定："阻止欠税人出境由县级以上（含县级，下同）税务机关申请，报省、自治区、直辖市税务机关审核批准，由审批机关填写《边控对象通知书》，函请同级公安厅、局办理边控手续。"

本案中，M区国税局向艾恩吉公司做出M国处〔2012〕5号《税务处理决定书》，认定艾恩吉公司存在虚开增值税发票的违法行为，要求艾恩吉公司补缴增值税8 450 322.31元。艾恩吉公司未按规定结清应纳税款又未提供纳税担保，因此，M区国税局稽查局有权通知出入境管理机关阻止该公司的法定代表人刘某宇出境。

M区国税局提出的对刘某宇采取阻止出境措施的申请经B市国税局批准后，B市国税局向B出入境边防检查总站提交了《边控对象通知书》及相关材料，要求阻止刘某宇等8人出境。M区国税局稽查局的行政行为认定事实清楚，程序合法，符合上述规范性文件的规定，并无不当。

《行政复议法》第三十一条规定，行政复议机关应当自受理申请之日起60日内做出行政复议决定；但是法律规定的行政复议期限少于60日的除外。情况复杂，不能在规定期限内做出行政复议决定的，经行政复议机关的负责人批准，可以适当延长，并告知申请人和被申请人；但是延长期限最多不超过30日。本案中，国家税务总局于2015年10月12日受理了刘某宇提出的行政复议申请，于同年12月2日对案件进行了延期；2016年1月7日，国家税务总局做出了行政复议决定。国家税务总局做出的《行政复议决定书》履行了相关法定程序，符合法律法规规定，亦无不当。故刘某宇起诉要求撤销《阻止出境决定书》和《行政复议决定书》的诉讼请求没有相关事实和法律依据，本院不予支持。

综上所述，一审法院依据《行政诉讼法》第六十九条的规定，判决驳回刘某宇的全部诉讼请求。

二审法院裁判观点

二审法院认为，纳税人、扣缴义务人必须依照法律、行政法规的规定缴纳税款、代扣代缴、代收代缴税款。本案中，M区国税局向艾恩吉公司做出的M国处〔2012〕5号《税务处理决定书》能够证明艾恩吉公司存在虚开增值税发票的违法行为，并应补缴增值税8 450 322.31元。因艾恩吉公司未按规定结清应纳税款又未提供纳税担保，故M区国税局稽查局通知出入境管理机关阻止该公司的法定代表人刘某宇出境符合法律、法规的规定。《阻止欠税人出境实施办法》第四条第一款规定："阻止欠税人出境由县级以上（含县级，下同）税务机关申请，报省、自治区、直辖市税务机关审核批准，由审批机关填写《边控对象通知书》，函请同级公安厅、局办理边控手续。"通过对在案程序证据的审查，M区国税局稽查局通知出入境管理机关阻止刘某宇出境的程序符合上述规范性文件的规定，亦无不当。

阻止出境措施相对于偷税、逃避追缴欠税、骗税、抗税行为，是一种法律责任的承担方式。针对企业存在的上述违法行为阻止企业法定代表人出境的目的在于督促企业承担纳税的法律责任。因此，刘某宇作为艾恩吉公司的法定代表人，提出其未参与艾恩吉公司的经营活动，对该公司虚开增值税专用发票一事不知情，其并非造成艾恩吉公司欠税的责任人，不应阻止其出境等主张缺乏法律依据，本院不予支持。

关于国家税务总局对刘某宇做出《行政复议决定书》的行政程序之合法性问题，二审法院经审查，同意一审法院在判决中的相关论述。综上所述，刘某宇的上诉理由均不能成立，对其上诉请求二审法院不予支持。据此，二审法院依照《行政诉讼法》第八十九条第一款第一项之规定，判决驳回上诉，维持一审判决。

税务律师解析

1. 法定代表人刘某宇是否应当为公司法人的欠税行为承担限制出境的责任

法人是指具有民事权利能力和民事行为能力，依法独立享有民事权利、承担民事义务的组织。法人具有如下特征：法人是集合性主体，法人是人的集合体与财产的集合体的有机统一；法人拥有独立的财产；法人能独立承担民事责任；法人具有独立的人格，能够以自己的名义参加民事活动。《中华人民共和国民法总则》（以下简称《民法总则》）第五十七条规定，法人是具有民事权利能力和民事行为能力，依法独立享有民事权利和承担民事义务的组织。

法定代表人是依据法律或法人组织章程的规定，代表法人行使职权的负责人。法定代表人有如下特征：法定代表人的资格是法定的或章程确定的；法定代表人是代表法人行使职权的负责人；法定代表人是代表法人从事业务活动的自然人；法定代表人以法人名义所进行的民事活动，法人都必须承担民事责任。法定代表人是确定的法律概念，是特定的某个自然人。

《民法总则》第六十一条规定："依照法律或者法人章程的规定，代表法人从事民事活动的负责人，为法人的法定代表人。法定代表人以法人名义从事的民事活动，其法律后果由法人承受。法人章程或者法人权力机构对法定代表人代表权的限制，不得对抗善意相对人。"第八十一条规定："执行机构为董事会或者执行董事的，董事长、执行董事或者经理按照法人章程的规定担任法定代表人；未设董事会或者执行董事的，法人章程规定的主要负责人为其执行机构和法定代表人。"

我国实行单一的法定代表人制度，一个法人只能有一个法定代表人。从上述规定来看，公司的法定代表人，有相应权利，同时根据不同情况可能会承担不同责任，比如民事、行政或刑事责任。

我国越来越重视诚信体系建设，逐步建立和完善对失信人的联合惩戒机制，让重大失信当事人"一处失信、处处受限"，其中包括对税收违法行为的惩戒。当企业法人出现涉税违法行为被惩戒的时候，其法定代表人不能以不知情为抗辩理由。即在实名办税、诚信记录、阻止出境、重大税收违法案件信息公布及其他联合惩戒措施的适用方面，均不论法定代表人是否实际参与经营、对法人违法行为是否知情，其法定代表人不能以未参与、不知情为抗辩理由。

2. 税务机关对刘某宇做出的阻止出境决定是否合法

《税收征收管理法》第四十四条规定："欠缴税款的纳税人或者他的

法定代表人需要出境的，应当在出境前向税务机关结清应纳税款、滞纳金或者提供担保。未结清税款、滞纳金，又不提供担保的，税务机关可以通知出境管理机关阻止其出境。"

《税收征收管理法实施细则》第七十四条亦规定："欠缴税款的纳税人或者其法定代表人在出境前未按照规定结清应纳税款、滞纳金或者提供纳税担保的，税务机关可以通知出入境管理机关阻止其出境。阻止出境的具体办法，由国家税务总局会同公安部制定。"

《阻止欠税人出境实施办法》第三条第一款规定："经税务机关调查核实，欠税人未按规定结清应纳税款又未提供纳税担保且准备出境的，税务机关可依法向欠税人申明不准出境。对已取得出境证件执意出境的，税务机关可按本办法第四条规定的程序函请公安机关办理边控手续，阻止其出境。"该办法第三条第三款规定："欠税人为法人的，阻止出境对象为其法定代表人。"

根据上述规定，本税案 M 区国税局稽查局作为偷税、逃避追缴欠税、骗税、抗税案件的查处机关，依法有权对未缴清税款、滞纳金，又不提供担保的有关人员，通知出境管理机关阻止其出境。M 区国税局向艾恩吉公司做出 M 国处〔2012〕5 号《税务处理决定书》，艾恩吉公司未按规定结清应纳税款又未提供纳税担保，故 M 区国税局稽查局通知出入境管理机关阻止该公司的法定代表人刘某宇出境符合上述法律、法规的规定。

《阻止欠税人出境实施办法》第四条第一款规定："阻止欠税人出境由县级以上（含县级，下同）税务机关申请，报省、自治区、直辖市税务机关审核批准，由审批机关填写《边控对象通知书》，函请同级公安厅、局办理边控手续。"M 区国税局稽查局通知出入境管理机关阻止刘某宇出境的程序符合《阻止欠税人出境实施办法》的规定。

3. 人民法院审查M区国税局稽查局做出的《阻止出境决定书》及国家税务总局做出的《行政复议决定书》，是否能一并审查M区国税局做出的《税务处理决定书》

根据《税收征收管理法》、《税收征收管理法实施细则》及《阻止欠税人出境实施办法》的规定，阻止出境适用对象是"未结清税款、滞纳金，又不提供担保的"的欠税人，但并没有限定欠税类型。

本税案为基于税收违法行为需要追缴形成的欠税，M区国税局做出的《税务处理决定书》认定欠税人欠税，是M区国税局稽查局阻止出境行为的前提。人民法院审查M区国税局稽查局做出的《阻止出境决定书》及国家税务总局做出的《行政复议决定书》，是否能一并审查M区国税局做出的《税务处理决定书》？

从本案的审理和裁判来看，人民法院不会去主动审查M区国税局做出的《税务处理决定书》。因为《税务处理决定书》的相对人是艾恩吉公司，而阻止出境决定的相对人是刘某宇，即使想对《税务处理决定书》提起审查的诉讼诉求，适格的起诉对象应是艾恩吉公司，也将作为另案处理。

风险防控提示

现行有关限制欠税人出境的规定

为加强税收征管，国家税务总局和公安部于1996年11月29日联合发布《阻止欠税人出境实施办法》，规定欠税人未按规定结清应纳税款又未提供纳税担保且准备出境的，税务机关可依法向欠税人申明不准出境。对已取得出境证件执意出境的，税务机关可按规定程序函请公安机关办理边控手续，阻止其出境。欠税人为自然人的，阻止出境的对象为当事人本人。欠税人为法人的，阻止出境对象为其法定代表人。欠税人为其他经济组织的，阻止出境对象为其负责人。阻止欠税人出境流程如图8-1所示。

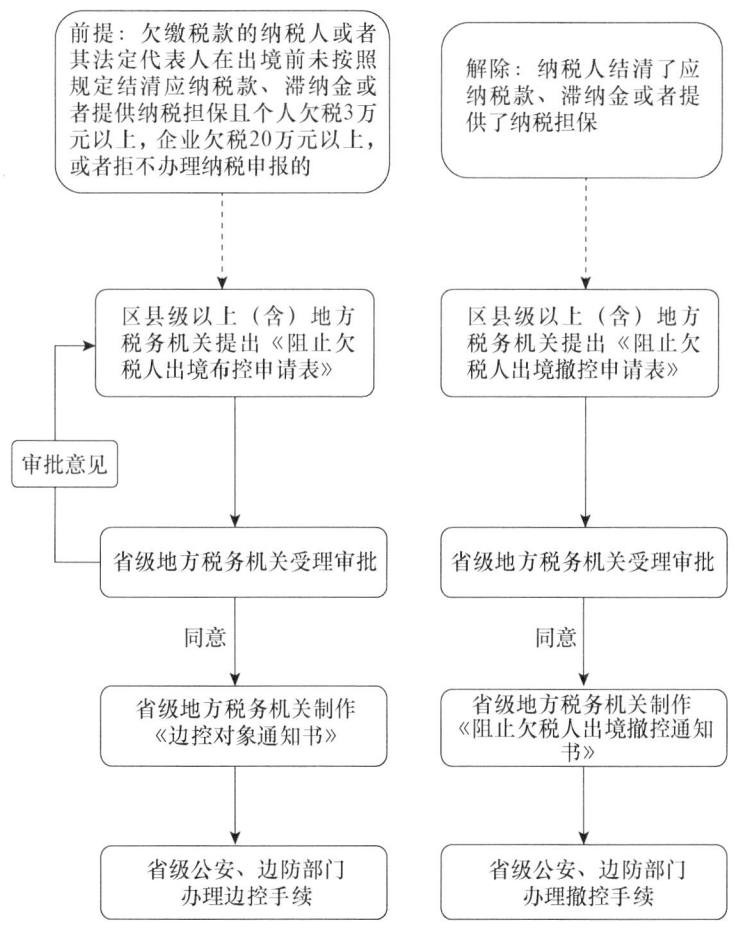

图8-1 阻止欠税人出境流程图

《国家税务总局关于认真贯彻执行阻止欠税人出境实施办法的通知》

（国税发〔1996〕216号）指出，各地税务机关对欠税人实施出境限制应严格掌握，原则上个人欠税3万元以上，企业欠税20万元以上，方可函请公安边防部门实施边控。但对拒不办理纳税申报的，可不受上述金额限制。

《税收征收管理法》第四十四条规定，欠缴税款的纳税人或者他的法定代表人需要出境的，应当在出境前向税务机关结清应纳税款、滞纳金或者提供担保。未结清税款、滞纳金，又不提供担保的，税务机关可以通知出境管理机关阻止其出境。《税收征收管理法实施细则》第七十四条对相关规定进行了进一步明确。这是当前税务机关阻止欠税人出境的具体法律依据。

限制欠税人出境制度对欠税人的影响

欠税限制出境是税收保全措施的一种，它对国家税收债权的实现起到一定的作用。根据《税收征收管理法》第四十四条和《税收征收管理法实施细则》第七十四条的规定，对需要出境的纳税人而言，欠税限制出境会给其造成一种压力，这种压力会督促纳税人及时向税务机关清缴所欠税款或者提供相应的纳税担保，从而最终促使国家税收债权的实现。

1. 欠税人的人身自由受到限制

结合欠税限制出境措施实施的目的、程序和责任主体来看，可将其归类为一项限制人身自由的行政处罚。欠税限制出境是指欠缴税款的纳税人在出境前应当向税务机关结清应纳税款、滞纳金或者提供相当于欠税数额的纳税担保才能出境，否则税务机关可以通知出入境管理机关阻止其出境的一种税收征管制度。但实际上，《行政处罚法》第八条并未规定行政机关享有限制人身自由的权力，仅第八条第七项以兜底条款的形式规定了"法律、行政法规规定的其他行政处罚也属于行政处罚的种类"。但是,限制欠税人出境制度的规定显然剥夺了公民的出入境自由权,因此,可以认定,该项制度是对欠税人人身自由的一种制约和限制。

2. 欠税人试图通过移民等离境措施逃税已无可能

《税收征收管理法》及其实施细则已明确了税务机关有权直接通知出入境管理机关阻止欠税人出境的权力,因此,无论是自然人还是法人,在存在欠税的情况下,试图通过离境逃避缴纳税款已无可能。

3. 纳税人易碰因欠税被限制出境所定数额的警戒线

《税收征收管理法》没有对欠税限制出境的欠税数额标准予以修正,仍适用国税发〔1996〕216号文件第一条"各地税务机关对欠税人实施出境限制应严格掌握,原则上个人欠税3万元以上,企业欠税20万元以上,方可函请公安边防部门实施边控。但对拒不办理纳税申报的,可不受上述金额限制"的规定。该项规定的数额相较于目前实施限制出境措施的成本来说显然过低,因此,无论是企业还是自然人,都极易触碰因欠税被限制出境的警戒线。

4. 欠税人无例外豁免资格

《税收征收管理法》及其实施细则,以及散见于各部门法中关于限制欠税人出境的规定中,均未对限制欠税人出境设立豁免或例外条款。实践中对所有存在欠税且未提供担保的行为都采用限制出境措施。例如,在欠税人无法提供担保,更完全丧失偿债能力,导致限制出境措施设立目的无法实现的情况下,欠税人也无法出境;或者,欠税人因执行国家公务需要离境,可以确定欠税人出境并非出于逃税的目的,也无法出境。因此,在个人欠税3万元以上,企业欠税20万元以上,欠税人又无法提供担保的情况下，即使是出于执行国家公务的需要，也无法离境。

链接1　类似案例统计

经对中国裁判文书网判例统计，2010年至2017年11月1日，全国涉及欠税人起诉税务机关阻止出入境管理的裁判案例仅有本案（不排除部分类似案件未上传到数据库），对于税务机关、人民法院以后处理类似情况有参考意义。

据不完全统计，截至2016年3月，公安部门已配合税务机关办理阻止欠税人出境边控443人次。

2014年10月1日起，国家税务总局在全国范围内开始实施《重大税收违法案件信息公布办法(试行)》，也就是税收违法"黑名单"制度，通过定期发布市场主体的纳税信用信息，对失信行为进行惩戒，用纳税信用推动税收管理创新，促进社会诚信建设。截至2016年3月底，全国各级税务机关共对外公布偷税案件1 245件，逃避追缴欠税案件15件，骗取出口退税案件49件，虚开增值税专用发票或者虚开用于骗取出口退税、抵扣税款的其他发票案件752件，虚开普通发票案件31件，其他类型（复合案件）187件。

税务机关对税收违法"黑名单"企业实施严格的税收管理措施，包括将其纳税信用直接判定为D级、限量供应发票、缩短纳税评估周期、严格审核报送资料等。多家企业因担心受到惩戒、对企业生产经营造成严重影响，主动补缴了欠税。

链接2 阻止欠税人出境实践应用

目前存在的问题

从实践情况来看，阻止欠税人出境，在制度设计上还存在一些问题，比如构成要件规定比较模糊、免责条件过于严苛、缺乏行政裁量的标准、限制时间过短。同时，现有的阻止欠税人出境规定在实务中可操作性不强，若严格实施，有可能对纳税人权利造成不必要的损害，也给税务机关执法带来困扰。问题主要表现在以下几个方面：

1. 范围狭窄

按照现行规定，阻止出境措施只能针对"欠缴税款的纳税人或者他的法定代表人"。但是，在实践中，很多企业的法定代表人不过是"摆设"，真正掌握公司的是实际经营者。在这种情况下，只对欠税企业的法定代表人限制出境，有可能达不到有效督促欠税人缴纳税款的目的。例如，F市国税局稽查局曾查办过一起房地产企业欠税案件，企业就是通过这样的"稻草人"安排，使得阻止欠税人出境这一管理手段失去了作用。

2. 缺乏人性化设计

现行阻止欠税人出境的法律规定，没有充分考虑到欠税人出境的具体情况，没有排除欠税人因为紧急情况或者其他正当合法的原因出境。比如欠税人因为奔丧、探病或治疗等紧急事务需要出境，在这种情况下，如果欠税人被阻止出境，很有可能给其造成无法挽回的损失，也不利于督促其及时履行纳税义务。

3. 操作复杂

目前，采取阻止欠税人出境手段，税务机关需要提供的信息过于烦琐，有的远超出税务机关的权限范围。比如要向相关方面提供欠税人的照片、体貌描述等，而且只能指定一个边控口岸，控制期限一般不超过一个月。在这样的情况下，税务机关只有准确知晓欠税人什么时候出国、在哪个口岸出国，并且抓紧时间办好手续，才可能使阻止欠税人出境这一措施发挥应有的作用。

建议对策

针对实践中遇到的问题，应从以下几个方面完善《阻止欠税人出境管理办法》：

1. 适当扩大阻止欠税出境的当事人范围

可以针对欠税的纳税人，将阻止出境的当事人范围扩大到纳税人的配偶、法人企业的股东等。

2. 考虑欠税人的实际情况

对于有特别需求的欠税人，即便其未缴清税款或提供担保，只要其确实没有回避缴税义务，经审批就应当对其解除阻止出境的限制。比如因缔结国外建设合同、开设出口信用证、与外国人签订合作经营合同等具体经营计划而出境的，因居住在国外的直系亲属死亡而出境的，因本人治疗等不可避免的事由而认为有必要出境的，以国家利益为目的（包括参加国际大赛）而出境的，等等。

3. 对欠税人严格遵循"最小侵害原则"

对于欠税人，必须首先采取查封、扣押和冻结等财产性税收保全措施。只有在上述措施无效的情况下,方可考虑采取阻止出境的措施,以求最大限度地降低对欠税人人身权利的影响。

4. 履行对当事人的告知义务

在做出阻止欠税人出境的决定之前,应当告知当事人,给予当事人陈述、申辩的权利。这其实也是给予当事人一定的时间,督促其缴纳税款。

5. 简化阻止欠税人出境的手续

要简化有关手续,不必超越权限要求税务机关提供欠税人的照片等。另外,阻止欠税人出境的决定一旦做出,就应当在全国各口岸同时布控,并适当延长时限,保证这一措施发挥作用。

9 分公司税务处罚风险败诉案

基本案情[1]

J广大房地产开发有限公司A分公司（以下简称A分公司）成立于2007年12月18日，系企业非法人。同日，A分公司取得税务登记证号为××××××××××××××的税务登记证，纳税人名称登记为J广大房地产开发有限公司A分公司，扣缴义务为依法确定。2013年11月26日，A分公司因未参加2012年度年检，被依法吊销营业执照，但公司未被注销。

2013年9月23日，Q市地方税务局稽查局（以下简称Q稽查局）决定对A分公司实施立案检查。次日，Q稽查局向A分公司送达Q地税稽检通一〔2013〕76号《税务检查通知书》，决定派庄某、鲍某音两人，

---

[1] 2017年10月9日摘自中国裁判文书网。

自2013年9月24日起对A分公司2010年1月1日至2013年8月31日期间的纳税情况进行检查。后因庄某作为援疆干部赴新疆工作，Q稽查局于2014年5月26日决定变更检查人员为姜某磊、鲍某音，并将变更情况书面通知分公司。

2015年5月18日，Q稽查局将该税务稽查案提交Q稽查局集体审理。同年5月25日，经集体审理，Q稽查局做出税收违法案件集体审理纪要，议定意见为追缴税款、加收滞纳金、建议给予行政处罚及移送公安处理等。同年6月29日，Q稽查局做出《重大税务案件审理提请书》，将该案报请Q市地方税务局审理委员会审理。同年8月3日，Q市地方税务局做出Q地税重审意字〔2015〕1号《重大税务案件审理委员会审理意见书》，同意Q稽查局拟处理意见。同年8月10日，Q稽查局做出Q地税稽罚告〔2015〕46号《税务行政处罚事项告知书》，告知A分公司拟处罚决定及陈述、申辩、听证权利。因无法向A分公司直接送达，Q稽查局于2015年10月9日公告送达，公告送达期限为30日。公告期满，A分公司未签收。

同年11月16日，Q稽查局对A分公司做出Q地税稽处〔2015〕61号《税务处理决定书》，决定追缴2010年至2013年8月少缴的营业税903 849.92元、城市维护建设税67 034.33元、企业所得税12 569 738.04元等。同日，Q稽查局对A分公司做出Q地税稽罚〔2015〕64号《税务行政处罚决定书》，决定对A分公司少缴税行为处以少缴营业税、城市维护建设税、企业所得税税款各50%的罚款，计金额6 770 311.15元。因Q稽查局无法将上述《税务处理决定书》和《税务行政处罚决定书》向A分公司直接送达，Q稽查局于2015年12月4日公告送达。该送达公告载明：限你单位自本公告发布之日起30日内到Q市柯城区荷三路28号原市政府大院1号楼229室签收《税务处理决定书》《税务行政处罚决定书》，逾期不签收的视为送达。

2016年3月28日，A分公司签收了上述《税务处理决定书》《税务行政处罚决定书》。同年6月12日，A分公司提起行政诉讼。一审法院审理后判决驳回分公司的诉讼请求。A分公司不服提起上诉，二审法院最终判决驳回上诉，维持原判。

税企争议焦点

纳税人A分公司观点

Q稽查局做出的处罚决定书认定事实不清，证据不足，适用法律错误。本案中Q稽查局对A分公司采取查账征收的方式进行征税，在认定分公司开发柯城区曙光左岸公馆住宅项目开发成本费用为50 726 995.35元、销售收入121 700 293元、企业所得税为12 569 738.04元、企业利润为50 278 952.16元的基础上做出处罚，但实际上Q稽查局对事实的认定是错误的。实际情况是：A分公司由于管理不善，财务核算混乱，大量的原始资料遗失，且由于与施工单位之间存在部分尾款未付情况，施工单位拒不提供相关合法凭证。由于实际存在各类成本凭证资料缺失的问题，公司的财务资料无法客观反映成本费用。同时由于延期交房，还有近千万元的诉讼赔偿款未付。Q稽查局仅根据现有的财务资料做出的事实认定，显然是错误的。由于A分公司各类成本资料不全，财务资料已不能正确核算成本费用，且出于资料保管不善等原因无法提供完整的开发成本资料。故根据《企业所得税核定征收办法（试行）》（国税发〔2008〕30号文件发布）第三条的规定，应当对企业所得税予以核定征收，Q稽查局以查账方式征收系适用法律错误。

Q 稽查局观点

（1）Q 稽查局处罚决定事实清楚，证据充分。A 分公司在 2010 年至 2013 年 8 月，少申报缴纳营业税 903 849.92 元、城市维护建设税 67 034.33 元、企业所得税 12 569 738.04 元，对此，有 Q 稽查局调取的 A 分公司财务会计资料、稽查签证单等证据证实，事实清楚，证据确凿充分。根据《税收征收管理法》第六十三条第一款的规定，在追缴其不缴或少缴的税款、滞纳金的基础上，并处不缴或少缴的税款 50% 以上 5 倍以下罚款。Q 稽查局对 A 分公司处以少缴纳税款的 50% 罚款，即 6 770 311.15 元，符合法律规定。

（2）Q 稽查局处罚程序合法。Q 稽查局在接到 A 分公司税务事项举报后，依法立案检查，指派检查人员并向 A 分公司发出《税务检查通知书》，在检查期间，依法向 A 分公司出示了税务检查证，进行现场检查、询问，调取了相关财务资料，并均由 A 分公司签证，更换检查人员以及延长办案期限等事项都是依法定程序办理的，并告知了 A 分公司。对于 A 分公司提出的辩解及说明，均认真听取，并告知其提供相关材料。做出《税务行政处罚决定书》前，也依法定程序送达了《税务行政处罚事项告知书》并告知其复议以及诉讼的权利，程序合法。

（3）A 分公司的诉讼请求不能成立。A 分公司请求撤销涉案处罚决定书的理由是，因其管理不善，财务核算混乱，不应采取查账征收的方式，而应当对其适用核定征收，这一理由不能成立。查账征收是一般原则，《税收征收管理法》第三十五条虽然规定在一定条件下，税务机关有权核定纳税人应纳税额，但这是针对企业存在未按规定设置会计账簿、纳税人申报的计税依据明显偏低等违法行为，逃避纳税的情形，授予税务机关的主动权，因此，是否要对纳税人采取核定应纳税额的方法征收税款，决定权在税务机关，纳税人无权以自己财务管理混乱、账目不健全为由主张采取核定征收方式。

《企业所得税核定征收办法（试行）》第一条规定，严格按照规定的范围和标准确定企业所得税的征收方式。不得违法扩大核定征收企业所得税范围。严禁按照行业或者企业规模大小，"一刀切"地搞企业所得税核定征收。该办法第十、第十一、第十二、第十三、第十四条还分别规定了确定核定征收企业所得税的企业的鉴定程序、公示程序以及纳税人的纳税申报。也就是说，核定征收所得税，应当是事先审核确定的，被确定为核定征收企业所得税额的企业，应当事先通过鉴定、公示以及每年的重新鉴定等环节，A分公司显然不符合上述条件。对是否符合核定征收所得税的企业的鉴定，属于主管税务机关即Q市地方税务局直属分局的职责，而Q稽查局不属于主管税务机关。

综上，Q稽查局做出的《税务行政处罚决定书》事实清楚，证据确实充分，程序合法。

本案争议焦点

根据税企双方意见，可以将本案的焦点归纳为：

（1）分公司营业执照已被吊销，Q稽查局以其为处罚对象是否正确。
（2）Q稽查局是否应当对A分公司核定征收企业所得税。

人民法院裁判观点

一审法院裁判观点

A分公司作为依法登记、独立核算的纳税人，Q稽查局认为其纳税行为违法，以其为处罚对象进行处罚，并无不当。A分公司虽因未参加2012年年检，于2013年11月26日被吊销营业执照，但公司并未被注销，结合《最高人民法院关于企业法人营业执照被吊销后，其民事诉讼地位如何确定的复函》（法经〔2000〕24号函）关于"吊销企业法人营业执照，是工商行政管理机关依据国家工商行政法规对违法的企业法人做出的一种行政处罚。企业法人被吊销营业执照后，应当依法进行清算，清算程序结束并办理工商注销登记后，该企业法人才归于消灭。因此，企业法人被吊销营业执照后至被注销登记前，该企业法人仍应视为存续，可以自己的名义进行诉讼活动"的规定，本案A分公司主体适格。A分公司关于其非适格被处罚对象的主张，缺乏事实与法律依据，本院不予支持。

本案中，A分公司对Q稽查局涉案《行政处罚决定书》中关于营业税、城市维护建设税的认定及行政处罚程序无异议。本案争论的焦点问题是对A分公司企业所得税应当核定征收还是查账征收。一审法院认为，其一，《税收征收管理法》第十九条规定，纳税人、扣缴义务人按照有关法律、行政法规和国务院财政、税务主管部门的规定设置账簿，根据合法、有效凭证记账，进行核算。第二十四条规定，从事生产、经营的纳税人、扣缴义务人必须按照国务院财政、税务主管部门规定的保管期限保管账簿、记账凭证、完税凭证及其他有关资料。账簿、记账凭证、完税凭证及其他有关资料不得伪造、变造或者擅自损毁。可见，依法设置、保管账簿、记账凭证、完税凭证等系纳税人的法定义务，税务主管部门有权查账核算应纳税数额。A分公司认为其资料保管不善导致无法提供完整的开发成本资料，该违反法定义务的行为不应当成为减轻其责任的正当事由。

其二，《税收征收管理法》第三十五条规定了税务机关有权核定征收的具体情形，并规定税务机关核定应纳税额的具体程序和方法由国务院税务主管部门规定。《企业所得税核定征收办法（试行）》第十条至第十四条分别规定了确定核定征收企业所得税的企业的鉴定程序、公示程序以及纳税人的纳税申报等。可见，核定征收企业所得税的纳税人，应当依法定程序经有权机关审批确定。本案中，A分公司未经上述程序，不符合核定征收条件。

其三，Q稽查局经查账，确定A分公司应申报、已申报、少申报或多申报企业所得税额，符合法律规定。A分公司认为Q稽查局少列其成本，并提供了相应的合同证明。因合同本身并不能证明合同已经实际履行，在A分公司未提供合同已经履行完毕的发票、结算凭证的情况下，Q稽查局未将其列为成本，符合《房地产开发经营业务企业所得税处理办法》（国税发〔2009〕31号文件发布）第三十四条"企业在结算计税成本时其实际发生的支出应当取得但未取得合法凭据的，不得计入计税成本，待实际取得合法凭据时，再按规定计入计税成本"的规定。故A分公司关于应当核定征收其企业所得税的主张，理由不能成立，本院不予支持。

综上，Q稽查局认定A分公司少缴营业税、城市维护建设税、企业所得税的事实清楚；其根据《税收征收管理法》第六十三条第一款"对纳税人偷税的，由税务机关追缴其不缴或者少缴的税款、滞纳金，并处不缴或者少缴的税款百分之五十以上五倍以下的罚款"的规定，对A分公司处以少缴营业税、城市维护建设税、企业所得税税款各50%的罚款，适用法律正确，处罚适当；Q稽查局在做出本案处罚决定前，履行了立案，调查，告知A分公司陈述、申辩、听证权利，经Q稽查局集体审理及Q市地方税务局重大税务案件审理委员会审理后，做出涉案行政处罚决定并依法公告送达，并不违法。据此，依照《行政诉讼法》第六十九条之规定，一审法院判决驳回A分公司的诉讼请求。

二审法院裁判观点

二审法院认为，A 分公司虽为 J 广大房地产开发有限公司的分公司且于 2013 年 11 月 26 日因未参加 2012 年年检被吊销营业执照，但其属于《税收征收管理法》第十五条明确规定应当办理且已经办理税务登记的"企业在外地设立的分支机构"，是独立的纳税人且未被注销，Q 稽查局以 A 分公司为处罚对象于法有据。A 分公司不属于有权主体经法定程序确定的核定征收企业所得税的纳税人。A 分公司虽主张存在部分收入凭证未及时取得的情形，但据其负责人钱某亥签字确认，A 分公司对其真实性无异议的《税务稽查签证》、《税务稽查工作底稿（一）》等证据显示，Q 稽查局能够通过 A 分公司设置的账务材料查账，A 分公司尚未达到难以查账的程度。Q 稽查局关于 A 分公司不符合该条规定的核定应纳税额情形的答辩意见成立，二审法院予以采纳。A 分公司相关上诉主张均不能成立，二审法院不予支持。

综上，一审法院认定事实清楚，适用法律正确，审判程序合法。据此，二审法院判决驳回上诉，维持原判。

税务律师解析

1. 分公司能否作为税务行政处罚的当事人

在税务执法工作中，对于能否将分公司作为行政处罚的当事人，税务执法人员有不同意见。部分人认为分公司不应作为被处罚主体，应该处罚其设立公司。分公司属于公司的分支机构，子公司具有法人资格应作为行政处罚的当事人，那么分公司呢？税务律师认为，分公司是可以作为税务行政处罚的当事人的。

首先,《行政处罚法》第三条规定:"公民、法人或者其他组织违反行政管理秩序的行为,应当给予行政处罚的,依照本法由法律、法规或者规章规定,并由行政机关依照本法规定的程序实施。"可见,能够作为行政处罚当事人的有三种:公民、法人或者其他组织,他们有违反税务行政法规的行为的时候,税务机关可以依据相关法律法规给予行政处罚。

其次,《最高人民法院关于执行〈中华人民共和国行政诉讼法〉若干问题的解释》第九十七条规定:"人民法院审理行政案件,除依照行政诉讼法和本解释外,可以参照民事诉讼的有关规定。"《最高人民法院关于适用〈中华人民共和国民事诉讼法〉若干问题的意见》(法释〔2015〕5号)第四十条规定,其他组织是指合法成立、有一定的组织机构和财产,但又不具备法人资格的组织,包括法人依法设立并领取营业执照的分支机构。第四十一条规定:"法人非依法设立的分支机构,或者虽依法设立,但没有领取营业执照的分支机构,以设立该分支机构的法人为当事人。"综合上述法律法规的规定,法人依法设立并领取营业执照的分公司属于《民事诉讼法》《行政处罚法》中规定的其他组织,可以作为税务行政处罚当事人。

国家工商行政管理局在《关于企业法人的非独立核算分支机构能否作为行政案件当事人的请示》中明确答复:"企业法人设立的不能独立承担民事责任的机构,可以作为行政处罚案件的当事人。"《国家工商行政管理局关于认定违法主体有关问题的答复》(工商企字〔1999〕第233号)也规定:"各类企业法人设立的不能独立承担责任的分支机构,均属于从事经营活动的经济组织(企业和经营单位),依照行政处罚法等现行有关规定,该经济组织可以作为行政处罚案件的当事人,当该经济组织不能完全承担有关行政责任时,应由其所隶属的企业法人承担。"

综上可以看出，分公司、分支机构可以作为行政处罚案件的当事人，行政执法人员在案件调查过程中，通过对分公司、分支机构的调查取证，如果能够掌握违法行为的全部事实，证据确凿，并有法定依据，就可以对分公司、分支机构做出行政处罚。

部分税务执法人员认为分公司不能作为处罚当事人的主要原因，是《中华人民共和国公司法》（以下简称《公司法》）第十四条规定："公司可以设立分公司。设立分公司，应当向公司登记机关申请登记，领取营业执照。分公司不具有法人资格，其民事责任由公司承担。"民事责任是指民事主体违反了民事义务所应承担的法律后果，包括缔约过失责任、违约责任、侵权责任。分公司其民事责任由公司承担，不等于其不能作为行政处罚的相对人。分公司有依据行政法律法规经营的义务，分公司如违反行政法规，也应由自己承担相应的行政责任，比如警告、暂扣或者吊销营业执照、罚款等。

在税务行政罚款上，《最高人民法院关于人民法院执行工作若干问题的规定（试行）》（法释〔1998〕15号）第七十八条第一款规定："被执行人为企业法人的分支机构不能清偿债务时，可以裁定企业法人为被执行人。企业法人直接经营管理的财产仍不能清偿债务的，人民法院可以裁定执行该企业法人其他分支机构的财产。"依据这一规定，在案件执行上，当被处罚的分公司其财产不足以支付行政处罚的罚款数额时，应由其所隶属的公司或者非公司企业承担补充责任；如果公司的财产仍不足以支付该罚款，则该公司应当调集其他分公司的财产予以支付。

2. 被依法吊销营业执照的企业法人能否作为行政处罚的当事人

吊销企业法人营业执照，是工商行政管理机关根据国家工商行政法规对违法的企业法人做出的一种行政处罚。企业法人营业执照被工商行政管理机关依法予以吊销,其法人资格是否存在,能否作为税务机关行政处罚的主体?

《企业法人登记管理条例》第三十二条规定:"企业法人被吊销《企业法人营业执照》,登记主管机关应当收缴其公章,并将注销登记情况告知其开户银行,其债权债务由主管部门或者清算组织负责清理。"《国家工商行政管理局关于企业登记若干问题的执行意见》(工商企字〔1999〕173号)第十条规定:"企业被吊销营业执照的,其法人资格或经营资格终止。其中,公司被吊销营业执照的,由股东组织清算组组织清算;非公司企业法人被吊销企业法人营业执照的,由主办单位、投资人或清算组织负责清算。工商行政经营机关对被吊销的企业不负责清算,但应当在处罚决定书或吊销公告中载明清算人。"

根据上述规定,企业法人被吊销营业执照后,应当依法进行清算,清算程序结束并办理工商注销登记后,该企业法人才归于消灭。

据上,企业从成立到企业法人资格消失的过程是:企业设立——依法申请取得营业执照等——法人诞生——以法人的名义进行经营活动——出现终止事由(包括被吊销营业执照)——进行清算——注销登记——法人资格消灭。其中吊销营业执照只对企业的权利能力和行为能力在一定程度上进行了限制,并非完全消灭企业的所有权利能力和行为能力,企业经营资格仅是企业民事权利能力和民事行为能力的一部分,企业法人营业执照被吊销,企业仍能进行债权债务的清偿。

《民法总则》第六十八条规定:"有下列原因之一并依法完成清算、注销登记的,法人终止:(一)法人解散;(二)法人被宣告破产;(三)法律规定的其他原因。法人终止,法律、行政法规规定须经有关机关批准的，依照其规定。"第七十二条规定："清算期间法人存续，但是不得从事与清算无关的活动。法人清算后的剩余财产，根据法人章程的规定或者法人权力机构的决议处理。法律另有规定的，依照其规定。清算结束并完成法人注销登记时，法人终止；依法不需要办理法人登记的，清算结束时，法人终止。"第七十三条规定："法人被宣告破产的，依法进行破产清算并完成法人注销登记时，法人终止。"

《公司登记管理条例》第四十二条规定，有下列情形之一的，公司清算组应当自公司清算结束之日起 30 日内向原公司登记机关申请注销登记："……依法被吊销营业执照、责令关闭或者被撤销。"

综上，只有经过清算程序了结债权债务，然后依法进行注销，企业的法人资格才消灭，即企业法人资格的消灭必须以清算并办理注销登记为条件。税务律师认为，只要企业的法人资格没有消灭，即可作为税务机关行政处罚的主体。

3. 被依法吊销营业执照的分公司能否作为行政处罚的当事人

分公司是总公司的分支机构，总公司是首先设立的、统管公司各个机构的总机构，分公司受总公司的管辖，总公司与分公司之间是管辖与被管辖的关系；分公司不具有独立的财产，其财产系总公司拨付；分公司不具有独立的权利机关，分公司的管理机关乃总公司委派产生。被吊销营业执照的分公司（总公司仍然具备经营资格）是否可以作为行政处罚对象呢？

分公司的经营是独立的，但财产是属于总公司的，对外债务，债权人既可以要求分公司承担，也可以要求总公司承担。分公司的管理机构不具有权力，其只是公司管理机构的延伸。从公司登记的有关规定看，分公司不具有法人地位，因此其被吊销营业执照后不存在清算程序，其责任直接归属于总公司，总公司应当在 30 日内办理分公司注销登记。

有观点认为，分公司被吊销营业执照后，资产属于总公司（设立机构），其不存在清算问题，所以不必保留分公司的主体资格。因此，分公司被吊销后，再将其作为行政处罚对象已无实质性的意义。

本案中，人民法院认为，根据《税收征收管理法》第十五条的规定，企业在外地设立的分支机构自领取营业执照之日起 30 日内，持有关证件，向税务机关申报办理税务登记。税务机关应当自收到申报之日起 30 日内审核并发给税务登记证件。A 分公司是独立的纳税人且未被注销，Q 稽查局认定 A 分公司为处罚对象于法有据。

税务律师认为，对此问题由于没有明确的法律规定，仅有学术观点及人民法院裁判观点，对于类似案件仅可做参考，有待有权机关进行进一步规定、解析。

4. Q 稽查局是否应对 A 分公司核定征收企业所得税

根据《企业所得税核定征收办法（试行）》第十条至第十四条的规定，核定征收企业所得税的纳税人需由有权主体经法定程序予以确定；又根据《房地产开发经营业务企业所得税处理办法》第二、第四条的规定，在中国境内从事房地产开发经营业务的企业出现《税收征收管理法》第三十五条规定的情形，税务机关可对其以往应缴的企业所得税按核定征收方式进行征收管理，并逐步规范，同时按《税收征收管理法》等税收法律、行政法规的规定进行处理，但不得事先确定在中国境内从事房地产开发经营业务的企业的所得税按核定征收方式进行征收、管理。本案中，A 分公司不属于有权主体经法定程序确定的核定征收企业所得税的纳税人。同时，根据《税收征收管理法》第三十五条第一款第四项以及《企业所得税核定征收办法(试行)》第三条第一款第四项"纳税人虽设置账簿,但账目混乱或者成本资料、收入凭证、费用凭证残缺不全,难以查账的,税务机关有权核定其应纳税额"的规定,税务机关适用该类情形核定纳税人应纳税额需要纳税人符合"难以查账"的条件,本案中A分公司主张存在部分收入凭证未及时取得的情形,但相关证据显示,Q稽查局能够通过A分公司设置的账务材料查账,A分公司尚未达到难以查账的程度。因此,A分公司不符合上述规定的核定应纳税额情形。

5. 未及时取得收入凭证能否计入计税成本

《税收征收管理法》第二十一条第二款规定:"单位、个人在购销商品、提供或者接受经营服务以及从事其他经营活动中,应当按照规定开具、使用、取得发票。"本案中,A分公司自认其因未支付余款等原因未取得发票等合法凭证,Q稽查局在A分公司无法提供合法凭证的情况下,未将A分公司主张的该部分支出计入计税成本,符合《房地产开发经营业务企业所得税处理办法》第三十四条"企业在结算计税成本时其实际发生的支出应当取得但未取得合法凭证的,不得计入计税成本,待实际取得合法凭证时,再按规定计入计税成本"的规定。

风险防控提示

子公司与分公司在税务处理上的区别

1. 在主体法律地位上的区别

《公司法》第十四条规定:"公司可以设立分公司。设立分公司,应当向公司登记机关申请登记,领取营业执照。分公司不具有法人资格,其民事责任由公司承担。

公司可以设立子公司,子公司具有法人资格,依法独立承担民事责任。"

由此可见，第一，子公司在法律上是一个独立的法人，依法独立承担民事责任，即子公司以自己的名义进行各类民事经济活动，并独立承担公司行为所带来的一切后果与责任。第二，分公司在法律上不是一个独立的法人，不具有独立承担民事责任的资格，也就是说它在法律上是从属于总公司的一个分支机构，不是独立的个体。

2. 在与本公司的关系上的区别

母公司与子公司之间一般表现的是股份的控制与被控制关系，也许是全资控制，也许是最大股东的控制。子公司在经济和决策上受母公司的支配与控制，但在法律上，子公司是独立的法人。子公司拥有独立的名称和公司章程；具有独立的组织机构；拥有独立的财产。子公司实行独立核算、自负盈亏。

总公司与分公司之间一般表现为总机构与分机构的关系，具有从属的特性。分公司在本质上就是总公司安置在异地的一个派出机构。分公司一般都不是完全独立核算。

子公司可以成立分公司，但分公司不可能拥有子公司。

3. 在税务处理上的区别

（1）子公司的税务处理。子公司作为独立法人，实行独立核算并独立申报纳税，是完全独立的纳税人，承担全面的纳税义务。

（2）分公司的税务处理。分公司作为分支机构的一种，适用总分机构的相关政策。总机构和分支机构应依法办理税务登记，接受其所在地主管税务机关的管理。

分公司企业所得税相关规定

（1）根据《跨地区经营汇总纳税企业所得税征收管理办法》(国家税务总局公告2012年第57号发布)第二、第三条的规定，居民企业在中国境内跨地区(指跨省、自治区、直辖市和计划单列市，下同)设立不具有法人资格分支机构的，该居民企业为跨地区经营汇总纳税企业(以下简称汇总纳税企业)。汇总纳税企业实行"统一计算、分级管理、就地预缴、汇总清算、财政调库"的企业所得税征收管理办法。

该办法第六条规定，汇总纳税企业按照《企业所得税法》规定汇总计算的企业所得税，包括预缴税款和汇算清缴应缴应退税款，50%在各分支机构间分摊，各分支机构根据分摊税款就地办理缴库或退库；50%由总机构分摊缴纳，其中25%就地办理缴库或退库，25%就地全额缴入中央国库或退库。

（2）对于以总机构名义进行生产经营的非法人分支机构，无法提供汇总纳税企业分支机构所得税分配表，也无法提供该办法第二十三条规定的相关证据证明其二级及以下分支机构身份的，应视同独立纳税人计算并就地缴纳企业所得税。

（3）分公司增值税相关规定。

①分公司销售货物、提供加工修理修配劳务的增值税的纳税地点。根据《增值税暂行条例》第二十二条的规定，固定业户应当向其机构所在地的主管税务机关申报纳税。总机构和分支机构不在同一县(市)的，应当分别向各自所在地的主管税务机关申报纳税。因此，分公司的增值税一般情况下就地申报纳税。

但是，该条同时规定，经国务院财政、税务主管部门或者其授权的财政、税务机关批准，可以由总机构汇总向总机构所在地的主管税务机关申报纳税。

《财政部、国家税务总局关于固定业户总分支机构增值税汇总纳税有关政策的通知》(财税〔2012〕9号)对上述规定进一步明确：固定业户的总分支机构不在同一县(市)，但在同一省(区、市)范围内的，经省(区、市)财政厅(局)、国家税务局审批同意，可以由总机构汇总向总机构所在地的主管税务机关申报缴纳增值税。省(区、市)财政厅(局)、国家税务局应将审批同意的结果，上报财政部、国家税务总局备案。

②统一核算的总分机构之间的货物移送做视同销售的特殊规定。

《增值税暂行条例实施细则》第四条第三项规定：设有两个以上机构并实行统一核算的纳税人，将货物从一个机构移送其他机构用于销售，但相关机构设在同一县(市)的除外。

《国家税务总局关于企业所属机构间移送货物征收增值税问题的通知》(国税发〔1998〕137号)规定，《增值税暂行条例实施细则》第四条视同销售货物行为的第三项所称的用于销售，是指受货机构发生以下情形之一的经营行为：向购货方开具发票;向购货方收取货款。受货机构的货物移送行为有上述两项情形之一的，应当向所在地税务机关缴纳增值税;未发生上述两项情形的，则应由总机构统一缴纳增值税。如果受货机构只就部分货物向购买方开具发票或收取货款，则应当区别不同情况计算并分别向总机构所在地或分支机构所在地缴纳税款。

《国家税务总局关于纳税人以资金结算网络方式收取货款增值税纳税

地点问题的通知》(国税函〔2002〕802号)规定,纳税人以总机构的名义在各地开立账户,通过资金结算网络在各地向购货方收取销货款,由总机构直接向购货方开具发票的行为,不具备国税发〔1998〕137号文件规定的受货机构向购货方开具发票、向购货方收取货款两种情形之一,其取得的应税收入应当在总机构所在地缴纳增值税。

③营改增(即应税服务)纳税人总机构汇总缴纳增值税规定。根据《总分机构试点纳税人增值税计算缴纳暂行办法》(财税〔2013〕74号文件发布)的规定,经财政部和国家税务总局批准的总机构试点纳税人及其分支机构,可以按该办法汇总计算申报缴纳增值税。

营改增纳税人总、分支机构汇总申报缴纳增值税时,仅对应税服务项目进行汇总,总、分支机构销售货物、提供加工修理修配劳务,按照《增值税暂行条例》及相关规定就地申报缴纳增值税。

总机构将总分机构应税服务业务的应交增值税进行汇总,抵减各分支机构对应应税服务业务已缴纳的增值税税款后,在总机构所在地申报缴纳增值税。

各分支机构发生应税服务业务,按照应征增值税销售额和预征率计算缴纳增值税。计算公式如下:

应预缴的增值税 = 应征增值税销售额 × 预征率

预征率由财政部和国家税务总局规定,并适时予以调整。

综上,子公司是独立的纳税人、完整的纳税主体。分公司是从属于总公司的，一般情况下，在增值税上按照属地原则作为独立纳税人就地独立申报纳税，但经审核确认，符合条件的也可以汇总缴纳，其中营改增应税服务部分需要按预征率预缴；在所得税上，独立核算的作为独立纳税人就地独立申报纳税，统一核算的实行"统一计算、分级管理、就地预缴、汇总清算、财政调库"的企业所得税征收管理办法。

吊销企业营业执照的有关规定

1.《公司法》的规定

第一百九十八条规定："……对提交虚假材料或者采取其他欺诈手段隐瞒重要事实的公司，处以五万元以上五十万元以下的罚款；情节严重的，撤销公司登记或者吊销营业执照。"

第二百零七条规定："承担资产评估、验资或者验证的机构提供虚假材料的，由公司登记机关没收违法所得，处以违法所得一倍以上五倍以下的罚款，并可以由有关主管部门依法责令该机构停业、吊销直接责任人员的资格证书，吊销营业执照。

承担资产评估、验资或者验证的机构因过失提供有重大遗漏的报告的，由公司登记机关责令改正，情节较重的，处以所得收入一倍以上五倍以下的罚款，并可以由有关主管部门依法责令该机构停业、吊销直接责任人员的资格证书，吊销营业执照。"

第二百一十一条规定："公司成立后无正当理由超过六个月未开业的，或者开业后自行停业连续六个月以上的，可以由公司登记机关吊销营业执照。"

第二百一十三条规定:"利用公司名义从事危害国家安全、社会公共利益的严重违法行为的,吊销营业执照。"

2.《公司登记管理条例》的规定

第六十三条规定:"虚报注册资本,取得公司登记的,由公司登记机关责令改正,处以虚报注册资本金额5%以上15%以下的罚款;情节严重的,撤销公司登记或者吊销营业执照。"

第六十四条规定:"提交虚假材料或者采取其他欺诈手段隐瞒重要事实,取得公司登记的,由公司登记机关责令改正,处以5万元以上50万元以下的罚款;情节严重的,撤销公司登记或者吊销营业执照。"

第六十七条规定:"公司成立后无正当理由超过6个月未开业的,或者开业后自行停业连续6个月以上的,可以由公司登记机关吊销营业执照。"

第六十八条规定:"公司登记事项发生变更时,未依照本条例规定办理有关变更登记的,由公司登记机关责令限期登记;逾期不登记的,处以1万元以上10万元以下的罚款。其中,变更经营范围涉及法律、行政法规或者国务院决定规定须经批准的项目而未取得批准,擅自从事相关经营活动,情节严重的,吊销营业执照。"

第七十一条规定:"伪造、涂改、出租、出借、转让营业执照的,由公司登记机关处以1万元以上10万元以下的罚款;情节严重的,吊销营业执照。"

第七十三条规定:"承担资产评估、验资或者验证的机构提供虚假材料的，由公司登记机关没收违法所得，处以违法所得1倍以上5倍以下的罚款，并可以由有关主管部门依法责令该机构停业、吊销直接责任人员的资格证书，吊销营业执照。

承担资产评估、验资或者验证的机构因过失提供有重大遗漏的报告的，由公司登记机关责令改正，情节较重的，处以所得收入1倍以上5倍以下的罚款，并可以由有关主管部门依法责令该机构停业、吊销直接责任人员的资格证书，吊销营业执照。"

第七十八条规定："利用公司名义从事危害国家安全、社会公共利益的严重违法行为的，吊销营业执照。"

3.《企业法人登记管理条例》的规定

第二十九条规定："企业法人有下列情形之一的，登记主管机关可以根据情况分别给予警告、罚款、没收非法所得、停业整顿、扣缴、吊销《企业法人营业执照》的处罚：

（一）登记中隐瞒真实情况、弄虚作假或者未经核准登记注册擅自开业的；

（二）擅自改变主要登记事项或者超出核准登记的经营范围从事经营活动的；

（三）不按照规定办理注销登记的；

（四）伪造、涂改、出租、出借、转让或者出卖《企业法人营业执照》、《企业法人营业执照》副本的；

（五）抽逃、转移资金，隐匿财产逃避债务的；

（六）从事非法经营活动的。

对企业法人按照上述规定进行处罚时，应当根据违法行为的情节，追究法定代表人的行政责任、经济责任；触犯刑律的，由司法机关依法追究刑事责任。"

企业被吊销营业执照但未注销的法律后果

1. 处罚与罚款

《公司登记管理条例》第六十八条规定："公司登记事项发生变更时，未依照本条例规定办理有关变更登记的，由公司登记机关责令限期登记；逾期不登记的，处以1万元以上10万元以下的罚款。"

2. 法定代表人进入黑名单

根据《公司法》第一百四十六条第四款的规定，担任因违法被吊销营业执照、责令关闭的公司、企业的法定代表人，并负有个人责任的，自该公司、企业被吊销营业执照之日起未逾三年，不得担任公司的董事、监事、高级管理人员。

《公司法人的法定代表人登记管理规定》第四条也明确规定，担任因违法被吊销营业执照的公司的法定代表人，并对该公司违法行为负有个人责任，自该公司被吊销营业执照之日起未逾三年的，不得担任其他公司的法定代表人。

3. 股东的连带责任

《最高人民法院关于适用〈中华人民共和国公司法〉若干问题的规定(二)》(法释〔2008〕6号)第十八条第二款规定："有限责任公司的股东、股份有限公司的董事和控股股东因怠于履行义务，导致公司主要财产、账册、重要文件等灭失，无法进行清算，债权人主张其对公司债务承担连带清偿责任的,人民法院应依法予以支持。"

4. 董事、控股股东、实际控制人的债务清偿责任

法释〔2008〕6号文件第二十条规定:"公司解散应当在依法清算完毕后,申请办理注销登记。公司未经清算即办理注销登记,导致公司无法进行清算,债权人主张有限责任公司的股东、股份有限公司的董事和控股股东,以及公司的实际控制人对公司债务承担清偿责任的,人民法院应依法予以支持。

公司未经依法清算即办理注销登记,股东或者第三人在公司登记机关办理注销登记时承诺对公司债务承担责任,债权人主张其对公司债务承担相应民事责任的,人民法院应依法予以支持。"

5. 将涉及无照经营

利用应收缴的营业执照从事经营活动的,属于无照经营行为。《无证无照经营查处办法》第六条规定,"经营者未依法取得营业执照从事经营活动的,由履行工商行政管理职责的部门(以下称工商行政管理部门)予以查处。"第十五条规定:"任何单位或者个人从事无证无照经营的,由查处部门记入信用记录,并依照相关法律、法规的规定予以公示。"第十八条规定:"违反本办法规定,构成犯罪的,依法追究刑事责任。"

2016年5月27日,国家工商行政管理总局、国家税务总局发布《国家工商行政管理总局、国家税务总局关于清理长期停业未经营企业工作有关问题的通知》(工商企监字〔2016〕97号,以下简称《通知》),决定在全国范围内清理长期停业未经营企业。清理工作的对象是连续两个年度未依法报送年度报告且未进行纳税申报的企业，清理的方式包括督促补报年度报告、纳税申报、变更企业登记事项、吊销营业执照等。

《通知》强调，本次清理工作的对象是连续两个年度未依法报送年度报告且未进行纳税申报的企业。清理的方式包括督促补报年度报告、纳税申报、变更企业登记事项、吊销营业执照等。

《通知》要求，各级工商、市场监管部门（以下简称工商部门）要对连续两个年度未报送年度报告企业进行认真梳理，摸清底数，通过发布通知公告、到登记的住所或经营场所现场检查等方式，逐一核实情况，依法开展清理工作。工商部门将连续两年未报送年度报告企业信息送税务部门，税务部门将连续两年未报税企业信息送工商部门。

《通知》要求，对于被列入清理范围的企业，在核实情况的基础上，分类规范处理。一是对于通过登记的住所或经营场所能够取得联系的企业，要督促其及时履行法定义务。二是清理对象存在已办理清算备案或已进入破产程序等情形的，可以从清理范围中剔除。三是对于长期未开展经营活动、经现场检查在其登记的住所或经营场所无法取得联系，且连续两年未进行纳税申报的公司，工商部门依据《公司法》第二百一十一条的规定依法吊销其营业执照。属于"三证合一、一照一码"改革前设立的企业，税务部门可以依据《税收征收管理法》第六十条的规定依法提请工商部门吊销其营业执照。

《通知》要求，各地严格依法行政，积极稳妥有序地推进清理工作。根据实际情况，对被列入清理范围的企业进行提示性公告，警示相关违法后果。对长期未开展经营活动的企业依法实施吊销营业执照行政处罚的，要严格按照《工商行政管理机关行政处罚程序规定》《工商行政管理机关行政处罚案件听证规则》的要求执行。证据方面，除了连续两年未报送年度报告、在登记的住所或经营场所无法取得联系的现场检查记录、连续两年未申报纳税证明等必要证据外，还可以根据本地区实际情况，收集未更换新版营业执照、未办理工商联络员备案、未按规定缴纳社会保险、银行基本账户半年内未有资金流动记录等其他证据。对长期未开展经营活动的企业依法实施吊销营业执照行政处罚的，相关法律文书可以直接在企业信用信息公示系统上公告送达，并在工商部门门户网站上公示。通过企业信用信息公示系统公告的，相关法律文书应在公示系统公告栏和企业名下同时公告。

《通知》指出，长期停业未经营企业过多，将挤占社会资源，增加行政成本，导致企业数据失真，不利于政府掌握地方经济实际情况，影响政府客观科学决策。各地要深刻认识做好清理工作的重要意义，制定具体方案，精心组织，周密实施。要注重加强业务培训工作，确保清理工作公平规范开展。要建立有效的宣传工作机制，通过多种方式加大对社会公众的宣传力度，争取社会各界更多的理解和支持，引导企业承担责任，强化社会监督。

链接1 类似案例统计

经对中国裁判文书网判例统计，2010年至2017年11月1日，全国涉及对被依法吊销营业执照的分公司进行税务行政处罚纠纷的裁判案例仅有本案（不排除部分类似案件未上传到数据库），对于税务机关、人民法院以后处理类似情况有参考意义。

链接 2　企业被吊销执照后是否需要履行纳税义务相关案例

裁判文书：(2017) Z0802 行初 33 号《Z 京桥实业有限公司清算组与 L 县地方税务稽查局行政复议一案一审行政裁定书》。

Z 京桥实业有限公司（以下简称京桥公司）成立于 2006 年 8 月 31 日，法定代表人为徐某煛，因未在规定的期限内参加 2011 年度年检，于 2012 年 12 月 10 日被吊销营业执照。2016 年 12 月 19 日，京桥公司成立清算组，徐某煛任负责人。

2016 年 7 月 28 日，L 县地方税务局稽查局对京桥公司做出 L 地税稽处〔2016〕11 号《税务处理决定书》，决定追缴营业税、城市维护建设税、印花税、房产税及滞纳金等共计 1 180 239.91 元。京桥公司不服，向 L 县地方税务局申请复议。2016 年 12 月 1 日，L 县地方税务局做出 L 地税复决〔2016〕1 号《行政复议决定书》，认为 L 县地方税务局稽查局做出的 L 地税稽处〔2016〕11 号《税务处理决定书》认定事实清楚，适用法律正确，程序合法，决定予以维持。2016 年 12 月 5 日，京桥公司签收了 L 地税复决〔2016〕1 号《行政复议决定书》。

2016 年 12 月 22 日，京桥公司向人民法院提起诉讼，其诉讼请求为：撤销 L 县地方税务局稽查局做出的 L 地税稽处〔2016〕11 号《税务处理决定书》及 L 县地方税务局做出的 L 地税复决〔2016〕1 号《行政复议决定书》中维持上述处理决定的部分。

人民法院认为，京桥公司作为依法登记、独立核算的纳税人，虽因未参加 2011 年年检，于 2012 年 12 月 10 日被吊销营业执照，但其并未被注销，结合《最高人民法院关于企业法人营业执照被吊销后，其民事诉讼地位如何确定的复函》(法经〔2000〕24号函)"吊销企业法人营业执照,是工商行政管理机关依据国家工商行政法规对违法的企业法人做出的一种行政处罚。企业法人被吊销营业执照后,应当依法进行清算,清算程序结束并办理工商注销登记后,该企业法人才归于消灭。因此,企业法人被吊销营业执照后至被注销登记前,该企业法人仍应视为存续,可以自己的名义进行诉讼活动"的规定,L县地方税务局稽查局认为其少缴税款,以其为处理对象进行行政处理,并无不当。《公司法》第一百八十四条第七项规定,清算组在清算期间行使代表公司参加民事诉讼活动的职权,京桥公司在清算期间,京桥公司清算组以其名义代表京桥公司提起本案行政诉讼,京桥公司主体适格。

关于京桥公司起诉是否超过起诉期限的争议,根据《行政诉讼法》第四十五条的规定,公民、法人或者其他组织不服复议决定的,可以在收到复议决定书之日起15日内向人民法院提起诉讼。本案中,京桥公司于2016年12月5日签收涉案复议决定书,于同年12月22日提起本案行政诉讼,已经超过起诉期限,且无正当事由。据此,依照《最高人民法院关于适用〈中华人民共和国行政诉讼法〉若干问题的解释》第三条第一款第二项、《行政诉讼法》第一百零一条之规定,人民法院裁定驳回京桥公司清算组的起诉。

10 复议前置风险败诉案

基本案情[1]

N区T国家税务局稽查局（以下简称M稽查局）认定，N古凯阳东申能源有限公司（以下简称能源公司）于2013年12月至2014年2月从B起源铁山油品有限公司购原油29 999 353吨，销售后开具货物名称为燃料油，销售数量与购进原料油数量相同，共计销售燃料油29 999 353吨，能源公司未申报缴纳消费税，于2015年3月9日做出T国税稽处〔2015〕0003号《税务处理决定书》，决定：能源公司以燃料油名称对外销售原油应缴纳消费税为24 359 474.64元，并依据《税收征收管理法》第三十二条、《税收征收管理法实施细则》第七十五条的规定，对能源公司上述少缴税款从滞纳之日起按日加收万分之五的滞纳金。限能源公司自收到决定书之日起15日内到T国税局办税服务厅将上述税款及滞纳金

---
[1] 2017年10月13日摘自中国裁判文书网。

缴纳入库，并进行相关账务调整。能源公司对上述决定不服，向 N 区 T 国家税务局（以下简称 T 国税局）提出行政复议申请，T 国税局以能源公司未依照税务机关依据法律、法规确定的税额、期限，先行缴纳或者解缴税款和滞纳金，也未提供相应的纳税担保为由，于 2015 年 5 月 14 日做出 T 国税复不受字〔2015〕001 号《不予受理决定书》，决定对能源公司提出的行政复议申请不予受理。2015 年 5 月 27 日，能源公司提起行政诉讼。一审法院裁定驳回能源公司的起诉。能源公司不服提出上诉，二审法院最终裁定驳回上诉，维持原裁定。

税企争议焦点

纳税人能源公司观点

（1）M 稽查局于 2015 年 3 月 9 日制作了 T 国税稽处〔2015〕0003 号《税务处理决定书》，2015 年 4 月 24 日送达给马某元。马某元系能源公司的前任法定代表人，2014 年 3 月马某元转让了自己在能源公司的全部股份，此后马某元与能源公司没有任何关系。M 稽查局将《税务处理决定书》送达马某元没有法律依据，违反法定程序。

（2）一审法院适用法律错误。首先，一审裁定书未确认 T 国税局及 M 稽查局违反法定程序，没有给能源公司送达《税务处理决定书》，更没有告知能源公司各项权利义务。其次，一审法院只认定了国家税务总局颁布的《税务行政复议规则》第三十三条，对第五十条不予认定，剥夺了能源公司的诉讼权利。T 国税局于 2015 年 5 月 14 日制作了 T 国税复不受字〔2015〕001 号《不予受理决定书》，能源公司提起行政诉讼符合《税务行政复议规则》第五十条的规定，人民法院应予受理。

（3）T 国税局及 M 稽查局违反法定程序做出的行政处理决定，剥夺了法律赋予能源公司的陈述权、申辩权、申请听证权以及行政复议的权利。

M 稽查局、T 国税局观点

能源公司未按照 T 国税稽处〔2015〕0003 号《税务处理决定书》的要求及时、足额补缴税款及滞纳金，能源公司的起诉不符合复议前置的法律规定。

根据法律的规定，对于复议前置案件，行政相对人没有提起行政复议或者直接提起行政诉讼的选择权，只能先行提起行政复议，对复议决定不服的，方可向人民法院起诉。

本案争议焦点

根据税企双方意见，可以将本案的焦点归纳为：

（1）本案能源公司是否必须先申请行政复议；
（2）本案能源公司应如何提起行政诉讼。

人民法院裁判观点

一审法院裁判观点

根据《税收征收管理法》第八十八条第一款的规定，"纳税人、扣缴义务人、纳税担保人同税务机关在纳税上发生争议时，必须先依照税务机关的纳税决定缴纳或者解缴税款及滞纳金或者提供相应的担保，然后可以依法申请行政复议；对行政复议决定不服的，可以依法向人民法院起诉"。能源公司对 M 稽查局做出的《税务处理决定书》不服，应当经过行政复议前置处理程序。能源公司在起诉前向 T 国税局申请了行政复议，T 国税局以能源公司未依照税务机关依据法律、法规确定的税额、期限，先行缴纳或者解缴税款和滞纳金，也未提供相应的纳税担保为由，做出《不予受理决定书》，表明被诉税务处理决定尚未进入复议程序，不能视为已经完成了行政复议前置程序。能源公司的起诉不符合法定条件。依照《最高人民法院关于适用〈中华人民共和国行政诉讼法〉若干问题的解释》（法释〔2015〕9号）第三条第一款第五项、《最高人民法院关于执行〈中华人民共和国行政诉讼法〉若干问题的解释》（法释〔2000〕8号）第六十三条第一款第二项之规定，一审法院裁定驳回能源公司的起诉。

二审法院裁判观点

2015年3月9日，M 稽查局做出 T 国税稽处〔2015〕0003号《税务处理决定书》。能源公司对该处理决定不服，提出行政复议申请。复议机关 T 国税局以能源公司未依照税务机关依据法律、法规确定的税额、期限，先行缴纳或者解缴税款和滞纳金，也未提供相应的纳税担保为由，于2015年5月14日做出 T 国税复不受字〔2015〕001号《不予受理决定书》，决定对能源公司提出的行政复议申请不予受理。能源公司不服，向人民法院起诉，要求撤销 T 国税稽处〔2015〕0003号《税务处理决定书》。

二审法院认为，能源公司不服 M 稽查局做出的 T 国税稽处〔2015〕0003号《税务处理决定书》，属于行政复议前置情形，能源公司应向行政复议机关申请行政复议。就能源公司的行政复议申请，2015年5月14

日T国税局以能源公司未依照税务机关依据法律、法规确定的税额、期限先行缴纳或者解缴税款和滞纳金，也未提供相应的纳税担保为由，做出T国税复不受字〔2015〕001号《不予受理决定书》，表明被诉税务处理决定未经行政复议实体审查，未完成行政复议前置程序。能源公司直接起诉原行政行为，即要求撤销M稽查局做出的T国税稽处〔2015〕0003号《税务处理决定书》，不符合相关法律规定。

综上，能源公司的上诉理由不能成立，本院不予支持。依照《税收征收管理法》第八十八条、《行政诉讼法》第八十九条第一款第一项之规定，裁定驳回上诉，维持原裁定。

税务律师解析

1. 本税案T国税局做出的《不予受理决定书》是否正确

在本税案中，能源公司对M稽查局做出的补交税款及滞纳金的《税务处理决定书》不服，根据《税收征收管理法实施细则》第一百条之规定，本案征纳双方的涉税争议属于纳税争议，应当适用《税收征收管理法》第八十八条"先缴税后复议再诉讼"的程序规定。

《中华人民共和国行政复议法》（以下简称《行政复议法》）第十七条规定，"行政复议机关收到行政复议申请后，应当在五日内进行审查，对不符合本法规定的行政复议申请，决定不予受理，并书面告知申请人。"据此规定，T国税局以能源公司未按照规定缴纳税款、滞纳金或提供相应担保为由，认为能源公司未满足提起行政复议申请的法定条件，遂向能源公司做出《不予受理决定书》，符合《税收征收管理法》第八十八条及《行政复议法》第十七条的规定，于法有据。

2. 本税案一审、二审法院裁定于法有据

据上,由于本案的涉税争议在性质上属于纳税争议,能源公司若希望M稽查局做出的《税务处理决定书》受到司法审查,就必然要在程序上符合《税收征收管理法》第八十八条规定的条件,即"先缴税后复议再诉讼"。

一审、二审法院均认为本案复议机关做出不予受理决定未对被诉具体行政行为的合法性与适当性进行审查,故应认定被诉具体行政行为没有经过行政复议,即能源公司不具备就本税案的《税务处理决定书》提起行政诉讼的法定条件,仅可以就T国税局做出的《不予受理决定书》提起行政诉讼,人民法院依法定程序无权就《税务处理决定书》做出司法审查。据此,一审、二审法院的裁定于法有据。

3. 本案能源公司应如何提起行政诉讼

本税案中,能源公司对法律、法规明确规定复议前置具体行政行为提出税务行政复议申请,在T国税局做出不予受理决定的情形下,能源公司直接就原具体行政行为向人民法院提起了税务行政诉讼。税务律师认为,从制度目的、立法规定及法理原则看,需复议前置但复议机关决定不予受理的,当事人对起诉对象无选择权,只能起诉复议机关的不予受理决定,不能起诉原具体行政行为。

《行政复议法》第十九条规定:"法律、法规规定应当先向行政复议机关申请行政复议、对行政复议决定不服再向人民法院提起行政诉讼的,行政复议机关决定不予受理或者受理后超过行政复议期限不作答复的,公民、法人或者其他组织可以自收到不予受理决定书之日起或者行政复议期满之日起十五日内,依法向人民法院提起行政诉讼。"该规定的司法

救济程序是专为行政复议前置的情况设置的。税务律师认为,"依法向人民法院提起行政诉讼"的对象,应是"行政复议机关决定不予受理或者受理后超过行政复议期限不作答复的"的行为,而不是原具体行政行为。《最高人民法院关于执行〈中华人民共和国行政诉讼法〉若干问题的解释》第三十三条第二款规定:"复议机关不受理复议申请或者在法定期限内不做出复议决定,公民、法人或者其他组织不服,依法向人民法院提起诉讼的,人民法院应当依法受理。"

税务律师认为,法律、法规之所以对特定类型的税务行政行为确立税务行政复议前置原则,主要是因为这类税务行政行为大多专业性强、涉及面广,由复议机关应用专门税务管理知识和丰富的实践经验,从行政行为合法性和合理性两个方面进行审查,便于查明事实,快速地解决纠纷,提高行政效率。本案能源公司虽先行申请复议,但T国税局对其做出了不予受理的决定,意味着原具体行政行为尚未经过复议机关的合法性和合理性审查,没有达到复议前置的目的,不能视为其已经经过行政复议程序。因此能源公司不具有对原具体行政行为直接的起诉权,其只能通过诉讼复议机关做出的不予受理决定寻求救济。

综上,税务律师认为,复议前置案件,只有在复议机关启动了复议程序,并对申请复议的行政行为做出实质性结论后,当事人才可以对原行政行为提起诉讼。申请人对不予复议决定不服,均可以以复议机关为被告起诉。针对该类诉讼,对于行政复议机关依法应当受理的,应依法判决复议机关履行受理复议申请的义务。同时,根据《行政复议法》第十九条、《最高人民法院关于执行〈中华人民共和国行政诉讼法〉若干问题的解释》第三十三条的规定,对行政复议机关不予受理的决定不服,必须首先向人民法院起诉不予受理决定的,也只是限于法律、法规规定应当先向行政机关申请行政复议(行政复议前置)的行政争议,而非全部的行政复议不予受理决定。对无须复议前置的,当事人对起诉对象有选择权。

4.本税案中能源公司应如何寻求法律救济

在本税案中，能源公司利用 T 国税局已经做出了《不予受理决定书》来论证本案已经完成复议阶段的审查并具备了本案行政诉讼复议前置的条件，向人民法院起诉，欲启动司法审查程序。这种寻求法律救济的行为确实可以引起行政诉讼程序，但是能源公司只能就 T 国税局做出的《不予受理决定书》提起行政诉讼，无法对 M 稽查局的征税行为提起行政诉讼，实质上仍然无法启动对 M 稽查局征税行为的司法审查。因此，当事人针对纳税争议，未缴纳税款、滞纳金或提供相应担保而直接提请复议，并在取得复议机关不予受理决定的基础上提起行政诉讼的路径无法达到将税务机关的征税行为置于司法审查的目的。

示例与分析

突破纳税争议复议前置的示例 [1]

1.基本情况

2015 年，C 地方税务局第一分局（以下简称地税一分局）认为，L 县农信社名下土地使用权土地使用税免交期限已届满，L 县农信社未按规定申报纳税，在未向土地管理机关了解 L 县农信社土地使用权状况的前提下，于 2015 年 5 月 19 日向 L 县农信社发出 C 地税限改（2015）78 号《责令限期改正通知书》，限 L 县农信社于 2015 年 5 月 22 日前予以改正。限期届满，L 县农信社未申报纳税，地税一分局向 L 县农信社发出 C 地税限缴（2015）14 号《限期缴纳税款通知书》，限 L 县农信社于 2015 年 6 月 12 日前到办税服务大厅缴纳 2015 年上半年土地使用税

---

[1] 2017 年 10 月 13 日摘自中国裁判文书网。

及滞纳金。

2015年6月18日,地税一分局向L县农信社做出C地税一分局催告（2015）10号《强制执行催告书》,限L县农信社自收到催告书之日起5日内缴纳税款1 129 225.65元,并对欠缴税款从滞纳之日起按日加收万分之五滞纳金,逾期则强制执行。L县农信社向C地税局提出《关于不缴C土地城镇土地使用税的报告》,C地税局未予采纳,并于2015年6月24日做出C地税强扣（2015）2号《税收强制执行决定书》,强制扣划L县农信社税款1 129 225.65元,滞纳金31 053.71元。L县农信社不服C县地税局及地税一分局的上述税收执法行为,向C县人民法院提起行政诉讼。一审法院判决撤销上述税收执法行为,C县地税局及地税一分局不服提起上诉。二审法院最终驳回上诉,维持原判。

2. C县地税局及地税一分局观点

根据《税收征收管理法》第八十八条的规定,本案L县农信社不服对其做出的《强制执行催告书》和《限期缴纳税款通知书》,在性质上属于纳税争议,L县农信社必须先缴纳税款及滞纳金后方可先行提起行政复议,对复议仍不服的才能提起行政诉讼。然而,L县农信社既没有依法缴纳税款及滞纳金,也没有提起行政复议,人民法院便对本案的纳税争议进行了司法审查并判决撤销已做出的税务文书,属于程序违法。

3. 人民法院观点

根据《税收征收管理法》第八十八条的规定,纳税争议的"先缴税后复议再诉讼"程序规则仅适用于纳税义务人、扣缴义务人和纳税担保人三类主体。然而在本案中,L县农信社并未取得涉案土地的合法使用权,不是涉案土地的实际使用人或代管人,其不是法律意义上涉案土地的纳税人、扣缴义务人和纳税担保人，故税务机关不应要求L县农信社在提起本案诉讼前适用《税收征收管理法》第八十八条关于缴税及复议前置程序的规定。在C县地税局、C县地税局第一分局做出的被诉税收征缴行为明显侵害L县农信社的合法权益的情况下，L县农信社可以选择申请行政复议或提起行政诉讼。

一审法院经审理认为C县地税局及地税一分局做出的被诉《责令限期改正通知书》、《限期缴纳税款通知书》、《强制执行催告书》和《税收强制执行决定书》主要证据不足，适用法律错误，依法判决全部撤销。

C县地税局及地税一分局不服一审判决，向H省第二中级人民法院提起上诉。二审法院经审理后做出了驳回上诉、维持原判的判决。C县地税局最终退还了其强制执行L县农信社的全部税款及滞纳金。

《税务处理决定书》不适用复议前置程序的示例 [1]

1. 基本情况

H市国家税务局稽查局（以下简称T稽查局）于2015年1月12日向H市锦程经贸有限公司（以下简称锦程公司）做出H市稽国税处（2015）1号《税务处理决定书》，并于当日送达锦程公司法定代表人。主要内容如下："我局（所）于2013年12月24日至2014年2月21日对你（单位）2010年1月1日至2012年12月31日涉税情况进行检查，违法事实及处理决定如下：一、违法事实……二、处理决定……（三）限期补缴增值税44 904.57元，并处以50%罚款22 452.29元；限期补缴企业所得税37 522.71元，并处以50%的罚款18 761.36元。（四）纳税人未按规定缴纳税款的，从滞纳税款之日起按日加收滞纳

---

[1] 2017年10月13日摘自中国裁判文书网。

税款万分之五的滞纳金。限你（单位）自收到本决定之日起15日内到H市国家税务局直属分局征收大厅将上述税款及滞纳金缴纳入库。你（单位）若同我局（所）在纳税上有争议，必须先依照本决定的期限缴纳税款及滞纳金或者提供相应的担保，然后可自上述款项缴清或者提供相应担保被税务机关确认之日起六十日内依法向H市国家税务局申请行政复议。"

锦程公司于2015年3月12日缴纳税款82 427.28元、滞纳金37 609.07元，同日申请行政复议。H市国家税务局做出《不予受理行政复议申请决定书》。锦程公司起诉T稽查局，认为其已经履行复议前置程序，请求撤销T稽查局做出的《税务处理决定书》。T稽查局认为，锦程公司未按期缴纳税款、滞纳金，H市国家税务局做出不予受理行政复议申请决定，故锦程公司并未履行行政复议程序，应驳回锦程公司的起诉。

2. 人民法院观点

一审法院认为本案适用行政复议前置程序，故裁定驳回锦程公司的起诉。锦程公司不服，提起上诉。

二审法院认为T稽查局做出的H市稽国税处（2015）1号《税务处理决定书》中出现罚款内容，是一种行政处罚行为，该行为不是《税收征收管理法》第八十八条第一款规定的"纳税人同税务机关在纳税上争议的税收行为"，不受该条款规定的限制，属于行政复议的范围，既可以向复议机关申请复议，也可以直接向人民法院提起诉讼。一审法院对该项处罚内容没有进行认定核实，应当立案而未予立案，故一审裁定认定基本事实及适用法律错误。根据《行政诉讼法》第八十九条第二项的规定，裁定撤销一审法院《行政裁定书》，并指令一审法院法院继续审理。

防控"复议前置"滥用的示例

1. 基本情况[1]

Y市宏宇房地产开发有限责任公司（以下简称宏宇公司），法定代表人为刘某斌。2012年7月12日，宏宇公司将自己开发的S县紫金国际项目A区商铺一层、二层、负一层，面积6 102 m² 无偿过户至刘某斌名下。2013年8月29日，宏宇公司将紫金国际项目B区商铺共17间，面积872.04 m² 无偿过户至刘某斌名下。2014年8月14日，S地税局以案外人陈某平是实际股东对宏宇公司立案进行税费核算稽查，并申请Y永诚立信资产评估联合事务所对上述过户商铺进行价值评估。2014年12月30日，S地税局做出S地税处〔2014〕2号《税务处理决定书》，宏宇公司申请行政复议。2015年5月26日，H省S县人民政府做出S政复决字（2015）第4号《行政复议决定书》，维持H省S地方税务局的处理决定，宏宇公司不服，向H省S县人民法院提起行政诉讼。2015年8月20日，H省S县人民法院以缺乏事实依据、缺乏充分证据支持及无法律依据为由，判决：（1）撤销S县人民政府做出的S政复决字（2015）第4号《行政复议决定书》；（2）撤销S地税局做出的S地税处〔2014〕2号《税务处理决定书》。

2016年3月17日，S地方税务局稽查局（以下简称R稽查局）做出S地税稽处（2016）9-1、2、3号《税务处理决定书》，并以互联网公告形式送达给宏宇公司。2016年5月20日宏宇公司向R稽查局提交纳税担保书和担保财产清单。2016年6月7日，R稽查局做出S地税检通（2016）9-4号《税务事项通知书》，以宏宇公司提供用作担保的房屋产权证明办证程序不合法、部分已由他人先行占用或另行出租给他人经营为由，不予确认为纳税担保抵押物。宏宇公司不服，于2016年6月27日

---

[1] 2017年10月13日摘自中国裁判文书网。

向人民法院提起行政诉讼,要求撤销 R 稽查局做出的 S 地税检通(2016)9-4 号《税务事项通知书》。

2. 裁判结果

一审法院认为,R 稽查局做出的《税务事项通知书》不属于纳税争议,行政复议非前置程序。判决撤销 R 稽查局做出的 S 地税检通(2016)9-4 号《税务事项通知书》。R 稽查局不服,提起上诉。二审法院经审理后裁定驳回上诉,维持原判。

3. 分析

《税务行政复议规则》第十四条第一项规定:"行政复议机关受理申请人对税务机关下列具体行政行为不服提出的行政复议申请:(一)征税行为,包括确认纳税主体、征税对象、征税范围、减税、免税、退税、抵扣税款、适用税率、计税依据、纳税环节、纳税期限、纳税地点和税款征收方式等具体行政行为,征收税款、加收滞纳金,扣缴义务人、受税务机关委托的单位和个人做出的代扣代缴、代收代缴、代征行为等……"第三十三条规定:"申请人对本规则第十四条第(一)项规定的行为不服的,应当先向行政复议机关申请行政复议;对行政复议决定不服的,可以向人民法院提起行政诉讼。"

本案 R 稽查局做出 S 地税检通(2016)9-4 号《税务事项通知书》为不确认担保的行政行为,不属于纳税争议,行政复议非前置程序,不属于《税务行政复议规则》规定的必须要行政复议前置的行政行为,故对该行为宏宇公司可以选择行政复议或者向法院提起诉讼。R 稽查局提出的对 S 地税检通(2016)9-4 号《税务事项通知书》应当先进行行政复议再提起诉讼的理由,于法无据。

超期缴纳税款未丧失复议权利的示例 [1]

1. 基本情况

Z市地方税务局稽查局（以下简称S稽查局）对N省金尚房地产开发有限公司（以下简称金尚公司）2004年1月1日至2013年12月31日履行纳税义务及代扣代缴义务情况进行了检查，2014年7月16日，S稽查局对金尚公司做出Z地税稽处〔2014〕19号《税务处理决定书》。该决定书认定金尚公司应补缴税款7 539 362.49元，限金尚公司15日内缴纳，并告知：你单位若同我局在纳税上有争议，必须先依照本决定的期限缴纳税款及滞纳金或者提供相应的担保，然后可自上述款项缴清或者提供相应担保被税务机关确认之日起60日内向Z市地方税务局或Z市人民政府申请行政复议。该决定书同月18日送达到金尚公司。同年8月13日，S稽查局又对金尚公司做出Z地税通〔2014〕19号《税务事项通知书》，同日送达。金尚公司分别于同年8月8日、8月15日、8月22日、8月28日、8月29日缴纳了税务处理决定书中的税款和滞纳金。9月11日，金尚公司向Z市地方税务局提起行政复议，9月16日，Z市地税局做出Z地税复不受字〔2014〕1号《不予受理行政复议申请决定书》，以金尚公司未在规定的期限内缴纳税款和滞纳金，而是逾期后才交清税款和滞纳金为由，根据有关法律法规的规定，决定不予受理。金尚公司不服Z市地税局做出的不予受理复议决定，向Z市Y区人民法院提起诉讼。

2. 裁判结果

人民法院认为，《税务行政复议规则》规定，Z市地税局有对金尚公司提出的行政复议申请进行审查并决定是否受理的职权。《行政复议法》第九条规定："公民、法人或者其他组织认为具体行政行为侵犯其合法

---

[1] 2017年10月13日摘自中国裁判文书网。

权益的,可以自知道该具体行政行为之日起六十日内提出行政复议申请;但是法律规定的申请期限超过六十日的除外。"本案金尚公司申请行政复议是在其收到税务处理决定之日起第 55 日提起复议申请的,Z 市地税局应予受理。税务机关没有在税务处理决定中告知如不依照税务机关的纳税决定期限缴纳税款即丧失复议权的后果,没有将应有的权利义务和责任完全告知纳税人,不符合法律救济的原则。金尚公司虽然逾期缴纳税款和滞纳金,但仍在《行政复议法》规定的 60 日内提起了复议申请,Z 市地税局做出的《不予受理行政复议申请决定书》适用法律不正确,对该决定书应予撤销。根据《行政诉讼法》第五十四条第(二)项 2 目的规定,经人民法院审判委员会讨论决定,判决撤销 Z 市地方税务局 2014 年 9 月 16 日做出的 Z 地税复不受字〔2014〕1 号《不予受理行政复议申请决定书》。

超期申请复议未丧失复议权利的示例[1]

1. 基本情况

N 市国家税务局第三稽查局(以下简称国税稽查三局)于 2014 年 2 月 21 日做出了 Y 国税稽三处〔2014〕5 号《税收处理决定书》,认定 N 亿泰控股集团股份有限公司(以下简称亿泰公司)获取的出口退税应予驳回,应追缴已退税款 25 615 391.31 元。限亿泰公司自收到该决定书之日起 15 日内到 N 市 B 区国家税务局办税服务厅将上述款项及滞纳金缴纳入库,并按照规定进行相关账务调整。亿泰公司可自上述款项缴清或者提供相应担保被税务机关确认之日起 60 日内依法向 N 市国家税务局申请行政复议。2014 年 5 月 22 日,原 N 市对外贸易合作局向商务部递交《关于要求协调解决 N 亿泰控股集团股份有限公司出口退税问题的请示》。2014 年 6 月 3 日,商务部财务司向国家税务总局货物和劳务税司发出

---

[1] 2017 年 10 月 13 日摘自中国裁判文书网。

《关于商情解决N亿泰控股集团股份有限公司出口退税有关问题的函》。2014年7月30日、9月22日，原N市对外贸易合作局和N经济技术开发区管委会共同向N市人民政府报送《关于要求协调N亿泰控股集团股份有限公司出口退税有关问题的请示》。国税稽查三局于2014年11月28日将Y国税稽三处〔2014〕5号《税收处理决定书》对亿泰公司进行了留置送达。2014年12月起，N市商务委员会、N经济技术开发区管委会有关领导多次与N市国家税务局及国税稽查三局协调沟通。2015年3月11日，亿泰公司向N市国家税务局牟某光局长提交了《关于请求解决我公司出口退税问题的情况汇报》。2015年9月10日，亿泰公司向国税稽查三局递交了《法律意见书》。2015年9月23日，税务部门通过中国工商银行N市分行扣划了亿泰公司25 615 391.31元。亿泰公司于2015年11月9日向N市国家税务局提出行政复议申请，要求撤销国税稽查三局做出的处理决定。2015年11月13日，N市国家税务局做出Y国税复通字（2015）第2号《行政复议补正通知》，告知亿泰公司于2015年11月20日前补正材料。亿泰公司于2015年11月27日向N市国家税务局递交了补正材料。N市国家税务局于2015年11月20日做出Y国税复不受（2015）2号《行政复议不予受理决定书》，认为亿泰公司未在法定期限内提出复议申请，决定不予受理。

亿泰不服N市国家税务局做出的税务行政复议决定，于2015年12月1日向N市江东区人民法院提起行政诉讼。

2. 裁判结果

一审人民法院认为，根据《行政复议法》第十二条第二款"对海关、金融、国税、外汇管理等实行垂直领导的行政机关和国家安全机关的具体行政行为不服的，向上一级主管部门申请行政复议"的规定，对国税稽查三局做出的处理决定，亿泰公司可以向N市国家税务局提起行政复议。

亿泰公司认为，国税稽查三局做出的处理决定未进行送达，且送达回证上没有见证人的签名。本院认为，虽然见证人没有在送达回证上签名，但N市国家税务局方提供的视频资料可以反映出国税稽查三局已将该决定文书向亿泰公司方进行了送达，亿泰公司方从此时起已应当知道处理决定的内容，因此，可以视为已送达。

亿泰公司认为其提起行政复议超期有正当理由，本院认为，根据"行为必有救济"的原则，行政机关做出的行政决定应当告知当事人相关提起救济的权利，且该告知内容应当是明确的，不能产生其他理解。本案中，国税稽查三局在做出的行政决定中，告知当事人：必须先缴纳税款及滞纳金或者提供担保，然后可自上述款项缴清或者提供相应担保被税务机关确认之日起60日内依法向N市国家税务局申请行政复议。因国税稽查三局未明确告知提起行政复议的具体起算点，致使亿泰公司方对提起行政复议的起算点产生误解，即认为可自款项缴清之日起60日内申请行政复议。因行政机关对复议期限交代不明导致超出提起行政复议期限的，可以认定其提起行政复议超期有正当理由。同时，本院认为，行政复议相关法律、法规规定了提起行政复议的期限，其目的是督促行政相对人及时行使复议救济权，即"权利不得沉睡"，对于不及时主张救济的，若超过复议期限则不应给予其提起行政复议的资格。但本案中，亿泰公司在国税稽查三局做出处理决定及送达之后，多次通过原N市对外贸易合作局（N市商务委员会）、N经济技术开发区管委会向税务部门反映情况、提出意见，且原N市对外贸易合作局（N市商务委员会）、N经济技术开发区管委会亦要求亿泰公司等待协调处理结果，直至亿泰公司出口退税款被税务部门强行扣划。由此可以看出，在该段时间，亿泰公司系在积极主动地行使自己的救济权利，可以认定其提起行政复议超期有正当理由,其提起行政复议的期限应当自其出口退税款被税务部门扣划之次日即 2015 年 9 月 24 日起算。亿泰公司于 2015 年 11 月 9 日向市国税局提出行政复议申请,并没有超出 60 日的提起行政复议的期限,因此,N 市国家税务局认定亿泰公司超出复议期限并做出不予受理决定系认定事实、适用法律错误。依照《行政诉讼法》第七十条第(一)项、第(二)项的规定,判决:(1)撤销 N 市国家税务局于 2015 年 11 月 20 日做出的 Y 国税复不受(2015)2 号《行政复议不予受理决定书》。(2)N 市国家税务局于本判决生效之日起 15 日内重新做出受理决定。

国税稽查三局不服一审判决,向 Z 省 N 市中级人民法院提起上诉,但国税稽查三局既未在指定的期限内预交上诉案件受理费,又未提出缓交、减交、免交申请。二审法院裁定,本案按国税稽查三局撤回上诉处理。后国税稽查三局向 Z 省 N 市中级人民法院提起再审申请,再审法院裁定由其提审,但截至 2017 年 11 月 1 日还未在中国裁判文书网上检索到本案再审后的裁判文书,本案的最终裁判结果仍需等待。

风险防控提示

税务行政复议前置的情形

税务行政复议前置指的是在税务争议发生之后,需先进行税务行政复议,在经过税务行政复议程序后,如果行政相对人仍不服,可提起税务行政诉讼,而不能不经过复议程序直接向人民法院提起税务行政诉讼。需要税务行政复议前置的情形主要有:

(1)纳税人、扣缴义务人及纳税担保人对税务机关做出的征税行为,包括确认纳税主体、征税对象、征税范围、减税、免税及退税、适用税率、计税依据、纳税环节、纳税期限、纳税地点以及税款征收方式等具体行政行为和征收税款、加收滞纳金及扣缴义务人、受税务机关委托征收的单位做出的代扣代缴、代收代缴行为。

（2）税务机关不予依法办理或者答复的行为，包括：不予审批减免税或者出口退税、不予抵扣税款、不予退还税款。

注意"双重前置"规定

《税收征收管理法》第八十八条规定：纳税人、扣缴义务人、纳税担保人同税务机关在纳税上发生争议时，必须先依照税务机关的纳税决定缴纳或者解缴税款及滞纳金或者提供相应的担保，然后可以依法申请行政复议；对行政复议决定不服的，可以依法向人民法院起诉。该条涉及两种税务救济途径，即税务行政复议和税务行政诉讼。注意，在复议前置之前，又规定了缴纳税款或提供担保前置，即当事人必须先依照税务机关的纳税决定缴纳或者解缴税款及滞纳金或者提供相应的担保，才能申请税务行政复议。

准确把握复议申请期限

根据《行政复议法》的规定，行政复议申请期限为60日，期限起点为知道具体行政行为之日；同时，允许法律规定长于60日的申请期限；因不可抗力或者其他正当理由耽误法定申请期限的，申请期限自障碍消除之日起继续计算。即：

税务行政复议申请期限 = 起算日 +60日 + 因不可抗力或者被申请人设置障碍等原因被耽误时间 + 因不当驳回耽误的时间。

其中，起算日的确定最为重要，其确定方法如下：

1. 知道之日

申请人可以在知道税务机关做出具体行政行为之日起60日内提出行政复议申请。因不可抗力或者被申请人设置障碍等原因耽误法定申请期限的,申请期限的计算应当扣除被耽误时间。关于知道之日,有做出之日、签收之日、签名之日、公告期满之日、收到通知之日及证明知道之日等情形。

税务机关做出具体行政行为,依法应当向申请人送达法律文书而未送达的,视为该申请人不知道该具体行政行为。同时,税务机关做出的具体行政行为对申请人的权利、义务可能产生不利影响的,应当告知其申请行政复议的权利、税务行政复议机关和行政复议申请期限,否则可视为未履行法定程序送达。

2. 履行期限届满之日

申请人依法申请税务机关履行法定职责,税务机关未履行且有履行期限规定的,自履行期限届满之日起计算行政复议申请期限。

3. 税务机关收到申请满60日

申请人依法申请税务机关履行法定职责,税务机关未履行且没有履行期限规定的,自税务机关收到申请满60日起计算行政复议申请期限。

4. 缴清税款和滞纳金或者所提供的担保得到做出具体行政行为的税务机关确认之日

申请人对税务机关的征税行为不服申请行政复议的,必须依照税务机关根据法律、法规确定的税额、期限,先行缴纳或者解缴税款和滞纳金,或者提供相应的担保,才可以在缴清税款和滞纳金以后或者所提供的担保得到做出具体行政行为的税务机关确认之日起 60 日内提出行政复议申请。

关于不当驳回耽误的时间,《税务行政复议规则》规定:"上级税务机关认为税务行政复议机关驳回行政复议申请的理由不成立的,应当责令限期恢复受理。税务行政复议机关审理行政复议申请期限的计算应当扣除因驳回耽误的时间。"

5. 注意复议期限的限制

以《税务处理决定书》为例,《国家税务总局关于修订"税务处理决定书"式样的通知》(国税函〔2008〕215 号)规定,规范的《税务处理决定书》应该载明"自收到本决定书之日起____日内到____将上述税款及滞纳金缴纳入库""你(单位)若同我局(所)在纳税上有争议,必须先依照本决定的期限缴纳税款及滞纳金或者提供相应的担保,然后可自上述款项缴清或者提供相应担保被税务机关确认之日起六十日内依法向____申请行政复议",实践中,"自收到本决定书之日起____日内"所填写的限定期限一般为 15 日。

由以上规定可以发现,其表述的内在逻辑为:若不按照规定缴纳税款及滞纳金或者以提供担保代替,行政复议申请将不予受理,而缴纳或者提供担保的期限一般只是限定的"15 日"。在此前提下,对于不能按期缴纳或者提供担保的纳税人,在 15 日的限期过后提起行政复议,复议机关对该申请将不予受理,该复议程序实际将不能启动。

6. 复议期限的实际延长

以《税务处理决定书》为例,11 月 1 日收到送达的《税务处理决定书》，要求 15 日内缴清税款及滞纳金，纳税人于 11 月 15 日缴清；按照一般规定，11 月 1 日即为知道具体行政行为之日，本应成为申请期限的起算点；而按照上述纳税争议税务行政复议的规定，复议申请期限起点为 11 月 15 日（即缴清之日），申请期限得到了实际的延长。

又如，纳税人如在限定的 15 日内提出纳税担保申请，税务机关通常需要一段时间对纳税担保进行确认，经确认后可自"确认之日"起 60 日内申请复议，相比于"知道具体行政行为之日"，申请期限同样得到了实际的延长。

准确把握复议审理期限

税务行政复议审理期限 = 受理申请之日 + 60 日 + 延期时间 + 补正申请材料所用时间 + 现场勘验所用时间 + 对有关依据处理期间 + 对有关依据处理期间 + 几种复议中止期间。

1. 受理申请之日

对符合规定的行政复议申请，自行政复议机构收到之日起即为受理。受理行政复议申请，应当书面告知申请人。税务行政复议机关收到行政复议申请以后未按照规定期限审查并做出不予受理决定的，视为受理。

2. 属 60 日内的几个期限

税务行政复议机关收到行政复议申请以后，应当在 5 日（"5 日"一律不包括法定节假日）内审查，决定是否受理；行政复议机构应当自受理行政复议申请之日起 7 日（"7 日"也一律不包括法定节假日）内，将行政复议申请书副本或者行政复议申请笔录复印件发送被申请人；被申请人应当自收到申请书副本或者申请笔录复印件之日起 10 日内提出书面答复，并提交当初做出具体行政行为的证据、依据和其他有关材料。

3. 延期时间

税务行政复议机关应当自受理申请之日起 60 日内做出行政复议决定。情况复杂,不能在规定期限内做出行政复议决定的,经税务行政复议机关负责人批准,可以适当延期,并告知申请人和被申请人;但是延期不得超过 30 日。

4. 补正申请材料所用时间

行政复议申请材料不齐全、表述不清楚的,行政复议机构可以自收到该行政复议申请之日起 5 日内书面通知申请人补正。补正申请材料所用时间不计入行政复议审理期限。

5. 现场勘验所用时间

行政复议机构认为必要时,可以调查取证。需要现场勘验的,现场勘验所用时间不计入行政复议审理期限。

6. 对有关规定处理期间

申请人在申请行政复议时,依据税务行政复议规则一并提出对有关规定的审查申请,税务行政复议机关对该规定有权处理的,应当在 30 日内依法处理;无权处理的,应当在 7 日内按照法定程序逐级转送有权处理的行政机关依法处理,有权处理的行政机关应当在 60 日内依法处理。处理期间,中止对具体行政行为的审查。

7. 对有关依据处理期间

税务行政复议机关审查被申请人的具体行政行为时,认为其依据不合法,本机关有权处理的,应当在 30 日内依法处理;无权处理的,应当在 7 日内按照法定程序逐级转送有权处理的国家机关依法处理。处理期间,中止对具体行政行为的审查。

8. 几种复议中止期间

行政复议期间,遇有作为申请人的公民死亡,其近亲属尚未确定是否参加行政复议等9种情形之一的,行政复议中止。行政复议中止的原因消除以后,应当及时恢复行政复议案件的审理。

准确把握行政复议其他相关期限

1. 行政复议中止导致终止的期限

作为申请人的公民死亡,其近亲属尚未确定是否参加行政复议的;作为申请人的公民丧失参加行政复议的能力,尚未确定法定代理人参加行政复议的;作为申请人的法人或者其他组织终止,尚未确定权利义务承受人的,因以上这三种情形之一中止行政复议,满60日行政复议中止的原因未消除的,行政复议终止。

2. 纠错期限

行政复议期间税务行政复议机关发现被申请人和其他下级税务机关的相关行政行为违法或者需要做好善后工作的,可以制作《行政复议意见书》。有关机关应当自收到《行政复议意见书》之日起60日内将纠正相关行政违法行为或者做好善后工作的情况报告税务行政复议机关。

3. 申请人重新做出具体行政行为的期限

税务行政复议机关责令被申请人重新做出具体行政行为的,被申请人应当在60日内重新做出具体行政行为;情况复杂,不能在规定期限内重新做出具体行政行为的,经税务行政复议机关批准,可以适当延期,但是延期不得超过30日。

4.起诉期限

对应当先向税务行政复议机关申请行政复议，对行政复议决定不服再向人民法院提起行政诉讼的具体行政行为，税务行政复议机关决定不予受理或者受理以后超过行政复议期限（60日内或90日内）不做答复的，申请人可以自收到不予受理决定书之日起或者行政复议期满之日起15日内，依法向人民法院提起行政诉讼。

另外，申请人不服复议决定的，可以在收到复议决定书之日起15日内向人民法院提起诉讼。申请人直接向人民法院提起诉讼的，应当在知道做出具体行政行为之日起6个月内提出。

链接1 类似案例统计

经对中国裁判文书网判例统计，2010年至2017年11月1日，全国涉及人民法院认为"须复议前置但复议机关决定不予受理的，当事人可以起诉原具体行政行为"的仅有广东省茂名市中级人民法院（2015）茂中法行终字第49、50号《行政判决书》（不排除部分类似案件未上传到数据库）。（2015）茂中法行终字第49号《行政判决书》指出，纳税人在3月4日收到《税务处理决定书》后，积极配合补缴税款，向税务机关提出由个人提供纳税担保，并于5月19日申请行政复议；复议机关于5月22日以纳税人未能按照限定期限缴纳税款及滞纳金或者提供担保为由对复议申请不予受理。人民法院认为，"法律、法规规定的行政复议前置程序，侧重保护行政相对人的合法权益，穷尽行政救济方式，只要提出了行政复议的申请，即可满足规定的程序条件。法律及相关司法解释并没有对此做出必须先行经过行政复议实体审查的强制性规定。虽复议机关对被上诉人的复议申请做出了不予受理决定，但纳税人在其诉求未得到救济的情况下向法院提起行政诉讼，并无不妥"，最终受理了行政诉讼案件。

需要注意，上述案件仅是个例，对属于复议前置却未实际经过复议程序的案件，绝大多数人民法院均判决驳回起诉。鉴于此，纳税人对税务行政复议期限应当予以重视。

链接2　相关法律规定

"复议前置"的依据来自《行政诉讼法》，其第四十四条规定，对属于人民法院受案范围的行政案件，公民、法人或者其他组织可以先向行政机关申请复议，对复议决定不服的，再向人民法院提起诉讼；也可以直接向人民法院提起诉讼。

法律、法规规定应当先向行政机关申请复议，对复议决定不服再向人民法院提起诉讼的，依照法律、法规的规定。

由上述第四十四条的规定可知，复议前置是指行政相对人对法律、法规规定的特定具体行政行为不服，在寻求法律救济途径时，应当先选择向行政复议机关申请行政复议，而不能直接向人民法院提起行政诉讼；如果经过行政复议之后行政相对人对复议决定仍有不服，才可以向人民法院提起行政诉讼。

《税收征收管理法》第八十八条第一款规定："纳税人、扣缴义务人、纳税担保人同税务机关在纳税上发生争议时，必须先依照税务机关的纳税决定缴纳或者解缴税款及滞纳金或者提供相应的担保，然后可以依法申请行政复议；对行政复议决定不服的，可以依法向人民法院起诉。"由此可知，立法上对因征税行为引起的纳税义务争议设置了复议前置条件。

《税务行政复议规则》第三条规定："本规则所称税务行政复议机关

（以下简称行政复议机关），指依法受理行政复议申请、对具体行政行为进行审查并做出行政复议决定的税务机关。"第十四条规定："行政复议机关受理申请人对税务机关下列具体行政行为不服提出的行政复议申请：（一）征税行为，包括确认纳税主体、征税对象、征税范围、减税、免税、退税、抵扣税款、适用税率、计税依据、纳税环节、纳税期限、纳税地点和税款征收方式等具体行政行为，征收税款、加收滞纳金，扣缴义务人、受税务机关委托的单位和个人做出的代扣代缴、代收代缴、代征行为等。（二）行政许可、行政审批行为。（三）发票管理行为，包括发售、收缴、代开发票等。（四）税收保全措施、强制执行措施。（五）行政处罚行为：1.罚款；2.没收财物和违法所得；3.停止出口退税权。（六）不依法履行下列职责的行为：1.颁发税务登记；2.开具、出具完税凭证、外出经营活动税收管理证明；3.行政赔偿；4.行政奖励；5.其他不依法履行职责的行为。（七）资格认定行为。（八）不依法确认纳税担保行为。（九）政府信息公开工作中的具体行政行为。（十）纳税信用等级评定行为。（十一）通知出入境管理机关阻止出境行为。（十二）其他具体行政行为。"

根据《最高人民法院关于执行〈行政诉讼法〉若干问题的解释》第三十三条第一款"法律、法规规定应当先申请复议，公民、法人或者其他组织未申请复议直接提起诉讼的，人民法院不予受理"的规定，法院不予受理。

11 股权转让被撤销申请退税风险败诉案

基本案情[1]

2012年9月5日，T市天琴医药包装有限公司（以下简称天琴公司）、金数码公司及科瑞欣公司在A省T市签订《股权收购协议书》等文件，约定天琴公司将其持有的天洋公司70%股权转让给金数码公司，同时金数码公司将其拥有的新药左旋奥硝唑氯化钠（葡萄糖）注射液的批准文号等所有的知识产权权益变更到天洋公司名下。2012年9月21日在工商行政主管部门办理股权转让变更登记手续后，金数码公司于2012年9月25日给付了天琴公司3 566万元股权转让金。T市地税局依据《国家税务总局关于贯彻落实企业所得税法若干税收问题的通知》（国税函〔2010〕79号）的规定，征收天琴公司股权转让企业所得税及滞纳金7 147 289.45元。

---

[1] 2017年10月17日摘自中国裁判文书网。

后天琴公司以金数码公司违反《股权收购协议书》的约定，认为其对所谓的新药左旋奥硝唑氯化钠（葡萄糖）注射液并不拥有任何知识产权，其行为显属欺诈为由，向T市人民法院提起民事诉讼，要求撤销天琴公司与金数码公司签订的《股权收购协议书》。T市人民法院以该股权转让显失公平为由，于2014年3月4日做出〔2013〕T民一初字第01606号《民事判决书》，判决撤销了天琴公司与金数码公司于2012年9月5日签订的《股权收购协议书》。宣判后，天琴公司与金数码公司均未上诉。天琴公司按照与金数码公司于2014年2月27日签订的《协议书》约定，于2014年3月17日支付4 300万元给金数码公司。2015年7月14日，天琴公司以T市人民法院判决撤销了天琴公司与金数码公司于2012年9月5日签订的《股权收购协议书》为由，向T市地税局提出退税申请。T市地税局于2015年9月16日做出《关于不能退还企业所得税的批复》，天琴公司不服，向C市地税局申请行政复议，C市地税局于2015年12月31日做出C地税复决字〔2015〕1号《行政复议决定书》，复议决定维持《关于不能退还企业所得税的批复》。天琴公司遂提起行政诉讼。人民法院经审理判决：驳回天琴公司的诉讼请求。

税企争议焦点

纳税人天琴公司观点

2012年天琴公司与金数码公司签订了《股权收购协议书》和《技术转让协议书》，按照协议，天琴公司将持有的70%天洋公司股权作价3 916万元转让给金数码公司，之后天琴公司向T市地税局缴纳税金及滞纳金合计7 147 289.45元。2014年3月4日，A省T市人民法院以〔2013〕T民一初字第01606号《民事判决书》撤销了天琴公司与金数码公司的《股权收购协议书》。天琴公司通过T市人民法院向金数码公司返还股权收购款并给付相应利息以及金数码公司派驻管理人员的报酬合计4 300万元。按照法律规定，天琴公司向金数码公司出让股权的行为被人民法院依法撤销，该协议以及股权转让行为自始无效，T市地税局根据该协议以及股权转让行为收取的税费失去依据，应予退还。天琴公司向T市地税局申请退还税费被拒绝后，依法向C市地税局提起行政复议，C市地税局决定维持T市地税局《关于不能退还企业所得税的批复》。C市地税局、T市地税局的上述行为严重损害了天琴公司的经济利益，亦不符合法律规定。请求：（1）撤销C市地税局做出的C地税复决字〔2015〕1号《行政复议决定书》；（2）撤销T市地税局2015年9月16日做出的《关于不能退还企业所得税的批复》。

C市地税局、T市地税局观点

（1）T市地税局对天琴公司转让天洋公司70%股权所得价款征收企业所得税及逾期缴税加收的滞纳金计7 147 289.45元有充分的事实和法律依据。因为，天琴公司股权转让不仅有书面合同，而且按照合同约定实际履行了支付价款和办理工商变更登记手续，转让方取得了股权转让收入，依照《企业所得税法》的规定应当缴纳企业所得税，由于没有及时申报缴纳应纳税款，应当加收滞纳金。T市地税局的征收企业所得税及逾期加收滞纳金的行为完全符合法律规定。

（2）天琴公司申请退还依法征收的企业所得税及滞纳金没有事实和法律依据。征收企业所得税是根据股权转让协议约定及履行的结果，如果因为一方原因或者过错导致股权转让协议被撤销，相对方依法应通过要求对方赔偿损失主张权利，要求税务机关退还依法征收的税款是没有法律依据的。税务机关无论实施征税行为或退税行为都需要具备充分的法律法规依据。从天琴公司的账务处理情况看，2014年3月，双方撤销原股权转让合同，实施了4 300万元高价回购，实质上是一个新的交易事项。

（3）从 C 市地税局掌握的本案天琴公司与金数码公司于 2014 年 2 月 27 日签订的《协议书》及其所载明的内容看，其是通过协商方式确定双方的权利义务，通过人民法院判决的形式帮助双方实现协商目标。《协议书》约定的有关通过人民法院判决撤销股权转让协议而申请退税并且退税成功平分、产生费用均摊等内容显然有恶意串通损害国家利益的嫌疑。

（4）T 市地税局做出《关于不能退还企业所得税的批复》及 C 市地税局的行政复议行为程序正确。

综上，请求人民法院依法维持 T 市地税局做出的《关于不能退还企业所得税的批复》和 C 市地税局的复议决定，驳回天琴公司的诉讼请求。

本案争议焦点

根据税企双方意见，可以将本案的焦点归纳为：股权收购协议被撤销能否作为申请退税事由。

人民法院裁判观点

根据《税收征收管理法》的规定，各级地税机关负责其征收范围内的地方税收征收管理工作。税收的开征、停征、以及减税、免税、退税、补税，依照法律法规的规定执行。在中华人民共和国境内，企业和其他取得收入的组织为企业所得税的纳税人。

本案天琴公司、金数码公司及科瑞欣公司签订了《股权收购协议书》，约定天琴公司将其持有的天洋公司 70% 股权转让给金数码公司。

金数码公司也按约定支付了 3 566 万元股权转让价款给天琴公司，T 市地税局向天琴公司征收股权转让企业所得税及滞纳金 7 147 289.45 元，事实清楚，符合法律规定。后 T 市人民法院判决撤销了天琴公司与金数码公司于 2012 年 9 月 5 日签订的《股权收购协议书》，天琴公司向 T 市地税局提出退税申请。该请求是否属于 T 市地税局退还天琴公司已缴纳的企业所得税的法定情形？

《税收征收管理法》第二条规定，税收的开征、停征、以及减税、免税、退税、补税，依照法律的规定执行；法律授权国务院规定的，依照国务院制定的行政法规的规定执行。目前税收征收管理法律法规规定的退税情形中没有关于股权转让协议被撤销后，应退回之前所缴纳的企业所得税的规定。

本案中，虽然 T 人民法院判决撤销了天琴公司与金数码公司签订的《股权收购协议书》，从合同法规定上来看，该协议以及股权转让行为自始无效。股权收购双方应互相返还，或向对方赔偿损失。但从行政法律关系上来讲，合同被撤销或有效与否不是决定税款是否退还的关键，退税要于法有据。天琴公司向 T 市地税局书面提出退还企业所得税的申请，T 地税局做出《关于不能退还企业所得税的批复》，其答复在合理期限内。C 市地税局收到天琴公司的行政复议申请后，做出行政复议决定并依法送达，该行政复议符合法定程序。天琴公司在庭审中阐述的《国家税务总局关于纳税人收回转让的股权征收个人所得税问题的批复》（国税函〔2005〕130 号）中所述的退税，不符合本案的情形。

综上，T 市地税局于 2015 年 9 月 16 日做出的《关于不能退还企业所得税的批复》认定事实清楚，程序合法，适用法律、法规正确，人民法院予以支持；C 市地税局于 2015 年 12 月 31 日做出的《行政复议决定书》合法，人民法院予以支持。天琴公司的诉讼请求于法无据，人民法院不予支持。依照《行政诉讼法》第六十九、第七十九条，《最高人民法院关于适用〈中华人民共和国行政诉讼法〉若干问题的解释》（法释〔2015〕9号）第九、第一百一十条之规定，人民法院判决驳回天琴公司的诉讼请求。

税务律师解析

合同无效的相关法律规定

1. 相关规定

《中华人民共和国合同法》第五十二条规定，有下列情形之一的，合同无效：

（1）一方以欺诈、胁迫的手段订立合同，损害国家利益；
（2）恶意串通，损害国家、集体或者第三人利益；
（3）以合法形式掩盖非法目的；
（4）损害社会公共利益；
（5）违反法律、行政法规的强制性规定。

第五十六条规定，无效的合同或者被撤销的合同自始没有法律约束力。合同部分无效，不影响其他部分效力的，其他部分仍然有效。

2. 无效合同的一般特征

（1）违法性。一般而言无效合同都具有违法性，它们大都违反了法律或行政法规的强制性规定，损害了国家利益、社会公共利益。无效合同的违法性表明此类合同不符合国家意志和立法目的，所以，国家对此类合同实行干预，使其不发生法律效力。

（2）自始无效。自始无效，就是合同从订立时起，就没有法律约束力，以后也不会转化为有效合同。由于无效合同从本质上违反了法律规定，因此，国家不承认此类合同的效力。对于已经履行的，应当通过返还财产、折价补偿、赔偿损失等方式使当事人的财产恢复到合同订立前的状态。

本案中，天琴公司完成股权交易、取得收入，并已完税。但是由于《股权收购协议书》被人民法院依法撤销，该协议自始无效。

申请退税的相关法律依据

退税权，又称退还请求权，是指在纳税人履行纳税义务的过程中，由于征税主体对纳税人缴纳的全部或部分款项没有法律依据，因而纳税人可以请求予以退还的权利。

《税收征收管理法》第五十一条规定，纳税人超过应纳税额缴纳的税款，税务机关发现后应当立即退还；纳税人自结算缴纳税款之日起三年内发现的，可以向税务机关要求退还多缴的税款并加算银行同期存款利息，税务机关及时查实后应当立即退还；涉及从国库中退库的，依照法律、行政法规有关国库管理的规定退还。

《税收征收管理法实施细则》第七十八条规定，税务机关发现纳税人多缴税款的，应当自发现之日起10日内办理退还手续；纳税人发现多缴税款，要求退还的，税务机关应当自接到纳税人退还申请之日起30日内查实并办理退还手续。《税收征收管理法》第五十一条规定的加算银行同期存款利息的多缴税款退税不包括依法预缴税款形成的结算退税、出口退税和各种减免退税。退税利息按照税务机关办理退税手续当天中国人民银行规定的活期存款利率计算。

《税收征收管理法实施细则》第七十九条规定，当纳税人既有应退税款又有欠缴税款的，税务机关可以将应退税款和利息先抵扣欠缴税款；抵扣后有余额的，退还纳税人。

同时《中华人民共和国海关法》第六十三条、《进出口关税条例》第五十二条和第五十三条、《船舶吨税暂行条例》第十七条、《进口货物征税管理办法》第五十九条和第六十条等对纳税人的退税权问题也有所规定，但都是针对纳税人多缴税款申请退税的规定，暂没有规定其他情形下纳税人的退税权。只有国税函〔2005〕130号文件中对纳税人收回转让股权申请退还个人所得税的情形做了相关规定。

但是可以看出，以上规定只规定了纳税人多缴、误缴时向征税机关要求返还所缴税款的权利。国税函〔2005〕130号文件也仅是针对纳税人收回转让的股权征收个人所得税问题的批复。

股权收购协议被撤销能否作为申请退税事由

申请退税要求具备法律依据，目前税收征收管理法律法规规定的退税情形中没有关于股权转让协议被撤销后，应退回之前所缴纳的企业所得税的规定。本案中天琴公司要求退税于法无据，因此其退税要求未得到税务机关和法院的支持。但是，这并不意味税务机关不予退税是合理的。

本税案中，天琴公司实际上未获得股权，也未因此而获利，那么其缴纳企业所得税就成了一种不必要行为，也就是说，天琴公司缴纳企业所得税的法律原因消失了。《税收征收管理法》第三条规定的"退税"，是指国家依法对纳税人已纳税款的退还，即国家为鼓励纳税人从事或扩大某种经济活动而给予的税款退还，通常包括出口退税、再投资退税、复出口退税、溢征退税等多种形式的税收优惠、奖励的行为。而本案属于返还不应缴纳的税款，不是《税收征收管理法》第三条所指的"退税"。虽然目前我国法律法规并没有规定纳税人因《股权收购协议》被撤销而享有税收返还请求的权利，但是站在纳税人权利保护的角度来说，本案人民法院的相关判决值得商榷。

示例与分析

1. 基本情况[1]

2014年10月16日，第三人陈某在A省F恒大旭日汽车贸易有限公司（销货单位）购买汽车一辆。2014年10月31日，陈某将车辆购置税纳税申报表、居民身份证、机动车销售统一发票的报税联及发票联、车辆合格证等材料递交给Y市国家税务局，申请缴纳车辆购置税。Y市国家税务局在对陈某递交的材料进行查核后，根据征收系统自动确定了该车辆的最低计税价格为868 000元，按规定征收车辆购置税税款86 800元，Y市国家税务局于2014年10月31日做出（142）G国现00804226《中华人民共和国税收缴款书（税务收现专用）》：纳税人陈某缴纳丰田牌／TOYOTACA6522UE5一车的车辆购置税86 800元。恒信公司认为上述车辆事实上已由恒信公司出卖给了其他客户，Y市国家税务局对陈某提供的纳税申报材料没有进行认真审核，Y市国家税务局出具的税收缴款书没有合法依据且侵害了恒信公司的合法权益，遂向Y市Y区人民法院提起行政诉讼，Y市Y区人民法院受理审理后判决驳回恒信公司的诉讼

---

[1] 2017年10月17日摘自中国裁判文书网。

请求。恒信公司不服提起上诉，二审法院判决撤销一审判决及Y市国家税务局税收缴款决定。

2. 裁判结果

（1）一审判决认为，《中华人民共和国车辆购置税暂行条例》第一条规定，"在中华人民共和国境内购置本条例规定的车辆的单位和个人，为车辆购置税的纳税人"，本案中，机动车销售统一发票的报税联及发票联"购货单位（人）"栏目中明确记载：陈某，故应认定陈某为车辆购置税的纳税人。另外，根据车辆购置税征收管理的相关规定，纳税人办理纳税申报时应如实填写《车辆购置税纳税申报表》，同时还应提供纳税人身份证明、车辆价格证明、车辆合格证明等资料；主管税务机关应对纳税申报资料进行审核，确定计税依据，征收税款，核发完税证明等。本案中，作为纳税人的陈某，于2014年10月31日将车辆购置税纳税申报表、居民身份证、机动车销售统一发票的报税联及发票联、车辆合格证等资料递交给Y市国家税务局，Y市国家税务局作为主管税务机关，在对陈某提供的纳税申报资料进行审核后，出具《税收缴款书》给陈某，Y市国家税务局的这一行政行为符合法定程序，并无不当，应予维持。恒信公司提供的证据并不能证明第三人陈某向Y市国家税务局递交的纳税申报资料是虚假的，其诉讼请求无事实和法律依据，应予驳回。综上所述，依照《行政诉讼法》第六十九条的规定，判决驳回恒信公司的诉讼请求。

（2）二审法院审理查明，恒信公司提供的恒大公司2016年9月20日出具的情况说明和H市国家税务局2016年9月20日出具的附有备注说明的《发票开票明细查询——机动车销售发票》共同证明了陈某所持有的涉讼发票不具备真实性。二审法院认为，虽然陈某依据法律规定的程序提交了纳税申报材料，Y市国家税务局在对上述材料进行了审查之后依法出具税收缴款书并征收了税款，但因为纳税申报材料中的涉讼发票的真实性已被恒信公司所提供的相反证据所否定，即陈某在本案中所申请缴纳税款的基础前提已被否定，因此Y市国家税务局出具缴款书的行政行为并不具备合法性，应予以撤销。恒信公司请求本院撤销（142）G国现00804226《中华人民共和国税收缴款书（税务收现专用）》的主张理由正当，本院予以支持。Y市国家税务局和一审第三人的答辩主张理由不成立，本院不予支持。一审判决认定主要事实清楚，但对关键证据陈某提供的涉讼发票的认定不当，导致判决结果不当，本院依法予以撤销。依照《行政诉讼法》第八十九条第一款第（二）项之规定，判决如下：（1）撤销Y市Y区人民法院（2016）G0902行初13号《行政判决书》；（2）撤销Y市国家税务局于2014年10月31日做出的（142）G国现00804226《中华人民共和国税收缴款书（税务收现专用）》。

风险防控提示

合同判定无效后是否仍被课税

（1）合同判定无效后，因一方当事人无法返还原物而向对方支付的折价补偿，即使所得方没有取得额外的收益，但由于其交付的实物因折价返还而转变成货币形式，就这个层面而言，其通过交付行为所取得的经济利益已经实现，因此依然存在课税的可能性。

（2）对于合同无效、经济上有效的情形，税务机关仍应对所得方取得的经济利益予以课税。例如，对于无资质从事建筑施工劳务的行为，虽然属于无效的民事行为，但其经济上的效果依然存在，且其从事劳务而取得的工程款为法律所保护，则合同无效不影响已成立的税收之债的效力。而对于合同、经济均无效的情形（如法院收缴收益），则不属于课税的范围。

（3）对于违法以及违反道德或善良风俗的行为所产生的收益，只要满足课税要素，可以对其征税。因为这些收益的取得，提高了违法者经济上的支付能力和纳税能力，如果对其不予征税，显然不公平。我国采取的是没收违法所得的做法，而在征税上不做要求。

合同判定无效后能否进行税前扣除

税法通常不关注合同交易收益的合法性，但这并不意味着合法性不作为纳税的考量因素。

现行《企业所得税法》及其实施条例中，规定了税前扣除的相关性原则和合理性原则，却没有明确提及合法性原则，也没有非法支出不得扣除的规定。

《财政部 国家税务总局关于企业手续费及佣金支出税前扣除政策的通知》（财税〔2009〕29号）中"企业应与具有合法经营资格中介服务企业或个人签订代办协议或合同，并按国家有关规定支付手续费及佣金。除委托个人代理外，企业以现金等非转账方式支付的手续费及佣金不得在税前扣除。企业为发行权益性证券支付给有关证券承销机构的手续费及佣金不得在税前扣除"的规定，则通过强调支付对象的合法资质，避开了对具体民事行为的法律定性，更加符合现行税法的要求。

个人股权转让的个人所得税纳税义务

根据《中华人民共和国个人所得税法》及其实施条例以及《股权转让所得个人所得税管理办法（试行）》（国家税务总局公告2014年第67号发布）的规定，个人转让境内企业股权的，转让方为个人所得税的纳税义务人，受让方为个人所得税的扣缴义务人，两主体应履行的个人所得税纳税义务要素如下：

1. 纳税申报

在个人股权转让交易过程中，发生以下情形之一的，纳税人、扣缴义务人产生纳税申报的程序性义务，应当在下列事项成就的次月15日前向被转让企业所在地税务机关进行纳税申报：

（1）受让方已支付或部分支付股权转让价款的；
（2）股权转让协议已签订生效的；
（3）受让方已经实际履行股东职责或者享受股东权益的；
（4）国家有关部门判决、登记或公告生效的；
（5）该办法第三条第四至第七项行为已完成的；
（6）税务机关认定的其他有证据表明股权已发生转移的情形。

2. 扣缴税款

股权受让方向个人转让方支付股权转让价款时，应当依照税法规定的转让方个人所得税应纳税所得额在股权转让价款中扣收，并依照《中华人民共和国个人所得税法》第九条的规定于扣收税款的次月15日之前上缴主管税务机关。

解除股权协议不缴个税的情形

《国家税务总局关于纳税人收回转让的股权征收个人所得税问题的批复》（国税函〔2005〕130号），共有两条，规定如下：

"一、根据《中华人民共和国个人所得税法》（以下简称个人所得税法）及其实施条例和《中华人民共和国税收征收管理法》（以下简称征管法）的有关规定，股权转让合同履行完毕、股权已作变更登记，且所得已经实现的，转让人取得的股权转让收入应当依法缴纳个人所得税。转让行为结束后，当事人双方签订并执行解除原股权转让合同、退回股权的协议，是另一次股权转让行为，对前次转让行为征收的个人所得税款不予退回。

二、股权转让合同未履行完毕，因执行仲裁委员会做出的解除股权转让合同及补充协议的裁决、停止执行原股权转让合同，并原价收回已转让股权的，由于其股权转让行为尚未完成、收入未完全实现，随着股权转让关系的解除，股权收益不复存在，根据个人所得税法和征管法的有关规定，以及从行政行为合理性原则出发，纳税人不应缴纳个人所得税。"

根据国税函〔2005〕130号文件第一条的规定，以下股转协议解除的情形，个人转让方不发生个人所得税纳税义务：

1.股权转让协议未履行完毕，双方主动解除协议

根据上述规定，股权转让协议未履行完毕有两个因素，一是股权是否已做变更登记，二是股权转让所得是否实现，具体情形如下：

（1）款项支付完成，但尚未完成股权变更登记；
（2）股权变更登记完成，但款项尚未支付完成；
（3）款项支付和股权变更均未完成的情形。

2.股权转让协议未履行完毕，但因仲裁、人民法院裁判等原因解除

根据国税函〔2005〕130号文件第二条的规定，在履行股权转让协议的过程中，股权转让协议尚未履行完毕的情形具体如下：

（1）款项支付完成，但尚未完成股权变更登记；

（2）股权变更登记完成，但款项尚未支付完成；

（3）款项支付和股权变更均未完成的情形。

链接　解除土地出让合同已缴纳契税是否退还相关案例

2010年8月17日，N市国土资源局（以下简称N市国土局）发布公告，决定以挂牌方式出让N书城东侧1#地块，坐落位置为J区，北至惊驾路、西至滨江大道、东至J北路，出让面积为10 676平方米。2010年9月20日，N太平洋恒业房地产开发有限公司（以下简称太平洋公司）竞得上述地块的国有建设用地使用权。同日，太平洋公司与N市国土局签订《国有建设用地使用权出让合同》（以下简称《出让合同》），N市国土局交付了上述土地。2010年11月4日，太平洋公司注册成立全资子公司N太平洋富天投资有限公司（以下简称投资公司）。

2010年11月18日，N市国土局与投资公司签订了改签合同，将上述土地的受让方变更为投资公司。此后，投资公司向J区地税局缴纳了契税人民币7 494 552元、土地使用税人民币627 215元。2014年12月5日，N市仲裁委员会做出〔2014〕甬仲裁字第210号裁决书，裁决内容包括：解除投资公司与N市国土局于2010年9月20日签订的《出让合同》；N市国土局扣除20%定金人民币49 963 680元，退还投资公司土地出让金人民币199 854 720元；投资公司支付的契税人民币7 494 552元、土地使用税人民币500 000元，由投资公司向N市地方税务局申请退税，N市国土局予以协助。2014年12月19日，投资公司向N市J区财政局书面申请退还土地出让金契税。2015年1月12日，投资公司向J区地税局书面申请退回已缴纳的土地使用税、契税。2015年1月20日，J区地税局对投资公司做出答复，认定根据《中华人民共和国契税暂行条例》第一、第二、第八条以及《中华人民共和国城镇土地使用税暂行条例》第二、第三、第八条,投资公司与N市国土局签署《出让合同》并受让取得N书城1#地块使用权后,应当依法缴纳契税和土地使用税,解除《出让合同》不影响合同解除前纳税义务的发生与履行,不属于退税事由,因此,决定不予退还投资公司已缴纳的N书城东侧1#地块土地使用税和土地出让契税。

投资公司不服J区地税局的答复,于2015年3月4日向J区政府申请行政复议。同日J区政府受理,并通知J区地税局提交书面答复。2015年4月10日,J区政府召开听证会。2015年4月26日,J区政府做出《行政复议决定书》(甬东复决字(2015)2号),认为J区地税局的答复认定事实清楚,证据确凿,适用依据正确,程序合法,内容适当,根据《行政复议法》第二十八条第一款第一项的规定,决定予以维持。

一审法院认为,投资公司已缴纳受让土地的契税和土地使用税。投资公司与N市国土局依法解除《出让合同》的情形,不属于J区地税局退还投资公司已缴纳的契税和土地使用税的法定情形。《国家税务总局关于办理期房退房手续后应退还已征契税的批复》(国税函〔2002〕622号)、《国家税务总局关于无效产权转移征收契税的批复》(国税函〔2008〕438号)、《Z省实施〈中华人民共和国契税暂行条例〉办法》第十一条等所涉之情形,不能适用。投资公司于2015年1月12日向J区地税局书面申请退还契税及土地使用税,J区地税局于同年1月20日做出书面答复,其答复在合理期限内。J区政府于2015年3月4日收到投资公司的行政复议申请,同年4月10日召开听证会,同年4月26日做出行政复议决定并依法送达,该行政复议符合法定程序。综上,J区地税局于2015年1月20日所做答复认定事实清楚、程序合法、适用法律、法规正确,予以支持;J区政府于2015年4月26日所做《行政复议决定书》合法，予以支持。投资公司的诉讼请求于法无据，不予支持。依照《行政诉讼法》第六十九条、第七十九条之规定，判决驳回投资公司的诉讼请求。

二审法院认为，投资公司基于土地出让合同解除主张退还契税和土地使用税，不符合退还契税和土地使用税的法定情形。投资公司认为，在法无明文规定的情况下，应参照引用《国家税务总局关于办理期房退房手续后应退还已征契税的批复》（国税函〔2002〕622号）、《国家税务总局关于无效产权转移征收契税的批复》（国税函〔2008〕438号）、《Z省实施〈中华人民共和国契税暂行条例〉办法》第十一条等规章及规范性文件。二审法院认为，上述规范性文件本身不适用于本案，而且对于权属已经转移的情形，上述文件也没有体现可以退还契税的精神。本案中，涉案土地使用权已经完成权属登记，权属已经转移，故根据税收法定原则，结合上述文件精神，J区地税局不退还契税并无不妥。投资公司缴纳土地使用税期间为涉案土地的实际使用权人，投资公司主张退还已缴纳的土地使用税于法无据，二审法院不予支持。投资公司于2015年1月12日向J区地税局书面申请退还契税及土地使用税，J区地税局于同年1月20日做出书面答复，J区地税局的答复在合理期限内，程序合法。做出被诉答复行为认定事实清楚，适用法律正确，程序合法。

J区政府于2015年3月4日收到投资公司的行政复议申请，同年4月10日召开听证会，同年4月26日做出行政复议决定并依法送达，该行政复议符合法定程序。J区政府做出被诉行政复议决定认定事实清楚，适用法律正确，程序合法。

综上，二审法院认为，一审判决认定事实清楚，适用法律、法规正确，审判程序合法。投资公司上诉理由不足，本院不予支持。据此，依照《行政诉讼法》第八十九条第一款第（一）项的规定，判决如下：驳回上诉，维持原判。

从上述裁判案例可以看出，土地出让合同的解除并不必然意味着土地受让方可以申请退还已缴纳的契税，判定已缴契税是否能够退还需考虑不动产权属变更是否发生及其效力状态。如果受让方与出让方未完成不动产权属变更，即受让方尚未取得不动产权利，则双方解除合同后受让方已缴纳契税应当予以退还；如果受让方已经取得不动产权属，但由于法院、仲裁机构判定其取得不动产权属的行为自始无效，则受让方已经缴纳的契税应当予以退还。

需要注意：依据《国家税务总局关于公布全文失效废止和部分条款废止的税收规范性文件目录的公告》（国家税务总局公告2016年第34号），本案裁判文书中提到的《国家税务总局关于办理期房退房手续后应退还已征契税的批复》（国税函〔2002〕622号）自2016年5月27日起全文废止。

12 一并起诉处理、处罚决定风险败诉案

基本案情[1]

根据 J 市地税局稽查局于 2012 年 5 月 31 日起对理工大 2009 年 1 月 1 日至 2010 年 12 月 31 日期间履行纳税义务情况的检查结果并经重大税务案件审理程序，J 市地税局于 2014 年 8 月 15 日做出 J 地税处〔2014〕1 号《税务处理决定书》，认定：理工大 2009 年少申报缴纳企业所得税 3 709 990.99 元，其中，房屋租金收入少申报缴纳企业所得税 433 670.36 元，技术贸易收入少申报缴纳企业所得税 3 276 320.63 元；2010 年少申报缴纳企业所得税 5 461 767.60 元，其中，房屋租金收入少申报缴纳企业所得税 483 417.94 元，技术贸易收入少申报缴纳企业所得税 4 978 349.66 元。理工大 2009 年少代扣代缴个人所得税 4 151 772.29 元，2010 年少代扣代缴个人所得税 4 146 356.80 元。J 市地税局根据《企业所得税法》

---

[1] 2017 年 10 月 21 日摘自中国裁判文书网。

第一至第五条以及《企业所得税法实施条例》第三条的规定,做出处理决定:理工大应补缴 2009 年少申报缴纳的企业所得税 3 709 990.99 元、2010 年少申报缴纳的企业所得税 5 461 767.60 元。根据《中华人民共和国个人所得税法》(以下简称《个人所得税法》)第一、第二、第三、第六、第八条以及《国家税务总局关于贯彻〈中华人民共和国税收征收管理法〉及其实施细则若干具体问题的通知》(国税发〔2003〕47 号)第二条第三款的规定,做出处理决定:责成理工大对 2009 年少代扣代缴个人所得税 4 151 772.29 元、2010 年少代扣代缴个人所得税 4 146 356.80 元进行补扣补缴。根据《税收征收管理法》第三十二条的规定,对理工大 2009 年房屋租金收入少申报缴纳企业所得税 433 670.36 元、2010 年房屋租金收入少申报缴纳企业所得税 483 417.94 元,从税款滞纳之日起按日加收滞纳税款万分之五的滞纳金。限理工大自收到该决定书之日起 15 日内到 J 新区地方税务局将上述税款及滞纳金缴纳入库,并进行相关账务调整。逾期未缴,将依法强制执行。并告知理工大若同 J 市地税局在纳税上有争议,必须先依照该决定的期限缴纳税款或者提供相应的担保,然后可自上述款项缴清或者提供相应担保被税务机关确认之日起 60 日内依法向 J 市人民政府或 H 省地方税务局申请行政复议。理工大未对该处理决定申请行政复议。

J 市地税局于 2014 年 8 月 18 日送达了《税务行政处罚事项告知书》,并根据 J 市地税局稽查局于 2012 年 5 月 31 日起对理工大立案调查的情况,于 2014 年 9 月 5 日做出了 J 地税罚〔2014〕1 号《税务行政处罚决定书》,认定理工大存在偷税和未履行扣缴义务的税收违法行为。认定理工大存在的偷税行为有:2009 年房屋租金收入少申报缴纳企业所得税 433 670.36 元,2010 年房屋租金收入少申报缴纳企业所得税 483 417.94 元。理工大存在的未履行扣缴义务的违法行为有:2009 年少代扣代缴个人所得税 4 151 772.29 元,2010 年少代扣代缴个人所得税 4 146 356.80

元。认定该违法事实的主要证据为：（1）当事人组织机构代码证、事业单位法人证书复印件；（2）当事人税务登记证复印件；（3）财务报表、相关账页及凭证复印件；（4）公证书原件；（5）解放农行取得利息发放清单摄像资料光盘1张。J市地税局根据《税收征收管理法》第六十三条第一款的规定，认定理工大的违法行为已构成偷税，被查期间偷税税款占应纳税款比例为7.52%，参照《H省地税系统〈中华人民共和国税收征收管理法〉行政处罚裁量标准（试行）》第六十三条裁量阶次，理工大违法行为属"严重违法行为"。根据处罚与教育相结合的原则，为实现法律效果和社会效果的统一，经J市地税局重大案件审理委员会集体研究决定，参照《H省地税系统〈中华人民共和国税收征收管理法〉行政处罚裁量标准（试行）》第四条的规定，将裁量阶次降一格为"一般违法行为"，决定对理工大偷税917 088.30元的违法行为处不缴或少缴税款60%的罚款，罚款金额为550 252.98元。J市地税局根据《税收征收管理法》第六十九条的规定，认定理工大应扣未扣、应收未收税款占被查期间应扣或应收税款的比例为59.11%，参照《H省地税系统〈中华人民共和国税收征收管理法〉行政处罚裁量标准（试行）》第六十九条裁量阶次，理工大违法行为属"严重违法行为"，经市地税局重大案件审理委员会集体研究决定，决定对理工大少代扣代缴个人所得税8 298 129.09元处1.01倍的罚款，罚款金额为8 381 110.38元。

理工大于2014年9月11日收到该《税务处理决定书》和《税务行政处罚决定书》。2014年10月30日，理工大向H省地方税务局申请行政复议，请求撤销J地税罚〔2014〕1号《税务行政处罚决定书》。同日，H省地方税务局受理了理工大申请的行政复议，后于2014年12月25日做出了Y地税复决字〔2014〕3号《行政复议决定书》，决定维持了该处罚决定。理工大于2014年12月26日收到该复议决定后向人民法院提起行政诉讼，一审法院判决撤销《税务行政处罚决定书》，要求J市地税局重新做出行政行为，并驳回理工大要求撤销《税务处理决定书》的诉讼请求。一审判决后理工大及 J 市地税局均提起上诉，二审法院最终裁定撤销一审行政判决，驳回理工大的起诉。

税企争议焦点

纳税人理工大观点

（1）《企业所得税法实施条例》第八十五条以及《财政部、国家税务总局关于非营利组织企业所得税免税收入问题的通知》（财税〔2009〕122 号）之规定违反了《中华人民共和国立法法》（以下简称《立法法》）和《企业所得税法》的规定，国税发〔2003〕47 号文件之规定违反了《立法法》和《税收征收管理法》的规定，应按照《立法法》的规定予以变更或者撤销。

①《企业所得税法实施条例》第八十五条规定："企业所得税法第二十六条第（四）项所称符合条件的非营利组织的收入，不包括非营利组织从事营利性活动取得的收入，但国务院财政、税务主管部门另有规定的除外。"该规定违反了上位法《企业所得税法》第二十六条"企业的下列收入为免税收入：……（四）符合条件的非营利组织的收入"的规定。《企业所得税法实施条例》明显对《企业所得税法》的规定做出了缩小性的解释，按照《立法法》的规定，应为违法解释。《财政部、国家税务总局关于非营利组织企业所得税免税收入问题的通知》（财税〔2009〕122 号）中明确，其制定规范性文件的依据是《企业所得税法》及其实施条例，但该文件对《企业所得税法》和《企业所得税法实施条例》中非营利组织的免税收入做出了进一步缩小解释，已经超越了财政部、国家税务总局的权限，严重违反了上位法的规定。故请求对上述行政法规

及规范性文件的合法性进行审查。

②《税收征收管理法》第六十九条规定:"扣缴义务人应扣未扣、应收而不收税款的,由税务机关向纳税人追缴税款,对扣缴义务人处应扣未扣、应收未收税款百分之五十以上三倍以下的罚款。"而国税发〔2003〕47号文件第二条关于扣缴义务人扣缴税款问题规定:"扣缴义务人违反征管法及其实施细则规定应扣未扣、应收未收税款的,税务机关除按征管法及其实施细则的有关规定对其给予处罚外,应当责成扣缴义务人限期将应扣未扣、应收未收的税款补扣或补收。"国家税务总局的上述规范性文件违反了《税收征收管理法》相关规定,单方面减少税务机关的追缴义务,属减少本部门法律职责,应予改变或者撤销。故请求对该规范性文件的合法性进行审查。

(2) J市地税局依据违反上位法的规范性文件做出的税务处理决定及税务行政处罚决定应予撤销。J市地税局做出《税务处理决定书》及《税务行政处罚决定书》的法律依据为《企业所得税法》第一至第五条以及《企业所得税法实施条例》第三条之规定。理工大作为非营利性组织,其取得的收入为免税收入。退一步讲,即便J市地税局依据《企业所得税法实施条例》第八十五条认定理工大取得的房屋租金和技术贸易收入应当申报缴纳企业所得税,也应举证证明。实际上,理工大作为国家备案的非营利性组织,其完全符合《企业所得税法实施条例》第八十四条,依据《企业所得税法》第二十六条符合条件的非营利组织的收入为免税收入之规定,理工大取得的房屋租金和技术贸易收入为免税收入。而J市地税局并没有任何证据证明理工大系不符合《企业所得税法》第二十六条第(四)款及《企业所得税法实施条例》第八十四条规定的非营利组织。理工大取得的收入除用于与地税有关的、合理的支出外,全部用于登记核定或者章程规定的公益性或者非营利性事业及教学费用支出，没有进行过任何的利润分配，不能仅仅依据理工大出租房屋和提供技术服务就认定理工大进行营利性活动。理工大作为非营利组织取得的上述收入为免税收入，J 市地税局所做的《税务处理决定书》和《税务行政处罚决定书》法律依据不足，缺乏证据支持，均应予以撤销。另外，国家和各地为促进高校发展，在多个法律及地方法规中均对高校应享受的税收优惠政策做出了规定。

（3）J 市地税局认定理工大具有代扣代缴义务存在法律主体认定错误，责成扣缴义务人限期将应扣未扣、应收未收的税款补扣或补收决定适用的规范性文件应予改变或者撤销，由此做出的税务处理决定及税收处罚决定应予撤销。《个人所得税法》第八条规定："个人所得税，以所得人为纳税义务人，以支付所得的单位或者个人为扣缴义务人。"从法律关系上看，理工大并不是扣缴义务人。2009 年 9 月 29 日，工会接受理工大教职工的委托，与解放农行签订《委托贷款委托合同》，约定解放农行向确定的借款人发放委托贷款，并约定委托贷款利息由借款人向受托人支付。协议中非常清楚地讲明，借款人系工会，贷款人系解放农行，在向理工大教职工支付利息时，均是由解放农行及工会支付。而工会由于人员较少、对财务不太熟悉等原因，每次计算利息时都是委托理工大的财务人员计算并提供给解放农行，但并不能因此将扣缴义务转移至理工大。理工大与解放农行签订的贷款协议中，约定理工大支付利息的对象是解放农行，不是理工大教职工。工会及解放农行均系独立于理工大的机构，J 市地税局以理工大支付利息未代扣代缴个人所得税构成违法为由，做出《税务处理决定书》属于代扣代缴义务人的法律主体认定错误，J 市地税局据此做出《税务行政处罚决定书》认定理工大未履行代扣代缴义务进行处罚，显然错误。另外，J 市地税局认为理工大教职工取得的利息是否需要缴纳个人所得税，是与税务处理决定相关的法律关系不同的另一种法律关系。理工大认为与本案无关，不与争辩。

（4）J市地税局认定理工大教职工所得利息应缴纳个人所得税。理工大与J市地税局在个人所得税上争议的是理工大是否具有代扣代缴义务，理工大教职工所得利息应否缴纳个人所得税是理工大教职工与税务机关产生的法律关系，应由其双方进行辩论，理工大不需要对此进行争辩。

（5）《委托贷款委托合同》的主体是工会和解放农行，利息支付方式在协议中已有明确，理工大在该合同中不是支付主体。《委托贷款借款合同》的主体为理工大与解放农行，该协议明确约定利息的支付人是理工大，接受利息一方为解放农行。J市地税局无视上述法律关系，以发放利息的对象以及数额多少由理工大决定并指令解放农行发放给教职工等，依据《国家税务总局关于个人所得税偷税案件查处中有关问题的补充通知》（国税函发〔1996〕602号）认定理工大为代扣代缴义务人明显错误，因为国税函发〔1996〕602号文件适用于难以确定扣缴义务人的情况。理工大不是代扣代缴义务人，J市地税局对理工大的该项处罚决定应予撤销。

（6）J市地税局认为一审判决维持了处理决定，就说明处理决定没有错误的说法不符合事实。J市地税局对理工大进行处罚的前提是理工大构成偷税行为，并不是税务行政处理，税务处理决定也不当然导致税务处罚。理工大少申报缴纳企业所得税的行为不构成《税收征收管理法》规定的偷税行为。

（7）J市地税局认为一审未查明事实就撤销了处罚决定，理由是理工大对房屋租金的偷税行为没有异议。理工大为非营利组织，其收入应为免税收入。J市地税局认为理工大取得的收入不符合免税收入的前提应当是认定理工大不符合非营利组织的规定。J市地税局提供的证据并不能证明理工大不符合非营利组织的规定，其做出的《税务处理决定书》和

《税务行政处罚决定书》均应予撤销。

J市地税局观点

（1）关于教职工所得利息应否缴纳个人所得税。本案中，工会与解放农行签订的《委托贷款委托合同》和解放农行与理工大签订的《委托贷款借款合同》均表明，工会代表教职工将教职工的款项委托给解放农行将款项借给理工大，解放农行只是委托人角色，真正发生借贷关系的是教职工与理工大，由理工大根据所借教职工款项的多少向特定教职工支付约定利息，而解放农行根据理工大提供人员名单将借款利息发放给教职工，据此，教职工所得利息与储蓄存款利息性质不同，所得利息依法应当缴纳个人所得税。

（2）本案代扣代缴个人所得税义务主体的确定。《个人所得税法》第八条规定："个人所得税，以所得人为纳税义务人，以支付所得的单位或者个人为扣缴义务人。"《国家税务总局关于个人所得税偷税案件查处中有关问题的补充通知》（国税函发〔1996〕602号）第三条规定："认定扣缴义务人的标准为：凡税务机关认定对所得的支付对象和支付数额有决定权的单位和个人，即为扣缴义务人。"本案中，利息的发放对象以及数额均由理工大决定，并且理工大指令解放农行发放给教职工，发放资金来源于理工大账户，发放人员及金额由理工大法定代表人批准（从理工大的财务处理和会计凭证可以看出）。另外，从法律关系上看，解放农行只是受托人，真正的借贷双方为教职工和理工大，所以理工大是个人所得税的扣缴义务人。

（3）从处理决定和处罚决定的关系看，处罚决定以处理决定为基础，二者的对象是一致的。理工大没有对处理决定提出复议申请，一审判决也维持了处理决定，说明处理决定正确。处理决定已经认定"对你单位

2009年少代扣代缴个人所得税4 151 772.29元，2010年少代扣代缴个人所得税4 146 356.80元的行为，责成你单位对该部分个人所得税款进行补扣补缴"，说明理工大存在税收违法行为。

（4）处罚决定有两项内容，即对出租房屋偷税行为的处罚和对应扣未扣个人所得税行为的处罚。理工大对其房屋租金的偷税行为没有异议，一审对该项处罚未做审理即判决撤销显属错误。

（5）理工大无权提出撤销行政处理决定的诉讼请求。《税收征收管理法》第八十八条规定："纳税人、扣缴义务人、纳税担保人同税务机关在纳税上发生争议时，必须先依照税务机关的纳税决定缴纳或者解缴税款及滞纳金或者提供相应的担保，然后可以依法申请行政复议；对复议决定不服的，可以依法向人民法院起诉。"理工大在法定期限内仅就《税务行政处罚决定书》向H省地方税务局提出复议申请，并没有对定性纳税情况的《税务处理决定书》申请复议，因此，理工大对税务机关在纳税上产生的争议无权请求人民法院做出裁判，一审判决第一项正确。

（6）理工大无权提出审查《企业所得税法实施条例》第八十五条以及财税〔2009〕122号文件和国税发〔2003〕47号文件的合法性的请求。《企业所得税法实施条例》等规定不属于具体行政行为，不属于人民法院审理行政案件的审查范围。《行政诉讼法》第五十三条规定："公民、法人或者其他组织认为行政行为所依据的国务院部门和地方人民政府及其部门制定的规范性文件不合法，在对行政行为提起诉讼时，可以一并请求对该规范性文件进行审查。前款规定的规范性文件不含规章。"理工大无权提出撤销处理决定的诉讼请求，也就不能单独就行政行为所依据的规范性文件提起诉讼。况且认定理工大出租房产取得收入不属于免税收入少缴纳企业所得税的依据是《个人所得税法》第一条、第二十六条和

《企业所得税法实施条例》第八十五条，认定理工大偷税的依据是《税收征收管理法》第六十三条，可见，J市地税局对理工大的处罚处罚依据是法律、行政法规，并非规范性文件。

（7）《税务处理决定书》和《税务行政处罚决定书》认定事实清楚、证据确凿、适用法律法规正确，应予维持。

① 理工大将沿街门面房出租给商户收取房租，并非"为学生、教师、学校教学提供后勤服务而取得的租金和服务性收入"，属于从事营利性活动，不符合税收优惠条件，依据《企业所得税法实施条例》第八十五条的规定应缴纳企业所得税。理工大已经办理税务登记证，取得房租收入不申报缴纳企业所得税的行为，依据《最高人民法院关于审理偷税抗税刑事案件具体应用法律若干问题的解释》（法释〔2002〕33号）第二条"……具有下列情形之一的，应当认定为刑法第201条第一款规定的'经税务机关通知申报'：（一）纳税人、扣缴义务人已经依法办理税务登记或者扣缴税款登记的……"之规定，属于经税务机构通知申报拒不申报，不缴或少缴税款，应定性为偷税，依法并处相应罚款正确。

② 理工大2009年、2010年取得的技术贸易收入少申报缴纳企业所得税8 254 670.29元。J市地税局参照《税收征收管理法》第五十二条的规定，只要求理工大补缴税款，不加收滞纳金，不做出处罚。

③ 理工大2009年、2010年少代扣代缴个人所得税8 298 129.09元。J市地税局责令补扣补缴个人所得税款，并对其不履行扣缴义务的违法行为处以1.01倍的罚款，罚款金额为8 381 110.38元。理由如下：其一，税法规定国债利息所得、国家发行的金融债券利息所得和储蓄存款利息所得免征个人所得税，理工大教职工是将存款定向用于理工大建设，并

不是将钱款储蓄在银行,由银行决定贷款对象,因此负有缴纳个人所得税的义务。其二,代扣代缴个人所得税是法定义务,不是税务机关认定的义务。其三,理工大是向个人支付所得的扣缴义务人。原因在于:一是从法律关系上看,解放农行只是受托人,真正的借贷关系的是教职工和理工大。理工大以贷款名义,向教职工行集资之实,解放农行只是理工大集资的平台。二是从事实证据上看,证据资料显示,理工大财务部门计算出应向教职工发放利息的数额,由理工大校长批示同意支付后,指令银行向教职工发放贷款利息,而不是由工会负责人批示或者银行自主决定。解放农行决定不了支付对象、支付数额及支付时间,只是收取一定的手续费,不能因为解放农行向教职工个人账户划入款项的表面现象而混淆扣缴义务主体的认定。

④责令理工大补扣补缴个人所得税具有法律依据。

本案争议焦点

根据税企双方意见,可以将本案的焦点归纳为:纳税人能否在一个行政诉讼中针对不同的行政行为提起诉讼。

人民法院裁判观点

一审法院裁判观点

《税收征收管理法》第八十八条第一款规定,纳税人、扣缴义务人、纳税担保人同税务机关在纳税上发生争议时,必须先依照税务机关的纳税决定缴纳或者解缴税款及滞纳金或者提供相应的担保,然后可以依法申请行政复议;对行政复议决定不服的,可以依法向人民法院起诉。《税收征收管理法实施细则》第一百条规定,《税收征管法》第八十八条规定的纳税争议,是指纳税人、扣缴义务人、纳税担保人对税务机关确定纳税主体、征税对象、征税范围、减税、免税及退税、适用税率、计税依据、纳税环节、纳税期限、纳税地点以及税款征收方式等具体行政行为有异议而发生的争议。理工大对《税务处理决定书》没有申请行政复议,故不可以向人民法院起诉。

《税收征收管理法》第四条第二款规定,法律、行政法规规定负有代扣代缴、代收代缴税款义务的单位和个人为扣缴义务人。第六十三条第一款规定,纳税人不缴或者少缴应纳税款的,是偷税。对纳税人偷税的,由税务机关追缴其不缴或者少缴的税款、滞纳金,并处不缴或者少缴的税款50%以上5倍以下的罚款。《个人所得税法》第八条规定,个人所得税,以所得人为纳税义务人,以支付所得的单位或者个人为扣缴义务人。工会与解放农行签订的《委托贷款委托合同》和解放农行接受工会的委托与理工大签订的《委托贷款借款合同》,其主体、客体和内容不同,是两个不同的法律关系。J市地税局制作的《税务行政处罚决定书》认定理工大未履行扣缴个人所得税义务,主要证据不足。

综上,一审法院认为,理工大要求撤销《税务处理决定书》,没有法律依据,不予支持;要求撤销《税务行政处罚决定书》,理由正当,应予支持。一审法院判决:(1)驳回理工大要求撤销J地税处〔2014〕1号《J地方税务局税务处理决定书》的诉讼请求。(2)撤销J地税罚〔2014〕1号《税务行政处罚决定书》,市地税局重新做出行政行为。

二审法院裁判观点

二审法院认为,人民法院审理行政案件,对行政行为是否合法进行审查,如行政行为的相对人或者利害关系人认为行政行为侵犯其合法权益的,应当对不同的行政行为分别提起诉讼,而不能请求人民法院在同一次诉讼中对不同的行政行为一并进行审查。本案中，理工大不服 J 市地税局做出的《税务处理决定书》以及《税务行政处罚决定书》，要求人民法院撤销 J 市地税局做出的《税务处理决定书》以及《税务行政处罚决定书》。因理工大所诉涉及多个行政行为以及多项诉讼请求，理应分别起诉，故理工大在一份诉状中对不同的行政行为提起诉讼不符合行政案件的起诉条件，其起诉应予驳回。

综上所述，一审合并审理并做出判决缺乏法律依据，应当撤销一审判决，驳回理工大的起诉。依照《行政诉讼法》第八十九条第一款第二项、《最高人民法院关于执行〈中华人民共和国行政诉讼法〉若干问题的解释》第七十九条第（一）项、《最高人民法院关于适用〈中华人民共和国行政诉讼法〉若干问题的解释》第三条第一款第十项的规定，裁定：（1）撤销 JS 区人民法院（2015）S 行初字第 00004 号行政判决；（2）驳回 H 省理工大学的起诉。

税务律师解析

1. "一案一诉"原则

在行政争议中，可能包含不同行政主体或同一行政主体做出的数个行政行为，但是，行政相对人或其他利害关系人提起行政诉讼时，须遵循"一案一诉"的原则，即一个行政行为对应一个行政诉讼，不得在同一案件中对多个行政行为提起诉讼，否则，在人民法院释明但原告仍拒绝变更诉讼请求或拆分案件提出重新起诉时，人民法院应当裁定驳回起诉。

《行政诉讼法》第四十九条规定："提起诉讼应当符合下列条件：

(一）原告是符合本法第二十五条规定的公民、法人或者其他组织；（二）有明确的被告；（三）有具体的诉讼请求和事实根据；（四）属于人民法院受案范围和受诉人民法院管辖。"司法实践中认为，关于"具体的诉讼请求"的规定，涵盖了"一案一诉"原则。

此外，在我国国家赔偿领域，也体现了"一案一诉"的原则，《最高人民法院关于审理行政赔偿案件若干问题的规定》（法发〔1997〕10号）第二十八条规定："当事人在提起行政诉讼的同时一并提出行政赔偿请求，或者因具体行政行为和与行使行政职权有关的其他行为侵权造成损害一并提出行政赔偿请求的，人民法院应当分别立案，根据具体情况可以合并审理，也可以单独审理。"无论对行政行为还是对行政行为引致的行政赔偿提起行政诉讼，人民法院均应单独立案，只是在审理时，可以选择合并审理或单独审理。

需要注意，"一案一诉"与"共同诉讼"并不矛盾。《行政诉讼法》第二十七条规定："当事人一方或者双方为二人以上，因同一行政行为发生的行政案件，或者因同类行政行为发生的行政案件、人民法院认为可以合并审理并经当事人同意的，为共同诉讼。"构成共同诉讼必须具备以下条件：（1）当事人双方至少有一方是两个以上主体，且各为独立的诉讼主体；（2）诉讼标的须为共同，包括同一或同样；（3）由同一人民法院管辖；（4）人民法院认为可以合并审理并经当事人同意。

本税案中，理工大所诉J市地税局做出的《税务处理决定书》和《税务行政处罚决定书》系多个行政行为及多项诉讼请求，理应分别起诉，故理工大在一份诉状中对不同的行政行为提起诉讼不符合行政案件的起诉条件。

2."一案一诉"原则的法律后果

法释〔2015〕9号文件第三条规定:"有下列情形之一,已经立案的,应当裁定驳回起诉:(一)不符合行政诉讼法第四十九条规定的……"。司法实践中,行政相对人的起诉违反"一案一诉"原则,即同一行政诉讼中行政相对人针对数个不同的行政行为起诉时,人民法院一般会向当事人释明,建议其变更诉讼请求或拆分起诉,在当事人拒绝变更或拒绝拆分起诉的情况下,人民法院在一审程序中应当径行裁定驳回起诉、二审程序中裁定驳回上诉、维持原裁定,再审程序中裁定驳回再审申请,而不进行实体审理。

本案中,理工大在一个行政诉讼中针对不同的行政行为提起诉讼,人民法院在二审程序中裁定驳回理工大的起诉。

3.人民法院裁判观点解析

《行政诉讼法》虽然没有在具体的法律条款中规定"一案一诉",但是实践中人民法院对该原则基本予以认可。

例如,《甘某海、S市社会保险事业管理局劳动和社会保障行政管理(劳动、社会保障)二审行政判决书》(Z06行终152号)[1]指出:"一审判决依据上诉人甘某海的诉请做出评判后,对上诉人甘某海受到工伤事故伤害后被上诉人S市社会保险事业管理局对其工伤保险费进行核定的另一行政行为做出评判,有悖于行政案件'一案一诉'的基本审查原则,应予指正。"

又如,《李某权与Y市J地方税务局、Y市地方税务局行政复议二审

---

[1] 2017年10月22日摘自中国裁判文书网。

行政裁定书》[(2016)S09 行终 351 号][1]指出:"上诉人李某权因对 J 县地税局不予退税决定和 Y 市地税局不予受理行政复议申请决定不服,向一审法院提起行政诉讼,该诉讼涉及两个不同的法律关系、涉及两个不同的被告,均应构成独立之诉。现上诉人经一审法院释明后,仍坚持将该不同行政机关的不同行为合并为一个诉讼提起行政诉讼,违反'一案一诉'基本的诉讼原则,亦符合《最高人民法院关于适用〈中华人民共和国共和国行政诉讼法〉若干问题的解释》第三条第一款第三项规定的应当驳回起诉的情形。"

再如,《柯某和与 Y 县人民政府、H 省 Y 县国家税务局行政登记一审行政裁定书》[(2016)E02 行初 45 号][2]指出:"行政案件起诉是否符合法律规定属于程序性要件,只有满足了该要件,法院才能依法对案件进行审理并做出实体裁判。《中华人民共和国行政诉讼法》第四十九条规定:'提起诉讼应当符合下列条件:……(三)有具体的诉讼请求和事实根据;……。'《最高人民法院关于适用〈中华人民共和国行政诉讼法〉若干问题的解释》第二条第一款对于上述规定中'有具体的诉讼请求'进行了归类列举,其中明确'请求判决撤销或者变更行政行为'、'请求确判决确认行政行为违法'、'请求判决行政机关予以赔偿或者补偿'、'请求判决行政机关履行法定职责或者给付义务'属于不同类别的诉讼请求。本案原告一共提起三项诉讼请求,有请求判决撤销行政行为,有请求判决行政机关履行法定职责,还有请求判决确认行政行为违法并要求赔偿。由此可以看出原告柯某和提出的多项诉讼请求涉及的法律关系、主体、客体等方面均存在明显区别,其诉讼请求实质上为多个独立的诉讼,不符合行政诉讼一案一诉的原则,不应作为一案向法院提起诉

---

[1] 2017 年 10 月 22 日摘自中国裁判文书网。
[2] 2017 年 10 月 22 日摘自中国裁判文书网。

讼,而应分别单列向人民法院提起诉讼。经法院释明后,原告柯某和仍坚持三项诉讼请求在一个案件中处理,故其起诉不符合法定条件。"

4. 被依法驳回起诉的案件是否可以再提起诉讼

法释〔2000〕8号文件第四十四条规定:"有下列情形之一的,应当裁定不予受理;已经受理的,裁定驳回起诉:(一)请求事项不属于行政审判权限范围的;(二)起诉人无原告诉讼主体资格的;(三)起诉人错列被告且拒绝变更的;(四)法律规定必须由法定或者指定代理人、代表人为诉讼行为,未由法定或者指定代理人、代表人为诉讼行为的;(五)由诉讼代理人代为起诉,其代理不符合法定要求的;(六)起诉超过法定期限且无正当理由的;(七)法律、法规规定行政复议为提起诉讼必经程序而未申请复议的;(八)起诉人重复起诉的;(九)已撤回起诉,无正当理由再行起诉的;(十)诉讼标的为生效判决的效力所羁束的;(十一)起诉不具备其他法定要件的。

前款所列情形可以补正或者更正的,人民法院应当指定期间责令补正或者更正;在指定期间已经补正或者更正的,应当依法受理。"

第九十七条规定:"人民法院审理行政案件,除依照行政诉讼法和本解释外,可以参照民事诉讼的有关规定。"

《最高人民法院关于适用〈中华人民共和国民事诉讼法〉若干问题的意见》(法释〔2015〕5号)第一百四十二条规定:"裁定不予受理、驳回起诉的案件,原告再次起诉的,如果符合起诉条件的,人民法院应予受理。"

风险防控提示

在理解、掌握驳回起诉和驳回诉讼请求的含义和区别之后，纳税人可有效应对不同裁判结果。

驳回起诉与驳回诉讼请求的含义

1. 驳回起诉

是指人民法院依据程序法的规定，对已经立案受理的案件，在审理过程中，发现原告的起诉不符合规定的起诉条件和人民法院的立案条件而裁定予以驳回的行为。驳回起诉解决的是立案受理后具有程序意义上的诉权问题，它针对的是不符合法律规定的起诉条件的起诉。

根据我国有关法律规定，应当驳回起诉的情形主要有：

（1）《中华人民共和国民事诉讼法》（以下简称《民事诉讼法》）第一百一十九条规定，起诉必须符合下列条件：原告是与本案有直接利害关系的公民、法人或其他组织；有明确的被告；有具体的诉讼请求和事实、理由；属于人民法院受理民事诉讼的范围和受诉人民法院管辖。原告的起诉经人民法院审查认为不符合上述起诉条件，则应当在 7 日内做出裁定书，不予受理；原告对裁定不服的，可以提起上诉。如果法院审理后才确认原告的起诉不符合民诉法规定的起诉条件，则应裁定驳回起诉，而不能再适用裁定不予受理。

（2）原告的起诉经过法院开庭审理程序之后才确认其行为属于《民事诉讼法》第一百二十四条规定的不予受理情形，但原告仍坚持其起诉要求。

2.驳回诉讼请求

是指人民法院对已经立案受理的案件经审理后，发现原告请求人民法院保护的实体权利不符合法律规定的条件，因而对原告的请求不予保护的司法行为，它所要解决的是实体意义上的胜诉权问题，针对的是不符合法律规定的实体请求，用判决的方式做出。

审判实践中，驳回诉讼请求通常适用的情形有：

（1）当事人的诉讼请求没有足够的法律依据或者违反国家法律；

（2）当事人主张实体权利的法律事实在人民法院审理过程中经过质证或查证已被推翻或否定；

（3）当事人实体权利已放弃，如当事人的诉讼请求已经超过法律规定的诉讼时效，同时又不存在诉讼时效中止、中断和延长的法定事由，而对方又以此作为抗辩理由。

驳回起诉与驳回诉讼请求的区别

1.评价对象及结果不同

驳回起诉是对程序意义的诉权做出的裁判，驳回诉讼请求是对实体意义上的诉权（即胜诉权）的裁判。在审判实践中，驳回诉讼请求的案件须将庭审过程全部结束，而驳回起诉的案件，即使有些已进行了开庭审理，因其解决的就是程序问题，所以庭审过程不必完全走完。

2.适用法条及情形不同

驳回起诉适用的条件是当事人的起诉不符合《民事诉讼法》第

一百一十九条的规定和第一百二十四条规定的不予受理情形，但原告仍坚持其起诉要求；驳回诉讼请求适用于当事人的起诉符合《民事诉讼法》第一百一十九条的规定，但其所提供的证据不能证明自己的请求，其起诉缺乏胜诉的证据。

3. 文书处理形式不同

驳回起诉适用裁定的形式，驳回诉讼请求适用判决的形式。

4. 适用法律不同

驳回起诉适用程序法，驳回诉讼请求则程序法、实体法均可适用。

行政复议申请被驳回是否可以起诉

若申请人不服行政复议机关的驳回决定，能否就驳回行政复议申请行为向法院起诉，由被驳回行政复议的具体原因决定。行政复议被驳回有下列情形：

1. 行政复议机关决定驳回行政复议申请

具体包括：

（1）申请人认为行政机关不履行法定职责申请行政复议，行政复议机关受理后发现该行政机关没有相应法定职责或者在受理前已经履行法定职责的；

（2）受理行政复议申请后，发现该行政复议申请不符合行政复议法和《中华人民共和国行政复议法实施条例》规定的受理条件的。

上级行政机关认为行政复议机关驳回行政复议申请的理由不成立的，应当责令其恢复审理。

2.结合被驳回的原因来分析

（1）行政复议机关驳回复议申请或复议请求，如果是由于申请人认为行政机关不履行法定职责申请行政复议，行政复议机关受理后发现该行政机关没有相应法定职责或者在受理前已经履行法定职责，申请人可以就被驳回行政复议行为向法院起诉。

（2）行政复议机关驳回复议申请，如果是因为复议申请不符合受理条件，则申请人不能再向法院起诉。

被驳回行政复议可以起诉的，做出原行政行为的行政机关和复议机关是共同被告。原告只起诉做出原行政行为的行政机关或者复议机关的，人民法院应当告知原告追加被告。原告不同意追加的，人民法院应当将另一机关列为共同被告。

3.法规链接

（1）《行政诉讼法》第二十六条：

　公民、法人或者其他组织直接向人民法院提起诉讼的，做出行政行为的行政机关是被告。

经复议的案件，复议机关决定维持原行政行为的，做出原行政行为的行政机关和复议机关是共同被告;复议机关改变原行政行为的,复议机关是被告。

复议机关在法定期限内未做出复议决定,公民、法人或者其他组织起诉原行政行为的,做出原行政行为的行政机关是被告;起诉复议机关不作为的,复议机关是被告。

两个以上行政机关做出同一行政行为的,共同做出行政行为的行政机关是共同被告。

行政机关委托的组织所作的行政行为,委托的行政机关是被告。

行政机关被撤销或者职权变更的,继续行使其职权的行政机关是被告。

(2)《最高人民法院关于适用〈中华人民共和国行政诉讼法〉若干问题的解释》第六条:

《行政诉讼法》第十六条第二款规定的"复议机关决定维持原行政行为",包括复议机关驳回复议申请或者复议请求的情形,但以复议申请不符合受理条件为由驳回的除外。

《行政诉讼法》第二十六条第二款规定的"复议机关改变原行政行为",是指复议机关改变原行政行为的处理结果。

链接1 类似案例统计

经对中国裁判文书网判例统计,2010年至2017年11月1日,全国涉及"一案一诉"的行政裁判案例有304件,其中涉及税务行政的裁判案例有3件(不排除部分类似案件未上传到数据库)。

链接2 《最高人民法院关于进一步保护和规范当事人依法行使行政诉权的若干意见》

《最高人民法院关于进一步保护和规范当事人依法行使行政诉权的若干意见》(法发〔2017〕25号)出台。该意见一方面强调进一步强化诉权保护意识,保障当事人依法合理行使诉权;另一方面也明确要正确引导当事人依法行使诉权,严格规制恶意诉讼和无理缠诉等滥诉行为。

该意见明确:

(1) 行政诉讼要符合立案条件,比如起诉人与行政行为之间确实没有利害关系等不符合法定起诉条件的,人民法院依法不予立案,但应当向当事人说明不予立案的理由。

(2) 当事人针对行政机关未设定其权利义务的重复处理行为、说明性告知行为及过程性行为提起诉讼的,人民法院依法不予立案。

(3) 要准确把握《行政诉讼法》第二十五条第一款规定的"利害关系"的法律内涵,依法审查行政机关的行政行为是否确与当事人权利义务的增减得失密切相关,当事人在诉讼中是否确实具有值得保护的实际权益,不得虚化、弱化利害关系的起诉条件

(4) 当事人因请求上级行政机关监督和纠正下级行政机关的行政行为,不服上级行政机关做出的处理、答复或者未做处理等层级监督行为提起诉讼,或者不服上级行政机关对下级行政机关做出的通知、命令、答复、回函等内部指示行为提起诉讼的,人民法院在裁定不予立案的同

时，应当告知当事人可以依法直接对下级行政机关的行政行为提起诉讼。

（5）当事人因投诉、举报、检举或者反映问题等事项不服行政机关做出的行政行为而提起诉讼的，人民法院应当认真审查当事人与其投诉、举报、检举或者反映问题等事项之间是否具有利害关系，对于确有利害关系的，应当依法予以立案，不得一概不予受理。对于明显不具有诉讼利益、无法或者没有必要通过司法渠道进行保护的起诉，比如当事人向明显不具有事务、地域或者级别管辖权的行政机关投诉、举报、检举或者反映问题，不服行政机关做出的处理、答复或者未做处理等行为提起诉讼的，人民法院依法不予立案。

（6）要正确区分当事人请求保护合法权益和进行信访之间的区别，防止将当事人请求行政机关履行法定职责当作信访行为对待。当事人因不服信访工作机构依据《中华人民共和国信访条例》做出的处理意见、复查意见、复核意见或者不履行《中华人民共和国信访条例》规定的职责提起诉讼的，人民法院依法不予立案。但信访答复行为重新设定了当事人的权利义务或者对当事人权利义务产生实际影响的，人民法院应当予以立案。

（7）对于当事人明显违反《中华人民共和国政府信息公开条例》立法目的，反复、大量提出政府信息公开申请进而提起行政诉讼，或者当事人提起的诉讼明显没有值得保护的与其自身合法权益相关的实际利益，人民法院依法不予立案。公民、法人或者其他组织申请公开已经公布或其已经知晓的政府信息，或者请求行政机关制作、搜集政府信息或对已有政府信息进行汇总、分析、加工等，不服行政机关做出的处理、答复或者未做处理等行为提起诉讼的，人民法院依法不予立案。

13 税款缴纳风险败诉案

基本案情[1]

2013年8月1日，S荣盛中天房地产开发有限公司（以下简称S荣盛中天公司）向L省S市国税局直属税务分局提出退税申请，理由是S荣盛中天公司非代扣代缴义务人。S市国税局直属税务分局于2013年9月22日做出直属税务登〔2013〕3号不予批准退税决定，决定不予退税。在不予退税决定所附情况说明中指出："根据《国家税务总局关于加强非居民企业股权转让所得企业所得税管理的通知》（国税函〔2009〕698号）第二条之规定，扣缴义务人未依法扣缴或者无法履行扣缴义务的，非居民企业应自合同、协议约定的股权转让之日起7日内，到被转让股权的中国居民企业所在地主管税务机关申报缴纳企业所得税。S荣盛中天公司与荣盛发展公司（注册地在H省L市）和佳永国际公司投资有限公

---

[1] 2017年10月25日摘自中国裁判文书网。

司(以下简称佳永国际公司,注册地在香港)于 2011 年 5 月 30 日签订的股权转让协议及补充协议约定,由 S 荣盛中天公司代为缴纳股权转让涉及的所得税 170 万美元等值的人民币 11 039 290 元。同时,S 荣盛中天公司与佳永国际公司于同日单独签订的代扣代缴所得税合同中也约定由佳永国际公司委托 S 荣盛中天公司代为缴纳该笔股权转让所得税。根据上述两项合同约定的内容,视为扣缴义务人未依法扣缴,应由非居民企业佳永国际公司自行缴纳税款,因佳永国际公司委托 S 荣盛中天公司缴纳该笔税款的协议已生效,且 S 荣盛中天公司已在法律规定的时限内向直属分局缴纳了税款并于 2011 年 6 月 3 日向 S 市国税局申请开具了服务贸易等项目对外支付税务证明,税款缴纳正确无误,因此不予退税。"

S 荣盛中天公司于 2013 年 10 月 25 日向 L 省 S 市国税局申请行政复议,2013 年 10 月 28 日,S 市国税局做出 S 国税复受字〔2013〕5 号《受理行政复议申请通知书》,并于当日送达 S 荣盛中天公司。2013 年 10 月 28 日,S 市国税局做出 S 国税复提答字〔2013〕5 号《行政复议答复通知书》。2013 年 11 月 4 日,S 市国税局直属税务分局向 S 市国税局提交答辩书。

2013 年 12 月 19 日,S 市国税局做出 S 国税复决字〔2013〕2 号《行政复议决定书》,并于 2013 年 12 月 20 日送达 S 荣盛中天公司。行政复议决定查明:S 荣盛中天公司系荣盛发展公司和佳永国际公司共同投资成立的中外合资经营企业,投资总额为 8 000 万美元,注册资本为 8 000 万美元。其中,荣盛发展公司出资 6 000 万美元,占注册资本的 75%;佳永国际公司出资 2 000 万美元,占注册资本的 25%。2011 年 5 月 30 日,佳永国际公司(该协议甲方)与荣盛发展公司(该协议乙方)签订《S 荣盛中天公司股权转让协议》,达成股权转让协议,主要内容包括:甲方同意将其在 S 荣盛中天公司中持有的 25% 股权价值 3 700 万美元转让给乙方，转让协议经双方签字、盖章并报请审批机关批准审批后生效；协议书生效后，乙方在10日内以银行转账方式一次性将3 700万美元缴付给甲方，双方依法向工商行政管理机关办理了变更登记手续。同日，又签署两项协议。其一是：S荣盛中天公司（该协议甲方）、荣盛发展公司（该协议乙方）和佳永国际公司（该协议丙方）三方签署《关于S荣盛中天公司股权转让协议补充协议》，该协议规定：三方同意将股权转让所得税170万美元等值的人民币，由乙方代扣，甲方代缴至指定的税务部门，补充协议自签署日起生效；将"乙方在10日内以银行转账方式一次性将3 700万美元扣除170万美元股权转让所得税后的3 530万美元缴付给佳永国际公司"。其二是：S荣盛中天公司（该协议甲方）与佳永国际公司（该协议乙方）签署《代扣代缴所得税合同》，双方共同确认：由甲方代扣代缴乙方的股权转让所得税，甲方在该合同签署日起的5日内，将乙方的股权转让所得税170万美元的等值人民币（以纳税日中国人民银行公布的汇率为准）缴至指定的税务部门，该合同自签署日起生效。2011年6月1日，S高新技术产业开发区对外贸易经济合作局做出《关于S荣盛中天公司股权转让、撤销批准证书的批复》[S高新外字（2011）131号]，同意此项股权转让。2011年6月3日，S荣盛中天公司提交《扣缴企业所得税合同备案登记表》《代扣代缴所得税合同》等相关材料，向S市国税局直属税务分局申报缴纳税款11 039 290元，取得缴款单位为S荣盛中天公司的《中华人民共和国税款通用缴款书》。完税凭证号码为：（20101）L国缴0977339；隶属关系为：支付单位扣缴预提所得税；备注：代扣代缴正税预缴。《中华人民共和国扣缴企业所得税报告表》（2011年6月1日至2011年6月30日）显示：扣缴义务人为S荣盛中天公司，纳税人为佳永国际公司，代理申报中介机构为荣盛发展公司。S荣盛中天公司的记账凭证（编号：7600000445）载明：代扣代缴佳永股权转让所得税款，会计科目："其他应收款——关联往来（荣盛发展公司总公司）"。2011年6月7日，依S荣盛中天公司申请，S市国税局开具

《服务贸易、收益、经常转移和部分资本项目对外支付税务证明（付汇专用）》，指定银行为建行融汇支行（H省L市）。2011年6月14日，荣盛发展公司向境外汇款228 821 660.00元。2011年6月21日，S市工商管理局高科技产业开发区分局做出《公司变更登记核准通知书》，S荣盛中天公司企业类型由有限责任公司（台港澳与境内合资）变更为有限责任公司（法人独资）。

L省S市国税局做出的行政复议决定认为：S市国税局直属税务分局具有做出具体行政行为的法定职权，其做出的具体行政行为不存在程序违法问题。根据《企业所得税法》第二条第三款、第三条第三款、第三十七条，《企业所得税法实施条例》第一百零四条，《非居民企业所得税源泉扣缴管理暂行办法》（国税发〔2009〕3号文件发布）第三条的规定，2011年佳永国际公司向荣盛发展公司转让S荣盛中天公司25%股权之股权转让企业所得税的纳税人为佳永国际公司，扣缴义务人为荣盛发展公司。根据《非居民企业所得税源泉扣缴管理暂行办法》第七条的规定，扣缴义务人在向非居民企业支付或者到期应支付时，应从支付或者到期应支付的款项中扣缴企业所得税。扣缴义务人扣缴企业所得税后，应当向其主管税务机关依法申报，自代扣之日起7日内缴入国库。扣缴义务人（荣盛发展公司）代缴税款的纳税地点为其主管税务机关（H省L市税务机关）所在地。S荣盛中天公司、扣缴义务人和纳税人共同约定，扣缴义务人代扣税款后由S荣盛中天公司代缴到指定税务部门（L省S市国税局直属税务分局），是对税法理解有误。根据协议约定，S荣盛中天公司代理的是荣盛发展公司的代缴行为，虽然该行为由当事人对税法理解有误导致，但法律未禁止S荣盛中天公司的代缴行为。S荣盛中天公司的代缴行为已导致该纳税义务实际履行，且以该纳税义务履行为前提要件的境外付款义务也已由S荣盛中天公司的委托人荣盛发展公司实际履行。根据《国家税务总局关于贯彻落实企业所得税若干税收问题的通知》（国税函〔2010〕79号）第三条关于股权转让所得税确认问题中"企业转让股权收入，应于转让协议生效、且完成股权变更手续时，确认收入实现"的规定，S市国税局直属税务分局没有证据证明荣盛发展公司未履行代扣代缴义务。S市国税局直属税务分局认（推）定S荣盛中天公司是在荣盛发展公司未依法扣（缴）的情况下，纳税人佳永国际公司自行委托的到被转让股权的中国居民企业所在地主管税务机关申报缴纳企业所得税的代理人，缺少事实依据，其做出的具体行政行为所附《关于对S荣盛中天公司不予退税的情况说明》，适用《国家税务总局关于加强非居民企业股权转让所得企业所得税管理的通知》（国税函〔2009〕698号）第二条的规定，系适用法律有误。S市国税局直属税务分局明知S荣盛中天公司为非扣缴义务人，却出具载明S荣盛中天公司为扣缴义务人的相关文书，其行为不当。根据《行政复议法实施条例》第四十七条第二项、《税务行政复议规则》第七十七条第二项的规定，L省S市国税局做出变更决定：S荣盛中天公司非2011年佳永国际公司向荣盛发展公司转让S荣盛中天公司25%股权之股权转让企业所得税的扣缴义务人，S荣盛中天公司代理的是荣盛发展公司（扣缴义务人）的代缴行为。S荣盛中天公司的代缴行为已导致佳永国际公司2011年股权转让企业所得税纳税义务履行完毕。对S荣盛中天公司代缴的企业所得税税款不予退还。

S荣盛中天公司仍不服，于2014年5月19日向L省S市H区人民法院提起行政诉讼，人民法院判决驳回起诉。

税企争议焦点

纳税人S荣盛中天公司观点

2011年5月30日，佳永国际公司将其持有S荣盛中天公司25%的股权以 3 700 万美元的对价转让给荣盛发展公司。各方签订《代扣代缴所得税合同》，S荣盛中天公司于 2011 年 6 月 3 日代佳永国际公司向 S 市国税局缴纳企业所得税 11 039 290.00 元。嗣后 S 荣盛中天公司了解到，根据《非居民企业所得税源泉扣缴管理暂行办法》第七条的规定，该笔税款的扣缴义务人应为荣盛发展公司，即便是委托 S 荣盛中天公司代缴，也应该向荣盛发展公司所在地（H 省 L 市）的主管税务机关缴纳，为此，S 荣盛中天公司于 2013 年 8 月 1 日向 S 市国税局直属税务分局提出退还已纳税申请，S 市国税局直属税务分局于 2013 年 9 月 22 日依据《国家税务总局关于加强非居民企业股权转让所得税企业所得税管理的通知》第二条的规定，做出不予批准退税的决定。S 荣盛中天公司于 2013 年 10 月 25 日向 S 市国税局申请行政复议，并于 2013 年 12 月 20 日收到 S 国税复决字〔2013〕2 号《行政复议决定书》，确认被申请人适用法律有误，也确认了 S 荣盛中天公司到 L 省 S 市国税局直属税务分局缴纳税款是因为对税法理解有误，但仍做出佳永国际公司纳税义务已经履行完毕，S 荣盛中天公司代缴的所得税不予退还的复议决定。

综上，S 荣盛中天公司认为，S 市国税局做出的 S 国税复决字〔2013〕2 号《行政复议决定书》适用法律错误，严重损害了 S 荣盛中天公司的合法权益，请求人民法院依法判令 S 市国税局撤销 S 国税复决字〔2013〕2 号《行政复议决定书》，并重新做出向 S 荣盛中天公司退还税款 11 039 290.00 元的具体行政行为。

S 市国税局观点

（1）S 市国税局做出具体行政行为具备法定职权。依据《行政复议法》第三条、第十二条第二款、第二十八条，《税务行政复议规则》第三、第十六条的规定，S 市国税局是依法受理税务行政复议申请，对下一级税务机关做出的具体行政行为进行审查并做出行政复议决定的税务行政复议机关。

（2）S市国税局做出具体行政行为具备事实依据。S荣盛中天公司虽非2011年佳永国际公司向荣盛发展公司转让S荣盛中天公司25%股权之股权转让企业所得税的扣缴义务人，代理的是荣盛发展公司（扣缴义务人）的代缴行为，但S荣盛中天公司的代缴行为导致佳永国际公司2011年股权转让企业所得税纳税义务履行完毕，且导致支付人即荣盛发展公司境外付款义务履行完毕。没有S荣盛中天公司的代缴行为，则S市国税局不能开具《服务贸易、收益、经常转移和部分资本项目对外支付税务证明（付汇专用）》，荣盛发展公司不能基于上述证明完成境外汇款228 821 660.00元。在上述行为皆已完成的情况下，S荣盛中天公司要求退税，其请求在事实上已无法达成，在法律上没有程序依据，据此对S荣盛中天公司做出的"对申请人代缴的企业所得税税款不予退还"的具体行政行为证据确凿。

（3）S市国税局做出具体行政行为具备法律依据。根据《企业所得税》第二条第三款、第三条第三款、第三十七条，《企业所得税法实施条例》第一百零四条和《非居民企业所得税源泉扣缴管理暂行办法》第三条的规定，2011年佳永国际公司向荣盛发展公司转让申请人25%股权之股权转让企业所得税的纳税人为佳永国际公司，扣缴义务人为荣盛发展公司。根据《非居民企业所得税源泉扣缴管理暂行办法》第七条的规定，扣缴义务人在向非居民企业支付或者到期应支付时，应从支付或者到期应支付的款项中扣缴企业所得税。扣缴义务人扣缴企业所得税后，应当向其主管税务机关依法申报，自代扣之日起7日内缴入国库。扣缴义务人（荣盛发展公司）代扣税款的纳税地点为其主管税务机关（H省L市税务机关）所在地。根据《行政复议法实施条例》第四十七条第二项、《税务行政复议规则》第七十七条第二项的规定，S市国税局做出具体行政行为适用法律正确。S荣盛中天公司所称"S市国税局做出的具体行政行为适用法律错误,严重损害了 S 荣盛中天公司的合法权益",没有事实和法律依据。

(4) S 市国税局做出具体行政行为符合法定程序。2013 年 10 月 25 日,S 市国税局收到 S 荣盛中天公司复议申请,向 S 荣盛中天公司出具《行政复议申请回执》。2013 年 10 月 28 日,S 市国税局做出 S 国税复受字〔2013〕5 号《受理行政复议申请通知书》,同日向 S 荣盛中天公司送达。2013 年 10 月 29 日,S 市国税局向 S 荣盛中天公司送达 S 国税复答字〔2013〕5 号《行政复议答复通知书》及复议申请书副本,S 荣盛中天公司在收到复议申请书副本后于 2013 年 11 月 4 日给出书面答复。2013 年 12 月 19 日,S 市国税局做出变更决定的具体行政行为即 S 国税复决字〔2013〕2 号《行政复议申请书》,对 S 荣盛中天公司代缴的企业所得税税款不予退还,于 2013 年 12 月 23 日向 S 荣盛中天公司送达,S 市国税局做出的具体行政行为符合法定程序。

综上,S 市国税局做出具体行政行为具备法定职权,具有事实和法律依据,符合法定程序,请求人民法院依法维持。

本案争议焦点

根据税企双方意见,可以将本案的焦点归纳为:税款是否缴纳错误,应当如何处理。

人民法院裁判观点

根据《行政复议法》第三条、第十二条第二款,《税务行政复议规则》第三、第十六条的规定,S 市国税局具有对下级税务机关做出的具体行政行为进行审查并做出复议决定的法定职权。

本案中，S市国税局对S市国税局直属税务分局做出的不予退税决定在结论上予以维持，即对S荣盛中天公司代缴的企业所得税不予退还；但对原具体行政行为的主要事实、适用依据予以变更。

针对S市国税局做出行政复议决定对事实部分的变更，人民法院认为，根据《企业所得税法》第三十七条的规定，佳永国际公司取得的股权转让所得应缴纳的所得税，实行源泉扣缴，以支付人荣盛发展公司为扣缴义务人，税款在扣缴义务人支付股权转让款项时予以扣缴。从S市国税局提供的证据境外付款申请和记账凭证中能够反映出，荣盛发展公司在支付佳永国际公司股权转让所得时已经将应当扣缴的企业所得税部分予以扣除，即荣盛发展公司仅向佳永国际公司支付了3 530万美元等值人民币（股权转让款项3 700万美元扣除税款170万美元），S荣盛中天公司也在荣盛发展公司境外付款之前即代理缴纳了该部分税款。此外，S荣盛中天公司和荣盛发展公司已将缴纳的企业所得税分别记入各自的财务账目，也能够证明S荣盛中天公司是代理的荣盛发展公司的代缴行为。因此，S市国税局直属税务分局认定扣缴义务人荣盛发展公司未依法扣缴股权转让所得税，缺少事实根据和法律依据，且S市国税局直属税务分局出具S荣盛中天公司为扣缴义务人的《扣缴企业所得税报告表》，违反上述关于确定扣缴义务人的法律规定。据此，S市国税局复议决定对S市国税局直属税务分局认定的上述事实予以变更，证据充分。因上述事实的变化，导致S市国税局直属税务分局适用《国家税务总局关于加强非居民企业股权转让所得企业所得税管理的通知》（国税函〔2009〕698号）第二条关于扣缴义务人未履行扣缴义务如何处理的规定，属于适用法律错误。

关于被诉的行政复议决定维持了原不予退税决定结论的问题，根据《税收征收管理法》第五十一条、《税收征收管理法实施细则》第七十八条的规定，税务机关或者纳税人发现多缴税款的可以主动或者依申请予以退还纳税人，本案中，纳税人缴纳的股权转让企业所得税，税款计算准确，并无多缴税款的情形，即使纳税地点因代缴人理解有误，导致向转让股权的中国居民企业所在地税务机关解缴税款，因该笔税款已入国库，纳税人的纳税义务已经完成，且以该纳税义务履行为前置条件的境外付款义务已由荣盛发展公司实际履行，复议机关决定对S荣盛中天公司代缴的企业所得税税款不予退还，符合法律规定。经审查，复议机关做出复议决定履行了受理、调查、告知、决定等法定程序，符合《行政复议法》及其实施条例和《税务行政复议规则》的规定。

综上，S荣盛中天公司要求撤销S市国税局的诉讼请求，没有事实根据和法律依据，人民法院不予支持，予以驳回。依照最高人民法院《关于执行〈中华人民共和国行政诉讼法〉若干问题的解释》（法释〔2008〕8号）第五十六条第四项之规定，人民法院判决驳回S荣盛中天公司的诉讼请求。

税务律师解析

1. 股权转让法律关系

（1）2011年5月30日，佳永国际公司与荣盛发展公司签订《股权转让协议》，佳永国际公司以3700万美元将其在S荣盛中天公司所持有的25%的股权转让给荣盛发展公司。

（2）同日上述三方签订《补充协议》，约定股权转让所得税170万美元由荣盛发展公司代扣，S荣盛中天公司代缴至指定的税务部门。并约定荣盛发展公司于补充协议签署之日起10日内将转让价款（3 700万美元）扣除170万美元股权转让所得税后的3 530美元缴付给佳永国际公司。

（3）S荣盛中天公司与佳永国际公司签订《代扣代缴所得税合同》，双方共同确认：由S荣盛中天公司代扣代缴佳永国际公司的股权转让所得税，S荣盛中天公司应在合同签署之日起5日内将所得税缴至指定税务部门。

（4）2011年6月3日，S荣盛中天公司提交相关资料向S市国税局直属税务分局申报缴纳税款，并取得缴款书，载明扣缴义务人为S荣盛中天公司，代理申报中介机构为荣盛发展公司。

详见图13-1。

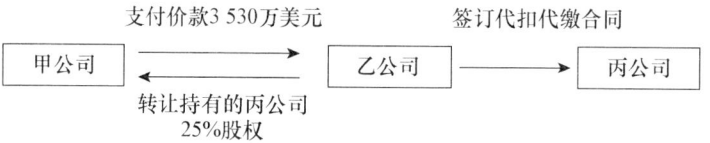

三方协议约定：甲代扣，乙代缴至主管税务机关，甲10日内付（3 700－170）万美元。

图13-1

2. 本税案中S市国税局直属税务分局是否享有征收权

税务律师提示：依据《国家税务总局关于非居民企业所得税源泉扣缴有关问题的公告》（国家税务总局公告2017年第37号），《非居民企业所得税源泉扣缴管理暂行办法》及国税函〔2009〕698号文件自2017年12月1日起全文废止。国家税务总局公告2017年第37号对非居民企业所得税源泉扣缴的相关问题进行了重大修改，取消了合同备案、税款清算且简并了需报送的报表资料，同时对所得计算、外币折算、对外支付股息的扣缴义务时间及各税务机关的职责分配和协同管理等进行了修订。但本案发生适用国税发〔2009〕3号、国税函〔2009〕698号文件。

国税发〔2009〕3号文件第三条规定："对非居民企业取得来源于中国境内的股息、红利等权益性投资收益和利息、租金、特许权使用费所得、转让财产所得以及其他所得应当缴纳的企业所得税，实行源泉扣缴，以依照有关法律规定或者合同约定对非居民企业直接负有支付相关款项义务的单位或者个人为扣缴义务人。"第七条规定："扣缴义务人在每次向非居民企业支付或者到期应支付本办法第三条规定的所得时，应从支付或者到期应支付的款项中扣缴企业所得税。扣缴义务人每次代扣代缴税款时，应当向其主管税务机关依法申报，并自代扣之日起7日内缴入国库。"

国税函〔2009〕698号文件第二条规定："扣缴义务人未依法扣缴或者无法履行扣缴义务的，非居民企业应自合同、协议约定的股权转让之日（如果转让方提前取得股权转让收入的，应自实际取得股权转让收入之日）起7日内，到被转让股权的中国居民企业所在地主管税务机关（负责该居民企业所得税征管的税务机关）申报缴纳企业所得税。"

据上，本税案中负有直接支付款项义务的公司为荣盛发展公司，因此荣盛发展公司为该项股权转让所得的扣缴义务人，应当自代扣之日起7日内向其主管税务机关，即H省L市国税局申报纳税。协议签署三方对纳税地点的约定不能改变实际的征税机关，S市国税局直属税务分局在对S荣盛中天公司提起的退税申请进行答复时，认为S荣盛中天公司是在荣盛发展公司未尽代扣代缴义务的基础上，佳永国际公司委托S荣盛中天公司进行纳税申报，据此依据国税函〔2009〕698号文件第二条的规定，属于适用法律错误。S市国税局直属税务分局对该笔税款无征收权。

3. 如何判断 S 市国税局直属税务分局接受所缴纳税款的行为

本税案中，S 市国税局的行政复议决定认为：S 荣盛中天公司代理的是扣缴义务人即荣盛发展公司的代缴行为，其代缴行为已导致佳永国际公司股权转让企业所得税纳税义务履行完毕，且导致荣盛发展公司境外付款义务履行完毕，要求退税的请求在事实上已无法达成，在法律上没有程序依据，也即该纳税行为实质上不可逆。

税务律师认为，纳税地点的确定是税收实体法进行详细规定的。本税案中，S 市国税局直属税务分局对该股权交易所涉税款不具有管辖权，S 荣盛中天公司提交相关资料至 S 市国税局直属税务分局缴纳税款时，S 市国税局直属税务分局应当对相关交易事项进行了解，并根据税法的相关规定，告知 S 荣盛中天公司正确的税款缴纳税务机关。S 市国税局直属税务分局接收税款的行为不符合税收法律、行政法规的规定，属于超越职权。但鉴于本案纳税人缴纳税款计算准确，并无多缴税款的情形，即使纳税地点有误，导致向转让股权的中国居民企业所在地税务机关解缴税款，因该笔税款已入国库，纳税人的纳税义务已经完成，且以该纳税义务履行为前置条件的境外付款义务已由荣盛发展公司实际履行，本税案中，人民法院最终认为复议机关决定对 S 荣盛中天公司代缴的企业所得税税款不予退还，符合法律规定。

风险防控提示

1. 税收管辖

从纳税主体的角度来说，税收管辖是纳税主体应向哪里的哪个征税机关申报并缴纳税款的问题；从征税主体的角度来说，税收管辖是哪里的哪个征税机关有权受理纳税主体的申报和缴纳税款的事宜，以及依法保障应收税款及时、足额入库的问题，因此是征税机关在税款征收方面的管辖权划分问题。税收管辖的主体是征税机关。

税收管辖从纳税主体的角度来说是一个纳税地点的问题。在税法上确定为纳税地点的主要有：纳税人所在地（包括其机构所在地和住所所在地等）、商品销售地、劳务发生地或营业地、财产所在地、报关地等。纳税主体一般应根据具体情况，到税法规定的纳税地点的征税机关申报纳税。

在税收管辖中，最为重要的是地域管辖，此类管辖最为普遍，是税收管辖的基本形式。此外，在地域管辖中也包括专属管辖，它排除了一般地域管辖，明确规定某些征收事宜仅由特定的征税机关管辖。例如，进口环节增值税、消费税由海关代征；作为共享税的增值税由国家税务局征收，等等。

2. 何谓超越职权

超越职权，是指行政执法主体及其工作人员所做出的具体行政行为，超越了法律法规所规定的权限范围，或者实施了根本无权实施的具体行政行为。

分析税务行政执法中是否超越职权，应当注意税务机关是否"行必有法"，也就是说，税务机关的每一项税务行政执法活动都应当找到法律依据。没有法律依据的税务行政行为都是越权行政，税务机关不得为之。因为税务行政权力是属于公权力，而公权力的特点即是法无明确规定不得为之，所以衡量某一税务行政执法活动是否有法律效力关键就看其是否有法律依据。从现实情形看，行政相对人分析税务机关越权可以从以下四方面进行：

（1）分析主体是否越权。行政主体必须是根据宪法、组织法或单行法律、法规的授权而拥有法定职权，并以自己的名义实施行政管理行为并承担法律责任的组织，主体资格的取得应有法定依据。在税务行政诉讼案件中，无行政主体资格而行使行政权力的即为违法。

（2）分析职能是否越权。行政机关只能行使法律、法规授予的在本部门的管辖范围内行使的权力，如果行使了其他部门的管理职能便是超越了其管理职能，而目前在行政诉讼案件中，超越其管理职能违法案件不在少数。

（3）分析级别是否越权。各级税务机关在法律、法规、规章的授权范围进行活动，各级税务机关应严格遵守法定权限，否则将因级别越权而败诉，如《税收征收管理法》规定税收保全措施、控制执行措施是县级以上法定税务机关的权限；缓税的批准权是省、自治区、直辖市国家税务局和地方税务局等。其他税务机关不符合级别的，自然不能行使这些权利。但是，越权审批现象时有发生。

（4）分析地域是否越权。各地税务机关之间在管理上都有权限分工，根据行政处罚法规定，一般地域管辖为违法行为发生地的行政机关实施；稽查规程规定税务案件的查处，原则上应当由被查对象所在地的税务机关负责，不遵守属地管辖原则的行为是违法行为。

3.对于税务机关超越职权行为可采用的救济方式

对于税务机关越权行为，根据对税务机关监督的不同途径，可以有不同的处理方式：

（1）国家权力机关对法的实施活动的监督。各级人民代表大会及其常委会对法的制定和实施活动的合法性的监督，就是对实施宪法、法律和法规等活动的合法性进行监督，主要包括对司法机关和行政机关的执法活动所进行的监督。

（2）税务机关的监督。税务机关上下级之间存在的法律监督，分为一般行政监督和专门行政监督。一般行政监督是依行政管理权限和行政隶属关系产生的，由行政机关对所属部门和下级政府的监督。上级政府部门对下级政府部门实施法律法规的监督，是行使管理职能的一种手段。故行政行为相对人对于行政机关越权行政不服的可向上级行政机关申请复议。

（3）审判机关的监督。人民法院是专门行使国家审判权的机关，它虽然不是国家的专门法律监督机关，但在我国整个法律监督体系中具有重要地位，法院的司法监督属于事后监督。公民、法人的利益受到行政行为的侵害时，我国现行行政法律、法规有的规定复议前置，有的则规定了可自由选择复议或者诉讼方式。

通过以上几种解决方式的比较可以看出，提请司法救济是一种有效的解决方式，可最大限度地用法律的武器保护自身合法权益。对于行政机关越权给相对人造成损失的，行政机关要承担相应的法律责任。

链接1 类似案例统计

经对中国裁判文书网判例统计，2010年至2017年11月1日，全国涉及税款缴纳错误的相关裁判案例仅有1例（不排除部分类似案件未上传到数据库）。淮安经济技术开发区人民法院〔2014〕淮开行初字第0018号《行政判决书》指出："根据国税发（2002）第8号文件规定，应认定涉案企业所得税应由国税部门征收，区地税局征收该项税收属于超越职权。综上，本院判决撤销淮阴区地税局于2013年11月14日做出的淮阴地税处〔2013〕2号《税务处理决定书》。"

链接2　解读和把握国家税务总局公告2017年第37号关于非居民企业所得税源泉扣缴政策的24个问题[1]

问题1　国家税务总局公告2017年第37号的适用范围是什么？

答：《国家税务总局关于非居民企业所得税源泉扣缴有关问题的公告》（国家税务总局公告2017年第37号）第一条规定，依照企业所得税法第三十七条、第三十九条和第四十条规定办理非居民企业所得税源泉扣缴相关事项，适用该公告。与执行企业所得税法第三十八条规定相关的事项（即"指定扣缴"）不适用该公告。

国家税务总局公告2017年第37号从2017年12月1日起实施，个别条款可以适用于在该公告施行前已经发生但未处理的所得。该公告同时废止了国税发〔2009〕3号和国税函〔2009〕698号文件的全部内容，以及国家税务总局公告2011年第24号、国家税务总局公告2005年第7号等文件的部分条款。

---

[1]　大庆市国税局.大庆国税解读和把握国家税务总局公告2017年第37号非居民企业所得税源泉扣缴政策的24个问题，2017-11-22.摘自微信公众号"大庆市国税局".

问题 2 第三方代为支付相关款项时扣缴义务人如何界定？

答：国家税务总局公告 2017 年第 37 号第二条规定，《企业所得税法实施条例》第一百零四条规定的支付人自行委托代理人或指定其他第三方代为支付相关款项，或者因担保合同或法律规定等原因由第三方保证人或担保人支付相关款项的，仍由委托人、指定人或被保证人、被担保人承担扣缴义务。

问题 3 扣缴义务人应在什么时候履行扣缴义务？

答：《企业所得税法》第三十七条规定，税款由扣缴义务人在每次支付或者到期应支付时，从支付或者到期应支付的款项中扣缴。

《企业所得税法实施条例》第一百零五条规定，《企业所得税法》第三十七条所称支付，包括现金支付、汇拨支付、转账支付和权益兑价支付等货币支付和非货币支付。《企业所得税法》第三十七条所称到期应支付的款项，是指支付人按照权责发生制原则应当计入相关成本、费用的应付款项。

国家税务总局公告 2017 年第 37 号第四条进一步明确，扣缴义务发生之日为相关款项实际支付或者到期应支付之日。

问题 4 扣缴义务人发生到期应支付而未支付情形，怎么处理？

答：国家税务总局公告 2017 年第 37 号第七条第一款明确，扣缴义务人发生到期应支付未支付情形，应按照《国家税务总局关于非居民企业所得税若干问题的公告》（国家税务总局公告 2011 年第 24 号）第一条规定进行税务处理,即中国境内企业和非居民企业签订与利息、租金、特许权使用费等所得有关的合同或协议,如果未按照合同或协议约定的日期支付上述所得款项,或者变更或修改合同或协议延期支付,但已计入企业当期成本、费用,并在企业所得税年度纳税申报中做税前扣除,应在企业所得税年度纳税申报时按照《企业所得税法》有关规定代扣代缴企业所得税。如果企业上述到期未支付的所得款项,不是一次性计入当期成本、费用,而是计入相应资产原价或企业筹办费,在该类资产投入使用或开始生产经营后分期摊入成本、费用,分年度在企业所得税前扣除,应在企业计入相关资产的年度纳税申报时就上述所得全额代扣代缴企业所得税。如果企业在合同或协议约定的支付日期之前支付上述所得款项,应在实际支付时按照企业所得税法有关规定代扣代缴企业所得税。

问题 5 扣缴义务人支付或到期应支付的款项以外币支付或计价的,计算应纳税所得额时,如何进行外币折算?

答:国家税务总局公告2017年第37号第四条规定,扣缴义务人支付或者到期应支付的款项以人民币以外的货币支付或计价的,分别按以下情形进行外币折算:

(1)扣缴义务人扣缴企业所得税的,应当按照扣缴义务发生之日人民币汇率中间价折合成人民币,计算非居民企业应纳税所得额。扣缴义务发生之日为相关款项实际支付或者到期应支付之日。

(2)取得收入的非居民企业在主管税务机关责令限期缴纳税款前自行申报缴纳应源泉扣缴税款的,应当按照填开税收缴款书之日前一日人民币汇率中间价折合成人民币,计算非居民企业应纳税所得额。

（3）主管税务机关责令取得收入的非居民企业限期缴纳应源泉扣缴税款的，应当按照主管税务机关作出限期缴税决定之日前一日人民币汇率中间价折合成人民币，计算非居民企业应纳税所得额。

问题6 扣缴义务人在解缴应扣税款时如何区别是否含税的不同情形进行所得换算？

答：国家税务总局公告2017年第37号第六条规定，扣缴义务人与非居民企业签订与《企业所得税法》第三条第三款规定的所得有关的业务合同时，凡合同中约定由扣缴义务人实际承担应纳税款的，应将非居民企业取得的不含税所得换算为含税所得计算并解缴应扣税款。

《国家税务总局关于营业税改征增值税试点中非居民企业缴纳企业所得税有关问题的公告》（国家税务总局公告2013年第9号）规定，营业税改征增值税试点中的非居民企业，取得《企业所得税法》第三条第三款规定的所得，在计算缴纳企业所得税时，应以不含增值税的收入全额作为应纳税所得额。

问题7 非居民企业取得源泉扣缴所得如何享受税收协定待遇？

答：《国家税务总局关于发布〈非居民纳税人享受税收协定待遇管理办法〉的公告》（国家税务总局公告2015年第60号）第三条规定，非居民纳税人符合享受协定待遇条件的，可在纳税申报时，或通过扣缴义务人在扣缴申报时，自行享受协定待遇，并接受税务机关的后续管理。

这里所说的协定待遇，是指按照中华人民共和国政府对外签署的避免双重征税协定（含与香港、澳门特别行政区签署的税收安排），中华人民共和国对外签署的航空协定税收条款、海运协定税收条款、汽车运输协定税收条款、互免国际运输收入税收协议或换函（以下统称国际运输协定）可以减轻或者免除按照国内税收法律规定应当履行的企业所得税、个人所得税纳税义务。

问题 8 扣缴义务人还需要履行合同备案义务吗？

答：国税发〔2009〕3号文件规定，扣缴义务人每次与非居民企业签订涉及源泉扣缴事项的业务合同时，应当自合同签订或修改之日起30日内，向其主管税务机关报送《扣缴企业所得税合同备案登记表》、合同复印件等相关资料。随着国家税务总局公告2017年第37号的施行，上述规定和《扣缴企业所得税合同备案登记表》同时废止。但需要注意该公告的相关规定，一是主管税务机关可以要求纳税人、扣缴义务人和其他知晓情况的相关方提供与应扣缴税款有关的合同和其他相关资料；二是扣缴义务人应当设立代扣代缴税款账簿和合同资料档案，准确记录非居民企业所得税扣缴情况；三是扣缴义务人可以在申报和解缴应扣税款前报送有关申报资料，已经报送的，在申报时不再重复报送。

此外，扣缴义务人依然需要留意办理扣缴申报和对外支付时相关文件关于资料提交的具体要求。

问题 9 扣缴义务人还需要办理扣缴税款登记吗？

答：《税收征收管理法实施细则》第十三条规定，扣缴义务人应当自扣缴义务发生之日起30日内，向所在地的主管税务机关申报办理扣缴税款登记，领取扣缴税款登记证件；税务机关对已办理税务登记的扣缴义务人，可以只在其税务登记证件上登记扣缴税款事项，不再发给扣缴税款登记证件。

问题 10 扣缴义务人解缴税款的期限和申报地点有何规定？

答：《企业所得税法》第四十条规定，扣缴义务人每次代扣的税款，应当自代扣之日起 7 日内缴入国库，并向所在地的税务机关报送扣缴企业所得税报告表。

国家税务总局公告 2017 年第 37 号第七条第一款进一步明确，扣缴义务人应当自扣缴义务发生之日起 7 日内向扣缴义务人所在地主管税务机关申报和解缴代扣税款。

问题 11 扣缴义务人应如何进行扣缴申报？

答：扣缴义务人在申报和解缴应扣税款时，应填报《中华人民共和国扣缴企业所得税报告表》，并按要求报送合同等相关资料。扣缴义务人在申报和解缴应扣税款前已报送有关申报资料，在申报时不再重复报送。

问题 12 扣缴义务人还要办理扣缴税款清算手续吗？

答：国税发〔2009〕3 号文件规定，对多次付款的合同项目，扣缴义务人应当在履行合同最后一次付款前 15 日内，向主管税务机关报送合同全部付款明细、前期扣缴表和完税凭证等资料，办理扣缴税款清算手续。国家税务总局公告 2017 年第 37 号取消了上述规定，对多次付款的合同项目，扣缴义务人不再需要向主管税务机关办理扣缴税款清算手续。

问题 13 当非居民企业拒绝代扣税款时，扣缴义务人应如何处理？

答：国税发〔2009〕3 号文件规定，因非居民企业拒绝代扣税款的，扣缴义务人应当暂停支付相当于应纳税款的款项并在1日之内向主管税务机关报告，并报送书面说明。该规定源于《国家税务总局关于贯彻〈中华人民共和国税收征收管理法〉及其实施细则若干具体问题的通知》（国税发〔2003〕47号）第二条。国家税务总局公告2017年第37号施行后，国税发〔2009〕3号文件被废止，但国税发〔2003〕47号文件第二条仍然有效，即上述规定仍然有效。而且，《税收征收管理法实施细则》第九十四条也规定了，纳税人拒绝代扣、代收税款的，扣缴义务人应当向税务机关报告。

问题14 非居民企业取得源泉扣缴所得应履行申报缴纳税款义务的情形、时间及地点是如何规定的？

答：国家税务总局公告2017年第37号第九条规定，按照《企业所得税法》第三十七条规定应当扣缴的所得税，扣缴义务人未依法扣缴或者无法履行扣缴义务的，取得所得的非居民企业应当按照《企业所得税法》第三十九条规定，向所得发生地主管税务机关申报缴纳未扣缴税款，并填报《中华人民共和国扣缴企业所得税报告表》。非居民企业未按照《企业所得税法》第三十九条规定申报缴纳税款的，税务机关可以责令限期缴纳，非居民企业应当按照税务机关确定的期限申报缴纳税款；非居民企业在税务机关责令限期缴纳前自行申报缴纳税款的，视为已按期缴纳税款。

问题15 非居民企业取得的同一项所得在境内存在多个所得发生地，涉及多个主管税务机关的如何处理？

答：国家税务总局公告2017年第37号第十条规定，非居民企业取得的同一项所得在境内存在多个所得发生地，涉及多个主管税务机关的，在按照《企业所得税法》第三十九条规定自行申报缴纳未扣缴税款时，可以选择一地办理该公告第九条规定的申报缴税事宜。

问题 16 扣缴义务人未依法扣缴或者无法履行扣缴义务的，税务机关可以采取哪些追缴措施？

答：《企业所得税法》第三十九条规定，依照该法第三十七条、第三十八条规定应当扣缴的所得税，扣缴义务人未依法扣缴或者无法履行扣缴义务的，由纳税人在所得发生地缴纳。纳税人未依法缴纳的，税务机关可以从该纳税人在中国境内其他收入项目的支付人应付的款项中，追缴该纳税人的应纳税款。

国家税务总局公告 2017 年第 37 号第十二条规定，按照《企业所得税法》第三十七条规定应当扣缴的税款，扣缴义务人应扣未扣的，由扣缴义务人所在地主管税务机关依照《中华人民共和国行政处罚法》第二十三条规定责令扣缴义务人补扣税款，并依法追究扣缴义务人责任；需要向纳税人追缴税款的，由所得发生地主管税务机关依法执行。

问题 17 如何区分扣缴义务人未扣缴税款属于"已扣未解缴"，还是"应扣未扣"的情形？

答：国家税务总局公告 2017 年第 37 号第十四条规定，按照该公告规定应当源泉扣缴税款的款项已经由扣缴义务人实际支付，但未在规定的期限内解缴应扣税款，并具有以下情形之一的，应作为税款已扣但未解缴情形，按照有关法律、行政法规规定处理：

（一）扣缴义务人已明确告知收款人已代扣税款的；
（二）已在财务会计处理中单独列示应扣税款的；
（三）已在其纳税申报中单独扣除或开始单独摊销扣除应扣税款的；
（四）其他证据证明已代扣税款的。

除上款规定情形外，按该公告规定应该源泉扣缴的税款未在规定的期限内解缴入库的，均作为应扣未扣税款情形，按照有关法律、行政法规规定处理。

问题18　向非居民企业追缴应纳税款时，税务机关可以采取什么措施？

答：国家税务总局公告2017年第37号第十三条规定，主管税务机关在按照该公告第十二条规定追缴非居民企业应纳税款时，可以采取以下措施：

（一）责令该非居民企业限期申报缴纳应纳税款。
（二）收集、查实该非居民企业在中国境内其他收入项目及其支付人的相关信息，并向该其他项目支付人发出《税务事项通知书》，从该非居民企业其他收入项目款项中依照法定程序追缴欠缴税款及应缴的滞纳金。

问题19　如何确定扣缴义务人和所得发生地主管税务机关？

答：国家税务总局公告2017年第37号第十六条规定，扣缴义务人所在地主管税务机关为扣缴义务人所得税主管税务机关。对《企业所得税法实施条例》第七条规定的不同所得，所得发生地主管税务机关按以下原则确定：

（一）不动产转让所得，为不动产所在地国税机关。

（二）权益性投资资产转让所得，为被投资企业的所得税主管税务机关。

（三）股息、红利等权益性投资所得，为分配所得企业的所得税主管税务机关。

（四）利息所得、租金所得、特许权使用费所得，为负担、支付所得的单位或个人的所得税主管税务机关。

问题 20 非居民企业取得应源泉扣缴的所得为股息、红利等权益性投资收益的，扣缴义务发生时间如何确定？

答：国家税务总局公告 2017 年第 37 号第七条第二款规定，非居民企业取得应源泉扣缴的所得为股息、红利等权益性投资收益的，相关应纳税款扣缴义务发生之日为股息、红利等权益性投资收益实际支付之日。

问题 21 股权转让所得应纳税所得额如何计算？

答：国家税务总局公告 2017 年第 37 号第三条规定，《企业所得税法》第十九条第二项规定的转让财产所得包含转让股权等权益性投资资产（以下称股权）所得。股权转让收入减除股权净值后的余额为股权转让所得应纳税所得额。

股权转让收入是指股权转让人转让股权所收取的对价，包括货币形式和非货币形式的各种收入。

股权净值是指取得该股权的计税基础。股权的计税基础是股权转让人投资入股时向中国居民企业实际支付的出资成本，或购买该项股权时向该股权的原转让人实际支付的股权受让成本。股权在持有期间发生减值或者增值，按照国务院财政、税务主管部门规定可以确认损益的，股权净值应进行相应调整。企业在计算股权转让所得时，不得扣除被投资企业未分配利润等股东留存收益中按该项股权所可能分配的金额。

问题22 多次投资或收购的同项股权被部分转让的，如何计算对应股权成本？

答：国家税务总局公告2017年第37号第三条第四款规定，多次投资或收购的同项股权被部分转让的，从该项股权全部成本中按照转让比例计算确定被转让股权对应的成本。

问题23 非居民企业采取分期收款方式取得同一项转让财产所得的，扣缴义务发生时间在什么时候？

答：国家税务总局公告2017年第37号第七条第三款规定，非居民企业采取分期收款方式取得应源泉扣缴所得税的同一项转让财产所得的，其分期收取的款项可先视为收回以前投资财产的成本，待成本全部收回后，再计算并扣缴应扣税款。

举例说明如下：

境外A企业为非居民企业，境内B企业和C企业均为居民企业，A企业和B企业各持有C企业50%股权，A企业投资取得C企业50%股权的成本为500万元人民币。2018年1月10日A企业以1 000万元人民币将该项股权一次转让给B企业，但按股权转让合同约定，B企业分别于2018年2月10日、2018年3月10日和2018年4月10日支付转让价款300万元、400万元和300万元。在本次交易中，B企业于2018

年 2 月 10 日支付的 300 万元人民币价款可视为 A 企业收回 500 万元股权转让成本中的 300 万元；B 企业于 2018 年 3 月 10 日支付的 400 万元人民币价款中的 200 万元为 A 企业收回 500 万元股权转让成本中的剩余 200 万元成本，其余 200 万元价款应作为股权转让收益计算扣缴税款；B 企业于 2018 年 4 月 10 日支付的 300 万元价款全部作为股权转让收益计算扣缴税款。

问题 24 财产转让收入或财产净值以人民币以外的货币计价的，如何折算为人民币？

答：国家税务总局公告 2017 年第 37 号第五条规定，财产转让收入或财产净值以人民币以外的货币计价的，分扣缴义务人扣缴税款、纳税人自行申报缴纳税款和主管税务机关责令限期缴纳税款三种情形，先将以非人民币计价项目金额比照该公告第四条规定折合成人民币金额；再按《企业所得税法》第十九条第二项及相关规定计算非居民企业财产转让所得应纳税所得额。

财产净值或财产转让收入的计价货币按照取得或转让财产时实际支付或收取的计价币种确定。原计价币种停止流通并启用新币种的，按照新旧货币市场转换比例转换为新币种后进行计算。

举例说明如下：

境外 A 企业为非居民企业，境内 B 企业和 C 企业为居民企业，A 企业经过前后两次投资 C 企业，合计持有 C 企业 40% 的股权，2008 年 8 月 1 日第一次出资 100 万美元（假设当时人民币汇率中间价为 1 美元 =8.6 元人民币），2010 年 9 月 1 日第二次投资 50 万欧元（假设当时人民币汇率中间价为 1 欧元 =8.9 元人民币），2018 年 1 月 10 日 A 企业以人民币

2 000万元将该项股权转让给B企业，合同于当天生效，B企业于2018年1月15日向A企业支付了股权转让款2 000万元，假设2018年1月15日，人民币兑美元和欧元的中间价分别为1美元=6.6元人民币和1欧元=7.2元人民币，则本次交易财产转让收入为2 000万元人民币；本次交易财产净值为1 020万元人民币（100×6.6+50×7.2）；本次交易应纳税所得额为980万元人民币（2 000-1 020）。

14 股东无偿从公司取得收入风险败诉案

基本案情[1]

2014年1月14日，经有关部门转办，Z市地方税务局稽查局（以下简称E稽查局）对Z远大海运有限公司（以下简称海运公司）2007年1月1日至2010年12月31日的涉税情况立案检查。期间，因案情复杂，经审批多次延长检查期限，至2015年2月13日结束。同年5月18日，经Z市地方税务局重大税收违法案件审理委员会审理，做出Z地税重审决字（2015）5号审理意见。同年9月29日，E稽查局做出税务处理决定，并于当月30日送达Z地税稽处〔2015〕36号《税务处理决定书》。

E稽查局认定，2007年1月1日至2010年12月31日期间，海运公司由于账外取得收入而未申报、账外发放工资、薪金与劳务报酬及账外

---

[1] 2017年11月6日摘自中国裁判文书网。

取得收入未并计年度应纳税所得，虚增固定资产购置成本多计提折旧未做纳税调整等原因，导致下列纳税问题：

（1）少缴营业税、城市维护建设税，其中2009年和2010年少申报缴纳营业税40 248.59元、城市维护建设税2 012.43元、教育费附加1 207.46元、地方教育附加804.97元、地方水利建设基金1 312.12元，合计45 585.57元。

（2）少代扣代缴个人所得税，其中：① 2007年少代扣代缴工资、薪金所得个人所得税21 569.89元；② 2008年未按规定代扣代缴劳务报酬所得个人所得税447 972.00元；③ 2008年少代扣代缴工资、薪金所得个人所得税56 823.49元；④ 2009年少代扣代缴工资、薪金所得个人所得税76 672.90元；⑤ 2010年少代扣代缴工资、薪金所得个人所得税145 885.89元；合计少代扣代缴劳务报酬所得个人所得税447 972.00元，工资、薪金所得个人所得税300 952.17元。

（3）少申报缴纳企业所得税，其中2007年少缴94 817.32元，2008年少缴2 401 546.25元，合计2 496 363.57元。

《税务处理决定书》指出："以上应缴款项共计12 635 546.58元。限你单位自收到本决定书之日起15日内到Z市P地方税务局S第一税务分局将上述款项及时缴纳入库，并按照规定进行相关账务调整。"

海运公司不服，提起行政复议，同年12月18日，Z市人民政府受理了海运公司的复议申请。因案情复杂，复议期限经批准后延长30日。经听证审查，Z市人民政府于2016年3月9日做出了Z政复决〔2015〕48号《行政复议决定书》，维持上述税务处理决定，并于当月15日送达该决定书。海运公司遂向人民法院提起行政诉讼。一审法院审理判决驳回海运公司要求撤销 E 稽查局做出的 Z 地税稽处〔2015〕36 号《税务处理决定书》和 Z 市人民政府做出的 Z 政复决〔2015〕48 号《行政复议决定书》的诉讼请求。海运公司不服提出上诉,二审法院最终判决驳回上诉,维持原判。

税企争议焦点

纳税人海运公司观点

(1) E 稽查局在其做出的被诉《税务处理决定书》中关于履行方式的表述,混淆了海运公司作为纳税人和扣缴义务人的身份,加重了海运公司的义务。一审判决关于在一审诉讼期间 E 稽查局通过书面说明的方式对此予以了完善并向海运公司送达的认定错误。

(2) 一审法院对于海运公司与其股东之间的往来款 3 500 万元按"利息、股息、红利个人所得税"项目由海运公司履行代扣代缴个人所得税的认定缺乏事实依据。

(3) E 稽查局将公司支付给黄某、邵某的工资认定为分红,要求海运公司代扣代缴利息、股息、红利个人所得税的认定无事实依据,且证据不足。

(4) 一审法院认为《国家税务总局关于贯彻〈中华人民共和国税收征收管理法〉及其实施细则若干具体问题的通知》(国税发〔2003〕47号)第二条第三款内容没有与税收征收管理法相冲突的认定,缺乏法律依据。

（5）本案已超过法定的追缴税款的时效，不应继续追缴税款，一审法院认定本案不受追征时效的限制，适用法律不正确。

综上，海运公司认为，一审判决认定事实不清，适用法律错误，严重侵犯了海运公司的合法权益，请求人民法院撤销一审判决，撤销 E 稽查局做出的 Z 地税稽处〔2015〕36 号《税务处理决定书》和 Z 市人民政府做出的 Z 政复决〔2015〕48 号《行政复议决定书》，同时请求对国税发〔2003〕47 号文件第二条的合法性进行审查。

E 稽查局、Z 市人民政府观点

1. E 稽查局观点

（1）E 稽查局在一审诉讼期间针对被诉《税务处理决定书》履行方式的表述通过书面说明的方式予以了完善，一审法院据此已向海运公司进行了告知。

（2）《税务处理决定书》认定的海运公司股东从公司无偿取得 3 500 万元，应按规定责成补扣个人所得税一节事实清楚、证据确实充分。

（3）《税务处理决定书》将支付给黄某、邵某的款项认定为分红，并责成海运公司补扣"利息、股息、红利所得"个人所得税的认定，事实清楚，并无不当。

（4）国税发〔2003〕47 号文件第二条第三款内容没有与《税收征收管理法》相冲突。

（5）E 稽查局做出税务处理决定未过时效。

综上，E稽查局认为，其做出的被诉《税务处理决定书》证据确凿，适用法律、法规正确，符合法定程序，一审判决认定事实清楚，判决理由充分，海运公司的上诉理由不能成立，请求人民法院依法判决驳回上诉。

2. Z市人民政府观点

Z市人民政府做出的被诉《行政复议决定书》事实认定清楚，证据确凿，程序合法，适用法律正确。一审法院的判决既有事实依据又有法律依据，请求人民法院依法驳回海运公司的上诉，维持原判。

本案争议焦点

根据税企双方意见，可以将本案的焦点归纳为：

（1）E稽查局做出的《税务处理决定书》是否正确；
（2）股东无偿从公司取得收入有何风险；
（3）海运公司是否可以申请规范性文件的审查。

人民法院裁判观点

一审法院裁判观点

1. 关于《税务处理决定书》中少代扣代缴个人所得税部分第2点

（1）对该笔3 500万元款项，E稽查局并未明确认定为分红，仅认定为股东从公司中无偿取得收入。

（2）如该笔款项正如海运公司所说，系公司与股东之间的资金往来，类似于公司与股东之间的借款，则公司财务在做账时对该笔款项必会列入应收款项目，况且，依《财政部、国家税务总局关于规范个人投资者个人所得税征收管理的通知》（财税〔2003〕158号）的规定，纳税年度内个人投资者从其投资企业（个人独资企业、合伙企业除外）借款，在该纳税年度终了后既不归还，又未用于企业生产经营的，其未归还的借款可视为企业对个人投资者的红利分配，依照"利息、股息、红利所得"项目计征个人所得税。

（3）本案事实是，海运公司通过虚列支出等手段套取公司该笔3500万元款项，然后通过账外账汇入公司股东个人账户，后又以股东增资形式转入公司账户。海运公司在行政处理程序中及本案一审审理期间，均不能提供该笔3500万元系股东有偿取得或者将该笔款项列入公司应收款账目的证据，且在E稽查局税务检查期间，除套现的1990万元外，其他1510万元已经用账外账户的资金充平了账内账目，故海运公司本节之主张难以被采纳。

（4）既然是公司股东无偿从公司取得收入，则以"利息、股息、红利所得"之项目缴纳个人所得税有规可循。

2. 关于《税务处理决定书》中少代扣代缴个人所得税部分第5点

E稽查局提供的证据不仅能够反映该两笔款项在公司的账目中自认股金分红或者股本金差额，也与补交前的330万元账外分红款所列事由相一致，且亦有证据表明该两人在领取该两笔款项时是被列入公司出资人名单的。而海运公司在一审庭审期间虽然提供了部分证据，证据显示也有可能存在海运公司所说的事实，但是，工薪发放有明确的制度规定，从海运公司提供的证据来看，既不能反映对黄某、邵某发放该两笔款项来源于何种工薪制度，也没有工资台账等相关工资薪金记载证据予以证实，故海运公司的主张最终难以被采纳。一审法院对上述《税务处理决定书》中少代扣代缴个人所得税部分第5点、第7点（后半部分）内容予以确认。

3.关于本案追征未缴或者少缴税款行为是否受3年、5年追征期的限制的问题

《税收征收管理法》第五十二条第一款规定："因税务机关的责任，致使纳税人、扣缴义务人未缴或者少缴税款的，税务机关可以在三年内要求纳税人、扣缴义务人补缴税款，但是不得加收滞纳金。"该款所称的税务机关的责任是指税务机关适用税收法律、行政法规不当或者执法行为违法。第二款规定："因纳税人、扣缴义务人计算错误等失误，未缴或者少缴税款的，税务机关在三年内可以追征税款、滞纳金；有特殊情况的，追征期可以延长到五年。"该款所称的纳税人、扣缴义务人计算错误等失误是指非主观故意计算公式运用错误以及明显的笔误。第三款规定："对偷税、抗税、骗税的，税务机关追征其未缴或者少缴税款、滞纳金或者骗取的税款，不受前款规定期限的限制。"从上述第五十二条规定及本案事实来看，本案显然不存在该条第一款及第二款所列情形，相反，海运公司通过设立账外账，采用在账簿多列支出等手段导致未缴或者少缴，实属偷税。故本案追征期限不受3年、5年限制，对海运公司之主张不予采纳。

4.关于E稽查局责成海运公司履行补扣个人所得税之义务是否有法律依据的问题

（1）国税发〔2003〕47号文件的规定，并没有对原扣缴义务人带来实体上的损害，也即该规定尚不属于构成对行政相对人的损益性或侵害

性规定，其实质与行政机关实施行政处罚时，应当责令当事人改正或者限期改正违法行为有异曲同工之处，亦有同样的法理基础所在。

（2）国税发〔2003〕47号文件做出这样的规定，并没有免除税务机关继续向纳税人追缴税款的责任和义务。故该文件的规定并没有与《税收征收管理法》之规定相冲突。

综上，一审法院认为，E稽查局做出的Z地税稽处〔2015〕36号《税务处理决定书》证据确凿，适用法律、法规正确，符合法定程序。但该处理决定书倒数第二段对处理决定的履行方式表述不妥，因为追缴纳税人税款、滞纳金和责成扣缴义务人补扣个人所得税系两个不同性质的行为，履行方式也不相同，应分项表述才是对法律、法规的正确理解。鉴于E稽查局在一审诉讼期间针对该履行方式的表述通过书面说明的方式予以了完善，并向海运公司进行了送达，故一审法院对此仅视为瑕疵予以指正。Z市人民政府复议程序亦合法。据此，依照《行政诉讼法》第六十九条之规定，判决驳回海运公司要求撤销E稽查局做出的Z地税稽处〔2015〕36号《税务处理决定书》和Z市人民政府做出的Z政复决〔2015〕48号《行政复议决定书》的诉讼请求。

二审法院裁判观点

1. 关于E稽查局做出的被诉《税务处理决定书》中的事实认定问题

（1）被诉《税务处理决定书》中关于2008年8月海运公司以账外资金3500万元转至公司股东个人账户后又转入海运公司账户作为股东增资款，未按规定代扣代缴利息、股息、红利所得个人所得税700万元的事实认定问题。海运公司认为对该笔款项股东个人并未取得实际收益，该公司当时也没有分红和盈利的基础，如此操作是为了取得贷款。E稽查局认为该3500万元系公司资金,转至股东个人账户后又转入公司账户作为股东增资款,且未列入公司应收账款,则股东个人权益增加,对此海运公司未按规定代扣代缴"利息、股息、红利所得"项目个人所得税,即存在违法行为。本院认为,根据E稽查局在本案税务检查过程中制作及提取的税务稽查签证、工作底稿、相关原始凭证和询问笔录等,可以证明海运公司于2008年8月以账外资金3500万元转至公司股东个人账户并于同年9月1日从股东个人账户转入海运公司公司账户作为股东投资增资款的事实,海运公司亦未否认存在该节事实。由此,使得海运公司公司股东个人所持股权权益增加,系股东无偿从公司取得收入,海运公司应依照"利息、股息、红利所得"项目计征个人所得税。而至于该笔增资的目的,并不影响该笔款项的性质。故被诉《税务处理决定书》中该节事实认定正确。

(2)被诉《税务处理决定书》中关于2009年1月海运公司以账外资金分红14 400.00元未按规定代扣代缴利息、股息、红利所得个人所得税2 880.00元及2010年2月,海运公司以账外资金分红14 000.00元少代扣代缴利息、股息、红利所得个人所得税2 800.00元的事实认定问题。海运公司认为,该两笔款项系对公司管理人员黄某、邵某的收入补差,被诉税务处理决定要求海运公司代扣代缴利息、股息、红利个人所得税无事实依据,且证据不足。E稽查局认为,在领取该两笔款项是黄某、邵某均系海运公司出资人,所记载的科目分别为"股金分红差额"和"股本金差额",被诉《税务处理决定书》对此认定为分红,事实清楚,并无不当。本院认为,根据E稽查局在本案税务检查过程中制作及提取的税务稽查签证、工作底稿、账外账情况说明、股东情况说明、台账、领款单等,可以证明海运公司于2009年1月向黄某、邵某共计支付14 400.00元并记载为"2008年度股金分红差额",以及海运公司于2010年2月向黄某、邵某共计支付14 000.00元并记载为"股本金差额"的事实,海运公司亦未否认存在上述事实。故该两人实际从海运公司处取得上述收益，而海运公司未提供证据证明该两笔款项属于该两人的工资、薪金所得，对此，海运公司应依照"利息、股息、红利所得"项目计征个人所得税。至于海运公司主张支付该笔款项系为调整该两人的收入差额，并不影响该笔款项的性质。故被诉《税务处理决定书》中该节事实认定正确。

2. 关于E稽查局做出被诉《税务处理决定书》的程序合法性问题

本案中，E稽查局于2014年1月14日经审批立案，就海运公司2007年1月1日至2010年12月31日的涉税情况进行检查，经批准延长检查期间，至2015年2月13日结束。后经集体审理，于2015年9月29日做出被诉《税务处理决定书》（Z地税稽处〔2015〕36号），并于次日送达海运公司，符合《税务稽查工作规程》关于税收违法案件立案、检查、审理等相关程序规定。

海运公司认为该《税务处理决定书》中关于履行方式的表述，混淆了海运公司作为纳税人和扣缴义务人的身份，加重了海运公司的义务。本院认为，E稽查局在其做出的被诉税务处理决定中载明了违法事实和处理决定，但在告知履行方式部分，将其向海运公司追缴的税款与其责成海运公司补扣的个人所得税款一并计入应缴款项，表述欠妥。对此，E稽查局在本案一审及二审审理期间均做出了说明，且实际并未增加海运公司应缴纳的税款部分，即未对海运公司的实体权益产生实际影响，故对海运公司的该节主张，本院不予采纳。

3. 关于E稽查局做出的《被诉税务处理决定书》的法律适用问题

（1）关于E稽查局在其做出的被诉税务处理决定中适用国税发〔2003〕47号文件的合法性问题。本案法律适用方面，各方当事人的主要争议在于国税发〔2003〕47号文件第二条第三款"扣缴义务人违反征管法及其实施细则规定应扣未扣、应收未收税款的，税务机关除按征管法及其实施细则的有关规定对其给予处罚外，应当责成扣缴义务人限期将应扣未扣、应收未收的税款补扣或补收"规定的合法性问题。

海运公司认为，国税发〔2003〕47号文件属于一般规范性文件，与上位法《税收征收管理法》第六十九条的规定相冲突，增加了扣缴义务人的义务，E稽查局据此所做出的税务处理决定违法。E稽查局认为，该规定是对《税收征收管理法》的具体操作规定，没有对原扣缴义务人带来实体上的损害，也没有免除税务机关继续向纳税人追缴税款的责任和义务，并不属于构成对行政相对人的损益性或侵害性规定，未与上位法相冲突。

国税发〔2003〕47号文件由国家税务总局依据《税收征收管理法》及其实施细则制定。根据《个人所得税法》第八条的规定，个人所得税，以所得人为纳税义务人，以支付所得的单位或者个人为扣缴义务人。个人所得超过国务院规定数额的，在两处以上取得工资、薪金所得或者没有扣缴义务人的，以及具有国务院规定的其他情形的，纳税义务人应当按照国家规定办理纳税申报。扣缴义务人应当按照国家规定办理全员全额扣缴申报。该条款明确了支付个人所得的单位系个人所得税的扣缴义务人。根据《税收征收管理法》第六十九条的规定，扣缴义务人应扣未扣、应收而不收税款的，由税务机关向纳税人追缴税款，对扣缴义务人处应扣未扣、应收未收税款50%以上3倍以下的罚款。该条款明确了扣缴义务人未履行扣缴义务时，由税务机关向纳税人追缴税款并可对扣缴义务人做出处罚。国税发〔2003〕47号文件第二条第三款系依据《税收征收管理法》第六十九条制定，该条款明确了对于扣缴义务人未履行其扣缴义务的，在税务机关向纳税人追缴税款并可对扣缴义务人做出处罚外，扣缴义务人还应当限期补扣或补收其应扣未扣、应收未收的税款。

即该条款强调的是扣缴义务人应当履行其本应承担的法定的扣缴义务，并未加重扣缴义务人的法定义务，亦未减损其权利，且未免除税务机关向纳税人追缴税款的义务，符合《税收征收管理法》第六十九条的立法目的和授权范围。故 E 稽查局在其做出的被诉税务处理决定中适用国税发〔2003〕47 号文件的规定，要求海运公司作为扣缴义务人履行扣缴个人所得税的法定义务，符合法律规定。

4. 关于 Z 市人民政府做出《被诉行政复议决定书》的程序合法性问题

本案中，Z 市人民政府于 2015 年 12 月 18 日受理海运公司提出的行政复议申请，后经批准延长审查期限并通知各方当事人，于 2016 年 3 月 9 日做出被诉行政复议决定并送达各方当事人，符合行政复议相关程序规定。海运公司对行政复议程序亦无异议。

二审法院根据审理认为，一审判决认定事实清楚，审判程序合法，所作判决妥当，应予维持。海运公司的上诉理由不能成立，本院对其上诉请求不予支持。据此，依照《行政诉讼法》第八十九条第一款第一项之规定，判决驳回上诉，维持原判。

税务律师解析

1. E 稽查局的法定职权

根据《税收征收管理法》第十四条及《税收征收管理法实施细则》第九条之规定，省以下税务局的稽查局专司偷税、逃避追缴欠税、骗税、抗税案件的查处。故 E 稽查局具有进行税务检查、查处税收违法案件并做出被诉税务处理决定的法定职权。

2. 关于"股息、红利"计征个人所得税的规定

《个人所得税法》第二条规定,"下列各项个人所得,应纳个人所得税……七、利息、股息、红利所得";《个人所得税法实施条例》第八条规定,"税法第二条所说的各项个人所得的范围……(七)利息、股息、红利所得,是指个人拥有债权、股权而取得的利息、股息、红利所得"。

《财政部、国家税务总局关于规范个人投资者个人所得税征收管理的通知》(财税〔2003〕158号)规定,关于个人投资者从其投资的企业(个人独资企业、合伙企业除外)借款长期不还的处理问题:纳税年度内个人投资者从其投资企业(个人独资企业、合伙企业除外)借款,在该纳税年度终了后既不归还,又未用于企业生产经营的,其未归还的借款可视为企业对个人投资者的红利分配,依照"利息、股息、红利所得"项目计征个人所得税。

3. 公司资金转至股东个人账户后又转入公司账户作为股东增资是否应按照"利息、股息、红利所得"缴纳个人所得税

海运公司将3 500万元公司资金转入股东个人账户,转至股东个人账户的行为并未通过应收款进行核算,该笔款项转至股东个人账户后再转入公司账户,使得股东个人所持股权权益增加,属于股东无偿从公司取得收入,应当按照"利息、股息、红利所得"计征个人所得税。根据海运公司通过虚列支出等手段套取公司资金,通过账外账汇入公司股东个人账户,且又以股东增资形式转入公司账户的行为,应当按照"利息、股息、红利"项目计征个人所得税。

海运公司认为,该笔款项系公司与股东个人之间的借款,但一方面,从账务处理上未计入应收款项目,另一方面,根据财税〔2003〕158号文件的规定,纳税年度内个人投资者从其投资企业(个人独资企业、合伙

企业除外）借款，在该纳税年度终了后既不归还，又未用于企业生产经营的，其未归还的借款可视为企业对个人投资者的红利分配，依照"利息、股息、红利所得"项目计征个人所得税。海运公司2008年8月将该笔资金转入股东个人账户，9月再转入公司账户时用的是公司增资名义，不能认定为是借款的归还，实际导致了公司股东权益的增加，应当按照"利息、股息、红利"项目代扣代缴个人所得税。

4. 海运公司具有代扣代缴义务

根据《个人所得税法》第八条的规定，个人所得税，以所得人为纳税义务人，以支付所得的单位或者个人为扣缴义务人。个人所得超过国务院规定数额的，在两处以上取得工资、薪金所得或者没有扣缴义务人的，以及具有国务院规定的其他情形的，纳税义务人应当按照国家规定办理纳税申报。扣缴义务人应当按照国家规定办理全员全额扣缴申报。该规定明确了支付所得的单位即海运公司具有代扣代缴义务。

《税收征收管理法》第六十九条规定："扣缴义务人应扣未扣、应收而不收税款的，由税务机关向纳税人追缴税款，对扣缴义务人处应扣未扣、应收未收税款百分之五十以上三倍以下的罚款。"该条明确了扣缴义务人未履行扣缴义务时，税务机关可对扣缴义务人做出处罚。

国税发〔2003〕47号文件第二条第三款规定："扣缴义务人违反征管法及其实施细则规定应扣未扣、应收未收税款的，税务机关除按征管法及其实施细则的有关规定对其给予处罚外，应当责成扣缴义务人限期将应扣未扣、应收未收的税款补扣或补收。"可见，扣缴义务人具有补扣或补收义务。但需注意，鉴于上述规定层级较低，税务机关实践中一般对扣缴义务人进行处罚，对纳税人继续进行追缴。纳税人的追缴义务不因此而免除，纳税人在个税的处理上应当更加审慎。

5. E 稽查局是否超过时效进行税务处罚

根据《税收征收管理法》第五十二条及《税收征收管理法实施细则》第八十、第八十一条的规定，因税务机关的责任，即税务机关适用税收法律、行政法规不当或者执法行为违法，致使纳税人、扣缴义务人未缴或者少缴税款的，税务机关在 3 年内可以要求纳税人、扣缴义务人补缴税款，但是不得加收滞纳金。因纳税人、扣缴义务人计算错误等失误，即非主观故意的计算公式运用错误以及明显的笔误，未缴或者少缴税款的，税务机关在 3 年内可以追征税款、滞纳金；有特殊情况的，追征期可以延长到 5 年。对偷税、抗税、骗税的，税务机关追征其未缴或者少缴的税款、滞纳金或者所骗取的税款，不受上述规定期限的限制。本案中，海运公司未提供证据证明系因税务机关的责任或存在计算错误等情形，E 稽查局对其未缴或者少缴税款的违法行为做出被诉《税务处理决定书》，符合《税收征收管理法》及其实施细则的相关规定。

风险防控提示

1. 规范性文件附带审查的启动条件

2015 年 5 月实施的《关于适用〈中华人民共和国行政诉讼法〉若干问题的解释》（法释〔2015〕9 号）第二条第一款罗列的"具体诉讼请求"的若干情形当中，第（七）项为"请求一并审查规章以下规范性文件"。从上述司法解释的规定看，规范性文件附带审查必须是依申请才能启动的司法监督程序，即本质上界定为一项诉讼请求，但由于行政诉讼法中对于行政判决的类型有法律的明确规定，其中并未规定对抽象行政行为司法审查后做出相应的判决类型，现行法律中也并未赋予法院对抽象行政行为的废除或修改权，这就排除了法院在行政判决中对规范性文件径行做出裁判的路径选择。因此，规范性文件司法审查请求不是一项独立的诉讼请求,而是附于具体行政争议而产生的诉讼请求。

《行政诉讼法》第五十三条规定,法院对于规范性文件的司法审查是根据"一并请求"原则确立的附带性审查制度,不能单独提起对规范性文件审查的诉讼请求,只能依附于所诉具体行政争议的存在而存在,不能构成独立存在的诉讼。受理该"一并诉讼请求"的法院只能在审查所诉行政行为的合法性时,一并审查规范性文件的合法性,不能抛开行政争议而孤立地对规范性文件进行审查。因此,诉讼主体提出一并审查抽象行政行为必须以存在前置行政争议为条件,且必须是行政争议已经发生并确定进入诉讼路径。

同时,对规范性文件提出附带性司法审查请求,需要确定具有请求权的主体。毋庸置疑,行政诉讼的原告当然有权提出附带审查请求,那么与所诉讼行政行为有利害关系的第三人是否也有权提出?不论第三人以什么方式进入行政诉讼程序,其目的一方面是查明案件客观事实,另一方面也是给予第三人维护自身合法权益的机会。为此,法律规定第三人有可能被判决承担不利的法律责任,赋予承担义务或减损权益的第三人享有上诉的权利。既然第三人与诉讼争议的具体行政行为有法律上的利害关系,第三人可以据此提出相对独立的诉讼主张,其是有独立请求权的第三人,法院也应当全面听取其对案件相关法律问题,包括对规范性文件作为行政行为依据是否合法的意见。因此,第三人作为诉讼参加人,如果认为所依据的规范性文件违法,应享有提出一并审查诉讼请求的权利。

2. 规范性文件附带审查应在法定请求时限内提出

《行政诉讼法》第五十三条同时规定了附带审查请求的时间节点,诉讼主体提出附带审查请求必须遵循相应的时限,即应当在"对行政行为提起诉讼之时"提出，也就是"一并"提出的意思，这里的"一并"是双重审查要求。这条法律规定暗设的预定条件是提出司法审查请求的主体知道或应当知道所诉行政行为是执行该规范性文件的结果。如果行政机关在做出行政行为时并未履行告知程序，那么行政相对人在提出诉讼请求时就会因客观情形无法附带提出。如果请求人在庭审中增加附带审查的要求，这也是符合设定该项法律制度的立法宗旨，也有相应的法律依据，法释〔2015〕9号第二十条正是针对这一实际情形做出了相应的补充规定，即"应当在开庭审理前提出，有正当理由的，在开庭审理过程中增加诉讼请求也是允许的"。

3.规范性文件附带审查方式

规范性文件的附带审查方式，一般取决于所诉具体行政行为的审查方式，目前，现有的审查方式主要有开庭审理、书面审理，以及二者相结合的审理方式。

4.股东无偿借款给公司要缴税

根据《财政部 国家税务总局关于全面推开营业税改征增值税试点的通知》（财税〔2016〕36号）的规定，贷款服务，是指将资金贷与他人使用而取得利息收入的业务活动。各种占用、拆借资金取得的收入，包括资金占用费等收入，按照贷款服务缴纳增值税。因此，自然人股东将自有资金借给公司的行为本质上是一种提供贷款服务的行为。但是由于自然人股东是无偿提供的资金，没有收取利息，是否需要视同销售服务处理呢？

财税〔2016〕36号文件明确规定，视同销售服务的情形是，单位或者个体工商户向其他单位或者个人无偿提供服务，但用于公益事业或者以社会公众为对象的除外。

自然人股东既不是单位又不是个体工商户,所以其将自有资金无偿借给企业的行为不属于视同销售服务,没有产生增值税的纳税义务。

同样的道理,企业员工或者其他自然人无偿借款给一家企业,也不需要视同销售。但是,发生下列情形,即使没有实际利息发生,也需要按照视同销售贷款服务缴纳增值税,同时按照独立交易原则做企业所得税的视同销售处理:

①关联企业间的资金拆借行为,例如母公司把资金借给子公司;

②单位或者个体工商户为其他企业提供借款,例如同一个集团的子公司甲借款给子公司乙;

③单位或者个体工商户为自然人提供借款,例如公司借款给企业员工。

值得注意的是,集团企业的统借统还业务,即使关联企业之间有利息,也是免征增值税的。统借统还业务是指企业集团向金融机构借款或对外发行债券取得资金后,由集团所属财务公司与企业集团或者集团内下属单位签订统借统还贷款合同并分拨资金,并向企业集团或者集团内下属单位收取本息,再转付企业集团,由企业集团统一归还金融机构或债券购买方的业务。

据上,自然人将资金无偿借给企业,不需要缴纳增值税;单位或者个体工商户向将资金无偿借给其他企业或者自然人,需要按照视同销售服务，缴纳增值税；集团公司间的统借统还业务，免征增值税。

链接　低价转让股权的风险防控

低价转让股权的风险

1. 股权转让收入明显偏低且无正当理由，税务机关有权核定

《税收征收管理法》第三十五条规定："纳税人有下列情形之一的，税务机关有权核定其应纳税额……（六）纳税人申报的计税依据明显偏低，又无正当理由的"。

《股权转让所得个人所得税管理办法（试行）》（国家税务总局公告2014年第67号发布）第十一条具体明确了个人转让股权，主管税务机关可以核定征收的情形，其中第一款为"申报的股权转让收入明显偏低且无正当理由的"。

2. 个人股权转让收入明显偏低的具体情形

《股权转让所得个人所得税管理办法（试行）》第十二条列举了个人股权转让收入明显偏低的具体情形：

（1）申报的股权转让收入低于股权对应的净资产份额的。其中，被投资企业拥有土地使用权、房屋、房地产企业未销售房产、知识产权、探矿权、采矿权、股权等资产的，申报的股权转让收入低于股权对应的净资产公允价值份额的；

（2）申报的股权转让收入低于初始投资成本或低于取得该股权所支付的价款及相关税费的；

（3）申报的股权转让收入低于相同或类似条件下同一企业同一股东或其他股东股权转让收入的；

（4）申报的股权转让收入低于相同或类似条件下同类行业的企业股权转让收入的；

（5）不具合理性的无偿让渡股权或股份；

（6）主管税务机关认定的其他情形。

3. 税务机关核定方法

《税收征收管理法》第四十七条以及《股权转让所得个人所得税管理办法（试行）》第十四条对税务机关核定的方法做出了规定，主要的核定方法如下：

（1）净资产核定法。税务机关按照每股净资产或股权对应的净资产份额核定股权转让收入。若被投资企业的土地使用权、房屋、房地产企业未销售房产、知识产权、探矿权、采矿权、股权等资产占企业总资产比例超过20%的，主管税务机关可参照纳税人提供的具有法定资质的中介机构出具的资产评估报告核定股权转让收入。

（2）类比法。参照相同或类似条件下同一企业同一股东或其他股东股权转让收入核定，或者参照相同或类似条件下同类行业企业股权转让收入核定。

（3）其他合理方法。税务机关采用资产核定法和类比法核定股权转让收入存在困难的，可以采取其他合理方法核定。

纳税人对税务机关采取上述方法核定的应纳税额有异议的，应当提供相关证据，经税务机关认定后，调整应纳税额。

纳税人如何防范低价转让股权风险

1. 报送具有正当理由的证明材料

税务机关并不是对所有的低价股权转让都会进行核定。如果纳税人有正当理由进行低价股权转让，在向主管税务机关办理股权转让纳税申报时，报送计税依据明显偏低但有正当理由的证明材料，税务机关会认可其申报的股权转让计税基础。《股权转让所得个人所得税管理办法（试行）》第十三条对低价转股税法上认可的正当理由予以了阐明。第十三条规定，符合下列条件之一的个人股权转让收入明显偏低，视为有正当理由：

（1）能出具有效文件，证明被投资企业因国家政策调整，生产经营受到重大影响，导致低价转让股权；

（2）继承或将股权转让给其能提供具有法律效力身份关系证明的配偶、父母、子女、祖父母、外祖父母、孙子女、外孙子女、兄弟姐妹以及对转让人承担直接抚养或者赡养义务的抚养人或者赡养人；

（3）相关法律、政府文件或企业章程规定，并有相关资料充分证明转让价格合理且真实的本企业员工持有的不能对外转让股权的内部转让；

（4）股权转让双方能够提供有效证据证明其合理性的其他合理情形。

2. 善于与税务机关沟通

在报送上述证明材料的基础上，与税务机关沟通，向税务机关做出有效说明证明其股权转让计税依据明显偏低具有正当理由，进一步降低被核定征收的风险，必要时还可以聘请税务律师等专业人士提供法律服务。

15 非居民间接转让股权风险败诉案

基本案情[1]

1997年12月5日，X国汇公司（以下简称X国汇公司）在X地区注册成立。2003年11月4日，儿童投资主基金（以下简称TCI）在K群岛注册成立。2004年3月31日，X国汇公司与中国Z国叶实业发展有限公司（以下简称Z国叶公司）签订合同，约定设立H国益路桥公司，X国汇公司占H国益路桥公司95%的股份。2005年10月12日，Chinese Future公司（以下简称CFC公司）在K群岛注册成立。CFC公司持有X国汇公司100%股权。2005年11月10日，TCI通过股权转让和认购新股的方式取得了CFC公司26.32%的股权。2011年9月9日，TCI将其持有的CFC公司26.32%的股权转让给新世界发展有限公司的附属公司Moscan Developments Limited（以下简称MDL公司），转让价格为2.8亿美

---

[1] 2017年11月10日摘自中国裁判文书网。

元，TCI 同时向 MDL 公司收取利息约合 380 万美元（利息按照自 2011 年 7 月 1 日起至 2011 年 8 月 31 日止期间购买价的年利率 8% 计算）。

2011 年 9 月 30 日，TCI 根据《国家税务总局关于加强非居民企业股权转让所得企业所得税管理的通知》（国税函〔2009〕698 号）的要求将本次交易的情况告知了 H 市 X 区国家税务局，并提供了部分相关资料。X 区国税局收到 TCI 的信函后，多次与 TCI 沟通，要求 TCI 提供相关资料，同时进行了调查，并依照国税函〔2009〕698 号文件的要求，层报国家税务总局审核。2013 年 7 月，国家税务总局明确批复："在 The Children's Investment Master Fund（K 群岛）、Widefaith Group Limited（Y 群岛）和 Kaiming Holdings Limited（Y 群岛）间接转让 H 国益路桥公司股权的交易中，存在以下事实：一是境外被转让的公司 Chinese Future Corporation（K）和 X 国汇公司仅在避税地或低税率地区注册，不从事制造、经销、管理等实质性经营活动；二是股权转让价主要取决于对中国居民企业 H 国益路桥公司的估值；三是股权受让方对外披露收购的实际标的为 H 国益路桥公司股权。基于上述事实，税务机关有较充分的理由认定 The Children's Investment Master Fund 等境外转让方转让 Chinese Future Corporation 和 X 国汇公司股权，从而间接转让 H 国益路桥公司股权的交易不具有合理商业目的，属于以减少我国企业所得税为主要目的的安排。"国家税务总局同意对该交易重新定性，否定被用做税收安排的 CFC 公司和 X 国汇公司的存在，认可对 TCI 等取得的股权转让所得征收企业所得税。

2013 年 11 月 12 日，X 区国税局经与 TCI 方充分沟通后，做出 H 国税 X 通〔2013〕004 号《税务事项通知书》，主要内容是："根据《中华人民共和国企业所得税法》第四十七条，《中华人民共和国企业所得税法实施条例》第七条、第一百二十条，《国家税务总局关于印发〈非居民企业所得税源泉扣缴管理暂行办法〉的通知》(国税发〔2009〕3号)以及国税函〔2009〕698号文件的相关规定，你公司间接转让H国益路桥公司股权所取得的股权转让所得，应申报缴纳企业所得税。你公司取得转让所得为173 228 521.91美元，应按照缴纳（扣缴）当日国家公布的人民币汇率中间价，折合成人民币，并按10%的税率计算缴纳企业所得税。你公司应自收到本通知之日起十五日内按照本通知书要求，到我局申报缴纳企业所得税。"该《税务事项通知书》于做出当日送达TCI。

2013年11月19日，TCI按照上述《税务事项通知书》的要求缴纳了人民币105 310 815.32元的税款。2014年1月17日，TCI向H市国家税务局就上述《税务事项通知书》提起行政复议。2014年4月10日，H市国税局做出H国税复决字〔2014〕1号《行政复议决定书》，维持了X区国税局做出的上述《税务事项通知书》。TCI仍不服，以X区国税局为被告提起行政诉讼，请求人民法院撤销X区国税局做出的上述《税务事项通知书》。一审人民法院判决驳回TCI的诉讼请求。TCI不服，提起上诉。二审人民法院判决驳回上诉，维持原判。TCI仍不服，提起再审申请，再审法院最终裁定驳回TCI的再审申请。

税企争议焦点

纳税人TCI公司观点

1. X区国税局认定事实不清，证据不足

（1）TCI于2005年12月与其他股东共同对CFC公司进行出资，使CFC公司实收资本达1.07亿美元，占收购项目公司资本总额的1/3。CFC公司具有自己的经营管理活动，发行了2.25亿美元的债券，实施了债券发行、维持债券上市、债券评级、审计、抵押品托管、支付息等管理活动，除发行债券外一直致力于境外首次公开股票发行、寻找投资项目、降低运营成本等工作，且配备了相应的人员、办公场所、设备。同时，CFC公司对外签署了很多境外合同，对合同的相对方承担了相应的义务，CFC公司每年均出具审计报告，并不是一家空壳公司。因此，X区国税局认为CFC公司不从事制造、经销及管理等经营活动，并进而认定CFC公司是一家空壳公司的判断与事实不符且没有证据支持。

（2）X国汇公司也是配备了相应人员、办公场所、设备，行使管理职能的公司。X国汇公司持股H国益路桥公司的架构是当时的国内政策法律决定的，国家发展改革委、交通部、商务部的批复均由X国汇公司作为收购主体，且不得转让。

（3）由于CFC公司在新加坡证券交易所发行了2.25亿美元的债券，每年需要支付2 700万美元的利息，故TCI作为CFC公司的股东所持股权的价值并不仅仅取决于项目公司的收益。

（4）X国汇公司、CFC公司的设立早于2004年，TCI对CFC公司的出资到位是2005年，而国税函〔2009〕698号文件颁布于2009年，TCI设立时不可能预见到国税函〔2009〕698号文件的颁布和适用，因而不存在故意避税的意图。

2. X区国税局适用法律错误

X区国税局认定本次交易不具有合理的商业目的，属于以减少我国企业所得税为主要目的的安排，所依据的事实是：

（1）境外被转让的公司仅在避税地或低税率地区注册，不从事制造经销、管理等实质性经营活动。

（2）股权转让价主要取决于对项目公司的估值。

（3）股权受让方对外披露收购的实际标的为 H 国益路桥公司。首先，根据《企业所得税法》及其实施条例以及国税函〔2009〕698 号文件，均未允许税务机关以交易的主要资产估值所在地作为纳税调整的条件。X 区国税局以本次股权交易的估值对象主要资产为 H 绕城项目为由，认为本次股权交易应视同直接转让 H 国益路桥公司的股权没有任何法律依据。其次，对于一项交易安排是否具有合理的商业目的应考虑多种因素综合判断，X 区国税局做出的《税务事项通知书》回避了对 TCI 有利的事实和判断：CFC 公司发行、管理债券以及支付债息都是实质性经营活动，没有任何法律规定只有制造、经销才是经营活动；转让价格的估值是多因素决定的；收购方作为上市公司披露收购的最终标的是对股东正常及适当的行为，收购境外股权与避税没有直接的关联性且不存在法律上的因果关系。同时，根据国税函〔2009〕698 号文件第五条第五款的要求提供的文件为"境外投资方设立被转让的境外控股公司具有合理商业目的的说明"，故被转让的境外控股公司合理商业目的的审查应当限于"设立"时点，而非设立后的其他时间段，X 区国税局对本案的审查时间违反了上述规定。

综上，TCI 转让 CFC 公司股权的本次交易不存在滥用组织形式规避中国税收的意图或手段。TCI 出售 CFC 公司股权所获得的股权投资所得完全来源于中国境外的所得，依照中国税法规定，其不能也不应该被征收中国企业所得税。

X 区国税局观点

X 国汇公司于 2004 年 4 月出资设立 H 国益路桥公司，持有 H 国益路桥公司 95% 的股权，而 X 国汇公司由 CFC 公司 100% 控股，CFC 公司的股东即为 TCI（持股 26.32%）和 Widefaith Group Limited（持股

73.68%)。2011年9月9日，TCI将所持有的CFC公司26.32%的股份转让给新世界发展有限公司旗下的MDL公司，转让价格为2.8亿美元，同时收取利息约合380万美元。TCI系通过"TCI—CFC—X国汇公司—H国益路桥公司"的股权层级安排，转让了CFC公司的股权，从而间接转让了H国益路桥公司的股权，转让所得为173 228 521.91美元。在行政程序中，X区国税局采纳了TCI提出的关于利息免除以及汇率计算方式等合理意见，确定TCI应按转让所得的10%依法申报缴纳企业所得税，TCI代理人温哲在会议约谈记录中予以签字认可。上述事实均有充分的证据予以印证，X区国税局认定事实清楚。X区国税局的具体行政行为适用法律正确，程序合法。

TCI系非居民企业，其间接转让H国益路桥公司股权事项，应适用《国家税务总局关于印发〈非居民企业所得税源泉扣缴管理暂行办法〉的通知》（国家税务总局公告2017年第37号）、国税函〔2009〕698号文件、《企业所得税法》及其实施条例等规定。X区国税局根据国税函〔2009〕698号文件规定要求TCI提供股权转让合同等资料，依法进行约谈、核实，层报国家税务总局审核是否按照经济实质对TCI股权转让交易重新定性并征收企业所得税。2013年7月，国家税务总局批复同意对TCI股权转让交易重新定性并征收企业所得税，又对事实认定和法律适用进行了充分的说明。X区国税局遂基于国家税务总局批复，依法核算TCI税额，经TCI代理人签字确认后制作H国税X通〔2013〕004号《税务事项通知书》，要求TCI应自收到该通知之日起15日内申报缴纳企业所得税，并告知逾期未缴纳税款的法律责任，同时告知其有权自税款缴清或者所提供的担保被税务机关确认之日起60日内，向H市国家税务局申请行政复议。

本案中，CFC股东实际出资仅5 000余万美元（扣除CFC债券融资），TCI 通过"TCI—CFC—X 国汇公司—H 国益路桥公司"的股权层级安排间接转让了 H 国益路桥公司的股权，而 H 国益路桥公司拥有 H 绕城高速长达 25 年的特许经营权，利润巨大，即 TCI 经济活动发生地和价值创造地均为中国，我国理应对该部分股权转让所得享有征税权。若 CFC 股东间接转让股权不根据国税函〔2009〕698 号文件申报缴纳企业所得税，将严重损害我国的税收主权。

综上，本案税务机关的认定符合《企业所得税法》、《企业所得税法实施条例》及国税函〔2009〕698 号文件第六条的规定。

本案争议焦点

根据税企双方意见，可以将本案的焦点归纳为：

（1）中间层的经营实质是否存在；
（2）交易标的实质是否为境内应税财产；
（3）交易目的实质是否属于合理商业目的。

人民法院裁判观点

一审法院裁判观点

《企业所得税法》第二条第三款规定："本法所称非居民企业，是指依照外国（地区）法律成立且实际管理机构不在中国境内，但在中国境内设立机构、场所的，或者在中国境内未设立机构、场所，但有来源于中国境内所得的企业。"第三条第三款规定："非居民企业在中国境内未设立机构、场所的，或者虽设立机构、场所但取得的所得与其所设机构、场所没有实际联系的，应当就其来源于中国境内的所得缴纳企业所得税。"《企业所得税法实施条例》第七条规定："企业所得税法第三条所称来源于中国境内、境外的所得，按照以下原则确定：……（三）转让财产所得，不动产转让所得按照不动产所在地确定，动产转让所得按照转让动产的企业或者机构、场所所在地确定，权益性投资资产转让所得按照被投资企业所在地确定。"法律法规已规定非居民企业须就其来源于中国境内的所得缴纳企业所得税，并规定了确定所得发生地的规则。

《企业所得税法》第四十七条规定："企业实施其他不具有合理商业目的的安排而减少其应纳税收入或者所得额的，税务机关有权按照合理方法调整。"《企业所得税法实施条例》第一百二十条规定："企业所得税法第四十七条所称不具有合理商业目的，是指以减少、免除或者推迟缴纳税款为主要目的。"据此，法律法规已授权税务机关对企业的避税行为做出判断并予以合理调整。

国税函〔2009〕698号文件第六条规定："境外投资方（实际控制方）通过滥用组织形式等安排间接转让中国居民企业股权，且不具有合理的商业目的，规避企业所得税纳税义务的，主管税务机关层报税务总局审核后可以按照经济实质对该股权转让交易重新定性，否定被用作税收安排的境外控股公司的存在。"该条系国家税务总局为执行《企业所得税法》及其实施条例而对税务机关如何认定"不具有合理商业目的"及如何"按照合理方法调整"做出的技术性、程序性规定。税务机关在适用《企业所得税法》第四十七条和《企业所得税法实施条例》第一百二十条的同时适用国税函〔2009〕698号文件第六条，具有正当性和必要性。

本案中，税务机关认定了三项事实：（1）境外被转让的CFC公司和

X 国汇公司仅在避税地或低税率地区注册，不从事制造、经销、管理等实质性经营活动；（2）股权转让价主要取决于对中国居民企业 H 国益路桥公司的估值；（3）股权受让方对外披露收购的实际标的为 H 国益路桥公司股权。此三项事实有充分的证据予以证明。税务机关根据此三项事实，认定 TCI 等境外转让方转让 CFC 公司和 X 国汇公司，从而间接转让 H 国益路桥公司股权的交易不具有合理商业目的，属于以减少我国企业所得税为主要目的的安排，这一认定符合《企业所得税法》第四十七条、《企业所得税法实施条例》第一百二十条、国税函〔2009〕698 号文件第六条的规定。税务机关对 TCI 间接转让 H 国益路桥公司股权的交易重新定性，否定被用做税收安排的 CFC 公司和 X 国汇公司的存在，对 TCI 取得的股权转让所得征收企业所得税，符合国税函〔2009〕698 号文件第六条的规定。被诉《税务事项通知书》对股权转让所得数额的计算、税率的确定等事项符合法律法规的规定。2015 年 7 月 9 日，Z 省 H 市中级人民法院判决驳回 TCI 的诉讼请求。

二审法院裁判观点

二审除对一审判决认定的事实予以确认外，另查明：H 国益路桥公司成立后，于 2005 年 10 月被批准受让 H 绕城高速公路收费经营权。涉案 CFC 公司的股权原由 TCI 持有 26.32%，Widefaith Group Limited（Y 群岛）持有 73.68%。Kaiming Holdings Limited（Y 群岛）持有 Widefaith Group Limited（Y 群岛）100% 的股权。Widefaith Group Limited（Y 群岛）后也已将其持有的 CFC 公司 73.68% 股权中的 22.68% 转让给 MDL 公司，另 51% 的股权，由 Kaiming Holdings Limited（Y 群岛）通过转让 Widefaith Group Limited（Y 群岛）100% 股权的方式间接转让给 MDL 公司。

Z 省高级人民法院二审认为，《企业所得税法》第三条第三款规定："非居民企业在中国境内未设立机构、场所的，或者虽设立机构、场所但取得的所得与其所设机构、场所没有实际联系的，应当就其来源于中国境内的所得缴纳企业所得税。"本案中，中国居民企业 H 国益路桥公司系 X 国汇公司与 Z 国叶公司投资设立。其中，X 国汇公司占 95% 的股权，Z 国叶公司占 5% 股权。此后在 K 群岛注册设立的 CFC 公司持有 X 国汇公司 100% 的股权。TCI 系非居民企业，其于 2011 年 9 月 9 日将所持有的 CFC 公司 26.32% 的股权转让给 MDL 公司，转让价格为 2.8 亿美元，TCI 同时向 MDL 公司收取利息约合 380 万美元（利息按照自 2011 年 7 月 1 日起至 2011 年 8 月 31 日止期间购买价的年利率 8% 计算）。CFC 公司的其余股权也已被直接或间接转让给 MDL 公司。CFC 公司和 X 国汇公司除了对 H 国益路桥公司投资控股之外，并不从事其他实质性的经营活动，涉案股权转让价主要取决于对 H 国益路桥公司的估值，股权受让方对外披露收购的实际标的亦为 H 国益路桥公司股权。因此，涉案股权转让的所得实际来源于中国境内的事实清楚。X 区国税局经层报国家税务总局审核后做出 H 国税 X 通〔2013〕004 号《税务事项通知书》，通知 TCI 就其涉案股权转让所得依法申报缴纳企业所得税，符合法律规定。一审判决认定事实清楚，适用法律正确。TCI 诉称其"转让 CFC 股权所得属于来源于境外所得，不负有申报缴纳我国企业所得税的义务"等理由均不能成立，二审法院不予采纳。

再审法院裁判观点

1. TCI 在本案中提交的再审申请材料不足以推翻税务机关和一审法院认定的事实

国家税务总局于 2013 年 7 月针对 X 区国税局经调查后层报所做的批复等证据显示，一审法院充分肯定了税务机关认定的以下事实，即"一、境外被转让的 CFC 公司和 X 国汇公司仅在避税地或低税率地区注册，不从事制造、经销、管理等实质性经营活动；二、股权转让价主要取决于对中国居民企业H国益路桥公司的估值；三、股权受让方对外披露收购的实际标的为H国益路桥公司股权"。上述事实来源于税务机关通过调查得出的结论，围绕涉案公司的注册地点、股权转让的具体数额与方式、股权收购的实际标的、转让所得的实际来源、转让价格的决定因素以及股权交易的动机与目的等要素，税务机关均有充分证据予以证明。这些事实既是X区国税局做出本案被诉《税务事项通知书》综合考量的基础，也是H市国税局做出复议决定和一审法院做出生效裁判的基础。从行政诉讼证据的客观性、关联性、合法性角度看，税务机关在一审中所提供的证据的证明力更强，具备相对优势，再审法院对上述事实予以认可。TCI有关X国汇公司2004年以前从事房地产投资业务，CFC公司一直从事投资股权、发行债券、管理股权、债权的业务活动等主张，不足以否定上述事实基础，其所提交的证据证明力不足，再审法院不予支持。

2. 针对股权转让所得数额的计算、税率的确定等事项，X区国税局做出的被诉行政行为符合相关法律法规的规定

从一审法院的判决依据看，《企业所得税法》第三条第三款规定了"非居民企业在中国境内未设立机构、场所的，或者虽设立机构、场所但取得的所得与其所设机构、场所没有实际联系的，应当就其来源于中国境内的所得缴纳企业所得税"，第四十七条规定了"企业实施其他不具有合理商业目的的安排而减少其应纳税收入或者所得额的，税务机关有权按照合理方法调整"，结合法律法规的其他规定，一审法院据此强调中华人民共和国的税务机关有权依法确定涉案情形下的征税对象和征税标准，对相关企业的避税行为做出判断并予以合理调整，本案X区国税局做出的被诉《税务事项通知书》，其职权、管辖、事实认定、法律适用、行政程序均符合上述规定精神，且该《税务事项通知书》做出之前，X区国税局还与TCI进行了充分沟通。因此，再审法院认为，X区国税局在本案中履行职责到位，法律适用正确，被诉行政行为程序合法，一审法院

的判决理由和结果于法有据，并无不当。TCI 有关其转让 CFC 公司股权所得属于来源于境外所得，依照有关法律规定不负有申报缴纳中华人民共和国企业所得税义务的申请再审理由，本院不予支持。

3. X 区国税局做出的被诉行政行为符合中华人民共和国税收政策的具体要求

国税函〔2009〕698 号文件第六条明确指出："境外投资方（实际控制方）通过滥用组织形式等安排间接转让中国居民企业股权，且不具有合理的商业目的，规避企业所得税纳税义务的，主管税务机关层报税务总局审核后可以按照经济实质对该股权转让交易重新定性，否定被用做税收安排的境外控股公司的存在。"本案中，X 区国税局层报国家税务总局，国家税务总局经审核后做出批复，认定 TCI 与其他涉案公司之间间接转让 H 国益路桥公司股份的交易不具有合理的商业目的，属于以减少我国企业所得税为主要目的安排；国家税务总局因此同意对 TCI 的间接转让交易重新定性，否定用做税收安排的 CFC 公司和 X 国汇公司的存在，主张对 TCI 取得的股权转让所得应征收企业所得税。再审法院认为，被诉行政行为即是对国税函〔2009〕698 号文件规定精神和上述批复内容的具体贯彻落实。X 区国税局的涉案操作流程与对股权转让交易的定性，符合中华人民共和国税收管理政策，具有正当性和必要性。TCI 有关 X 区国税局违反法律逻辑和国税函〔2009〕698 号文件相关规定的主张与理由难以成立。

综上，本案事关税收法律法规和政策的把握，事关如何看待中华人民共和国税务机关处理类似问题的基本规则和标准，事关中国政府涉外经贸管理声誉和外国公司与中国公司合法权益的平等保护，在经过人民法院严格的司法审查且 TCI 缺乏充分证据证明被诉行政行为违法的情形下，一审生效裁判效力应予维持。故 TCI 的再审申请不符合

《行政诉讼法》第九十一条规定的情形。依照《行政诉讼法》第一百零一条、《民事诉讼法》第二百零四条第一款之规定，再审法院裁定驳回 TCI 的再审申请。

税务律师解析

1. 本税案中的法律关系

（1）取得股权。2005 年 11 月 10 日，TCI（注册于 K 群岛）通过股权转让和认购新股的方式取得了 CFC 公司 26.32% 的股权（CFC 亦注册于 K 群岛，持有 X 国汇公司 100% 股权，而 X 国汇又持有 Z 国益路桥 95% 的股权，Z 国益路桥则拥有 H 绕城高速的收费权益）。

（2）转让股权。2011 年 9 月 9 日，TCI 将上述 CFC 26.32% 的股权转让给 Moscan Developments Limited（简称 MDL，注册于 Y 群岛，系联交所上市企业、注册于百慕大的"新创建集团有限公司"的附属公司），转让价格为 2.8 亿美元，TCI 同时向 MDL 公司收取利息约 380 万美元。Z 高院在二审中还查明，除 TCI 转让之外，CFC 公司其余 73.68% 的股权，也由相关方以直接和间接方式转让给了 MDL 公司。

（3）税务处理。2011 年 9 月 30 日，TCI 按照国税函〔2009〕698 号文件的规定将这笔交易报告 X 区国税局。X 区国税局经调查并层报国家税务总局，于 2013 年 7 月得到总局批复同意对该交易重新定性（认定 TCI 等境外转让方转让 CFC 和 X 国汇公司，从而间接转让 H 国益路桥公司股权的交易不具有合理商业目的，属于以减少我国企业所得税为主要目的的安排，在税收上否定 CFC 公司和 X 国汇公司的存在）。2013 年 11 月 12 日，在与 TCI 充分沟通后，做出了 H 国税 X 通〔2013〕004 号《税务事项通知书》，认定转让所得约 1.73 亿美元，要求折合成人民币、按 10% 的税率计算缴纳企业所得税。

2. 目的与实质之间的关系

《企业所得税法》第四十七条引入了"合理商业目的"这一反避税基本原则。国税函〔2009〕698 号文件主要通过三个因素判断是否具有合理商业目的：

（1）境外企业股权价值来源于境内居民企业股权的比例；
（2）境外企业本身资产、人员、费用、活动情况；
（3）境外企业所在地税负情况。

其实，合理商业目的与实质重于形式原则分别是从纳税人的主观动机和行为结果的角度判断交易是否构成避税的。避税是主客观相统一的范畴，缺少避税目的或行为中的任何一项，都不能成立。但在避税认定上，客观行为应为避税构成的主要件，避税目的应为避税构成的排除要件。也就是说，只要税务机关认为纳税人采取了与经济目的不相当的经济手段行为，获得了税收利益，税务机关就可推定纳税人具有避税目的，并对其进行纳税调整。如果纳税人能够证明其交易以非税收目的为主要或唯一目的，即可免于纳税调整。

本税案中，税务机关认定了以下三项事实：

（1）境外被转让的 CFC 公司和 X 国汇公司仅在避税地或低税率地区注册，不从事制造、经销、管理等实质性经营活动；
（2）股权转让价主要取决于对中国居民企业 H 国益路桥公司的估值；
（3）股权受让方对外披露收购的实际标的为 H 国益路桥公司股权。

此三项事实有充分的证据予以证明。税务机关根据此三项事实，认定 TCI 等境外转让方转让 CFC 公司和 X 国汇公司，从而间接转让 H 国益路桥公司股权的交易不具有合理商业目的，属于以减少我国企业所得税为主要目的的安排。

3.TCI 提供的六组证据分析

（1）第一组证据主要涉及《税务事项通知书》《行政复议申请书》《行政复议决定》等，仅对案涉事实经过具有证明效力。

（2）第二组证据是公司构架图，用来证明本次交易涉及的公司架构，但不属于诉讼证据。

（3）第三组证据中的证据 3-1～证据 3-3 用来证明 X 国汇公司是依法存续的主体，并具有相应的公司治理结构及财务制度；证据 3-4～证据 3-10 用来证明 X 国汇公司具有实际的经营活动，但证据 3-4～证据 3-9 为外文书证，未提供完整的中文翻译文本。

根据《最高人民法院关于行政诉讼证据若干问题的规定》（法释〔2002〕21 号）第十七条"当事人向人民法院提供外文书证或者外国语视听资料的，应当附有由具有翻译资质的机构翻译的或者其他翻译准确的中文译本，由翻译机构盖章或者翻译人员签名"的规定，证据形式不合法，人民法院不予采信。即使证据 3-4～证据 3-9 形式合法，该证据大部分都是租赁合同和少量的股权买卖合同，并不能证明 X 国汇公司具有实际的经营活动。而证据"3-10：薪金支付样本及强基金支付样本"无法证明 X 国汇公司具有实际的经营活动。

（4）第四组证据中的证据 4-3 形式不合法，另外 3 个证据主要是注册登记书、董事名册和汇丰银行交易通知书/付款申请书，证据汇丰银行交易通知书/付款申请书不能单独证明CFC公司具有实际经营活动。

（5）第五组证据中"5-1：CFC公司招债书""5-2：穆迪评级文件"只能证明CFC发过债；证据5-3，由于未能说明该证据与其证明对象的关联，人民法院不予采信；证据5-4～证据5-9形式不合法，人民法院亦不予采信；"5-10：《中外合资杭州国益路桥管理有限公司章程》"证明转让X国汇公司所持有的H国益路桥股权需要经过中国境内的小股东同意；证据5-11～证据5-15证明持有H国益路桥公司95%股权的是X国汇公司，且X国汇公司不得再行转让。综合证据5-10和证据5-11～证据5-15来看，TCI试图证明转让其所持有的股权具有合理的商业目的，但从《企业所得税法》第四十七条"企业实施其他不具有合理商业目的的安排而减少其应纳税收入或者所得额的，税务机关有权按照合理方法调整"、《企业所得税法实施条例》第一百二十条"企业所得税法第四十七条所称不具有合理商业目的，是指以减少、免除或者推迟缴纳税款为主要目的"等税法规定来看，交易上的"合理商业目的"和税法上的"合理商业目的"并不相同，TCI用交易上的"合理商业目的"来说明税法上的"合理商业目的"，理解上存在偏差。

（6）第六组证据是公证认证文件和翻译机构资质证明。

4. 本案的典型意义

本案作为最高人民法院"行政审判十大典型案例"发布，最高法在再审裁定中提出："综上，本案事关税收法律法规和政策的把握，事关如何看待中华人民共和国税务机关处理类似问题的基本规则和标准，事关中国政府涉外经贸管理声誉和外国公司与中国公司合法权益的平等保护，在经过人民法院严格的司法审查且再审申请人缺乏充分证据证明被诉行政行为违法的情形下,一审生效裁判效力应予维持。"用三个"事关"来强调,足以说明本案的重要性和实际意义。

本案的典型意义在于,人民法院针对借境外公司注册成立公司实施资产交易、而实际所得来源为境内的刻意避税情形,以裁判方式彰显了中国税收主权和通行的国际征税规则,保护了涉外经贸领域的国家合法权益。随着对外经贸规模日益扩大和交往方式不断增多,明确对各类市场主体股权转让、融资等行为的征税准则,与国家重大经济安全和经贸利益息息相关,具有迫切的现实意义和长远的战略意义。本案中,税务机关对于有关公司借在中国境外的低税率(或免税)国家与地区注册并转让股权事项,如何认定是否存在逃避中国税收问题,经请示国家税务总局并与再审申请人充分沟通后,做出了涉案《税务事项通知书》,一、二审法院和最高人民法院充分肯定了被诉征税行为的合法性,明确了相关法律适用规则和政策把握标准,对于遏制类似避税、逃税情形,具有鲜明的示范和警示作用。

风险防控提示

下面来了解我国税法中关于"合理商业目的"的规定。

我国现行的税收法律体系是从反向的视角对合理商业目的进行分析的。《企业所得税法》第四十七条首先引入了"不具有合理商业目的的安排"的概念,即"企业实施其他不具有合理商业目的的安排而减少其应纳税收入或者所得额的,税务机关有权按照合理方法调整"。《企业所得税法实施条例》第一百二十条对此进行了定义:"不具有合理商业目的,是指以减少、免除或者推迟缴纳税款为主要目的"。《特别纳税调整实施办法(试行)》(国税发〔2009〕2号文件发布)第九十二条规定税务机关有权对企业不具有合理商业目的的交易安排启动一般发避税调查。

2014年12月,《一般反避税管理办法(试行)》颁布实施,明确指出,企业实施的不具有合理商业目的而获取税收利益的避税安排有两个特点:一是以获取税收利益为唯一目的或主要目的;二是以形式符合税法规定,但与其经济实质不符的方式获取税收利益。即,对于判定是否属于合理商业目的需要同时考虑经济行为的结果及其进行该项交易的具体动机。

具体而言,"不具有合理商业目的"的安排应该满足三个条件:一是人为设计一系列行动或者交易;二是获取税收利益是行动或交易的唯一或最主要的目的,看企业是否主要出于商业目的而从事交易;三是企业从该行为或交易中获取"税收利益",即通过规划或交易可以减少企业应纳税额或应纳税所得额。只有当这些条件获得满足,一项经济行为才可以被认定为不具有合理商业目的,从而构成避税事实。由于对交易动机的分析具有主观性,不同人掌握的信息详尽程度不同,思考角度也不同,结论有可能不同。因而,对"是否具有合理商业目的"的判断,会受到很多因素的影响。

2015年,《国家税务总局关于非居民企业间接转让财产企业所得税若干问题的公告》(国家税务总局公告2015年第7号)第一次对"不具有合理商业目的"列出了四条标准。根据该公告第四条的规定,与间接转让中国应税财产相关的整体安排同时符合以下情形的……应直接认定为不具有合理商业目的:

(1)境外企业股权75%以上价值直接或间接来自中国应税财产;
(2)间接转让中国应税财产交易发生前一年内任一时点,境外企业资产总额（不含现金）的90%以上直接或间接由在中国境内的投资构成，或间接转让中国应税财产交易发生前一年内，境外企业取得收入的90%以上直接或间接来源于中国境内；

（3）境外企业及直接或间接持有中国应税财产的下属企业虽在所在国家（地区）登记注册，以满足法律所要求的组织形式，但实际履行的功能及承担的风险有限，不足以证实其具有经济实质；

（4）间接转让中国应税财产交易在境外应缴所得税税负低于直接转让中国应税财产交易在中国的可能税负。

链接　国家税务总局结合案例解答非居民企业所得税源泉扣缴新政的9个问题[1]

为进一步深化税务系统"放管服"改革，优化非居民企业所得税服务和管理，完善非居民企业所得税源泉扣缴的相关制度办法，国家税务总局发布了《国家税务总局关于非居民企业所得税源泉扣缴有关问题的公告》（国家税务总局公告2017年第37号）。该公告着眼于减轻纳税人及扣缴义务人负担，简化计算操作，便利扣缴义务人履行义务，重点解决了征管中的问题，减轻了纳税人和扣缴义务人的遵从责任。现将有关内容解读如下：

问题1　在减少办税负担方面，国家税务总局公告2017年第37号有哪些举措？

答：减少办税负担，改善营商环境，是制定该公告的主要目的之一。这方面的举措包括：

---

[1] 摘自国家税务总局办公厅2017年10月27日对《国家税务总局关于非居民企业所得税源泉扣缴有关问题的公告》的解读。

（1）取消合同备案。按照《国家税务总局关于印发〈非居民企业所得税源泉扣缴管理暂行办法〉的通知》（国税发〔2009〕3号，此文件已被上述公告废止）第五条的规定，扣缴义务人每次与非居民企业签订涉及源泉扣缴事项的业务合同时，应当自签订合同（包括修改、补充、延期合同）之日起30日内，向其主管税务机关报送《扣缴企业所得税合同备案登记表》、合同复印件及相关资料。上述公告废止了该项规定，除自主选择在申报和解缴应扣税款前报送有关申报资料的外，扣缴义务人不再需要办理该项合同备案手续。

（2）取消税款清算。按照国税发〔2009〕3号文件第五条的规定，对多次付款的合同项目，扣缴义务人应当在履行合同最后一次付款前15日内，向主管税务机关报送合同全部付款明细、前期扣缴表和完税凭证等资料，办理扣缴税款清算手续。上述公告废止了该项规定，扣缴义务人不再需要办理该项税款清算手续。

（3）简并需报送的报表资料。鉴于《中华人民共和国扣缴企业所得税报告表》栏目内容已经包含相关合同信息，为避免重复填报信息，上述公告废止了《扣缴企业所得税合同备案登记表》。除特定情形外，不再普遍要求报送合同资料。特定情形限于《国家税务总局 国家外汇管理局关于服务贸易等项目对外支付税务备案有关问题的公告》（国家税务总局 国家外汇管理局公告2013年第40号）第二条和国家税务总局公告2017年第37号第十一条规定需要提供相关合同资料的情形。

问题2 在改进非居民企业源泉扣缴协同管理和服务方面，国家税务总局公告2017年第37号采取了哪些措施？

答：非居民企业应纳企业所得税源泉扣缴事项涉及境内外多个交易

主体,多种情形混杂,程序环节多且衔接复杂,往往涉及多个税务机关,特别需要加强事前、事中和事后的协同管理和服务。对此,该公告采取了以下措施:

(1)扣缴义务人未依法扣缴或者无法扣缴应扣缴税款的,按照《企业所得税法》第三十九条的规定,由取得收入的非居民企业在所得发生地缴纳。按照《企业所得税法实施条例》第一百零七条的规定,非居民企业取得的应税所得在境内存在多个所得发生地的,由纳税人选择一地申报缴纳企业所得税。为落实该上位法规定,国家税务总局公告2017年第37号第十条规定沿用国税发〔2009〕3号文件第十六条的规定,要求受理申报的税务机关发函告知扣缴义务人所在地和其他所得发生地主管税务机关有关情况,并限定发函时限为受理申报后5个工作日内。

(2)按照《企业所得税法》第三十七条规定应当扣缴的税款,但扣缴义务人应扣未扣的,如果扣缴义务人所在地与所得发生地不在一地,按照"纳税人在所得发生地缴税"以及扣缴义务人和纳税人分别承担责任的原则,该公告第十二条明确了扣缴义务人所在地主管税务机关和所得发生地主管税务机关工作职责,加强协同管理,即由扣缴义务人所在地主管税务机关依照《中华人民共和国行政处罚法》第二十三条规定责令扣缴义务人补扣税款,并依法追究扣缴义务人责任;需要向纳税人追缴税款的,由所得发生地主管税务机关通过扣缴义务人所在地主管税务机关核实有关情况后依法执行。在扣缴义务人所在地主管税务机关发函提供情况的时限上,该公告第十二条沿用了国税发〔2009〕3号文件第十五条第三款的规定。该公告还取消了《国家税务总局关于印发〈非居民企业税收协同管理办法(试行)〉的通知》(国税发〔2010〕119号)第九条规定的追缴税款3个月等待期。

问题 3 非居民企业部分转让同项股权，如何计算股权转让成本？

答：如果非居民企业通过多次投资或收购而持有一项股权，但仅部分对外转让，根据国家税务总局公告 2017 年第 37 号第三条第四款的规定，应从该项股权全部成本中按照转让比例计算确定被转让股权对应的成本。举例说明如下：

境外 A 企业为非居民企业，境内 B 企业和 C 企业为居民企业，A 企业经过前后三次投资 C 企业，合计持有 C 企业 40% 的股权，第一次投资人民币 100 万元，第二次投资人民币 200 万元，第三次投资人民币 400 万元。2016 年 1 月 8 日，A 企业与 B 企业签订股权转让合同，以人民币 1 000 万元的价格转让其持有的 C 企业 30% 的股权给 B 企业。则 A 企业持有 C 企业 40% 股权的全部成本为 700 万元（100+200+400），本次交易转让比例为 75%（30%÷40%），该被转让的 C 企业 30% 股权对应的成本则为 525 万元（700×75%），本次股权转让交易的应纳税所得额为 475 万元（1 000−525）。

问题 4 在计算应源泉扣缴的非居民企业应纳税款时，如何进行外汇换算？

答：国税发〔2009〕3 号文件第九条规定，扣缴义务人对外支付或者到期应支付的款项为人民币以外货币的，在申报扣缴企业所得税时，应当按照扣缴当日国家公布的人民币汇率中间价，折合成人民币计算应纳税所得额。扣缴义务人须以折合成人民币后的应纳税所得额按适用税率计算应扣税款，并以人民币解缴应扣税款。除将扣缴当日限定为扣缴义务发生当日外，国家税务总局公告 2017 年第 37 号第四条第一项沿用了国税发〔2009〕3 号文件第九条的规定，并明确扣缴义务发生之日为相关款项实际支付或者到期应支付之日。此外,如果应源泉扣缴税款由非居民企业纳税人申报缴纳,按照该公告第四条第二项和第三项规定,应当分别纳税人自行申报缴纳税款和主管税务机关责令限期缴纳税款两种情形,相应按照填开税收缴款书之日前一日或主管税务机关做出限期缴纳税款决定之日前一日人民币汇率中间价进行外汇折算。

问题5 对非居民企业取得的财产转让所得,如何进行外汇换算?

答:按照国税函〔2009〕698号文件(此文件已被国家税务总局公告2017年第37号废止)第四条规定,在计算股权转让所得时,以非居民企业向被转让股权的中国居民企业投资时或向原投资方购买该股权时的币种计算股权转让价和股权成本价。同一非居民企业存在多次投资的,以首次投入资本时的币种计算股权转让价和股权成本价,以加权平均法计算股权成本价;多次投资时币种不一致的,则应按照每次投入资本当日的汇率换算成首次投资时的币种。为进一步简化外汇换算,该项规定被国家税务总局公告2017年第37号第五条所替代。根据替代后的规定,财产转让收入或财产净值以人民币以外的货币计价的,分扣缴义务人扣缴税款、纳税人自行申报缴纳税款和主管税务机关责令限期缴纳税款三种情形,先将以非人民币计价项目金额按照该公告第四条规定的时点汇率折合成人民币金额;再按《企业所得税法》第十九条第二项及相关规定计算非居民企业财产转让所得应纳税所得额。

问题6 扣缴义务人对外支付股息,如何确定扣缴义务时间?

答:按照《企业所得税法》第三十七条的规定,应该源泉扣缴的税款由扣缴义务人在每次支付或者到期应支付时,从支付或到期应支付的款项中扣缴。据此,国家税务总局公告2017年第37号第四条第一项明确，扣缴义务发生之日为相关款项实际支付或者到期应支付之日。关于到期应支付情形下扣缴所得税问题，该公告第七条第一款明确，继续按照《国家税务总局关于非居民企业所得税管理若干问题的公告》（国家税务总局公告2011年第24号）第一条规定执行。基于这些规定，鉴于股息是由企业的税后利润派发给股东的，不应计入扣缴义务人的成本、费用，不会发生到期应支付情形，该公告第七条第二款进一步明确，非居民企业取得应纳税的股息所得，相关税款扣缴义务发生之日即是股息的实际支付之日。扣缴义务人应在实际支付之日代扣税款，并在扣缴义务发生之日起7日内向扣缴义务人所在地主管税务机关申报和解缴代扣税款。该规定改变了国家税务总局公告2011年第24号第五条的规定，不再以做出利润分配决定的日期作为扣缴义务发生之日。

问题7 非居民企业采取分期收款方式从扣缴义务人收取同一项财产转让收入价款的，如何计算扣缴税款？

答：按照国家税务总局公告2017年第37号第七条第三款的规定，如果非居民企业采取分期收款方式取得应源泉扣缴所得税的同一项转让财产所得，其分期收取的款项可先视为收回以前投资财产的成本，待相关成本全部收回后，再计算并扣缴应扣缴税款。

问题8 在扣缴义务人未依法履行扣缴义务的情况下，有关非居民企业申报缴纳税款期限的规定有何变化？

答：在扣缴义务人未依法履行扣缴义务的情况下，按国税发〔2009〕3号文件第十五条第一款的规定，非居民企业应于扣缴义务人支付或者到期应支付之日起7日内，到所得发生地主管税务机关申报缴纳企业所得税；非居民企业取得所得为股权转让所得的，按照国税函〔2009〕698

号文件第二条的规定,非居民企业应自合同、协议约定的股权转让之日(如果转让方提前取得股权转让收入的,应自实际取得股权转让收入之日)起7日内,到所得发生地主管税务机关申报缴纳企业所得税。按照《国家税务总局关于非居民企业间接转让财产企业所得税若干问题的公告》(国家税务总局公告2015年第7号)第八条第二款的规定,扣缴义务人未扣缴或未足额扣缴应纳税款的,股权转让方应自纳税义务发生之日起7日内向主管税务机关申报缴纳税款。为便于与源泉扣缴程序衔接和纳税人遵从,国家税务总局公告2017年第37号第九条第二款取代了上述三项规定。按照新规定,在扣缴义务人未依法履行或者无法履行扣缴义务的情况下,非居民企业在主管税务机关责令限期缴纳税款前自行申报缴纳未扣缴税款的,或者在主管税务机关限期缴纳税款期限内申报缴纳税款的,均视为按期缴纳了税款。

问题9 如何理解国家税务总局公告2017年第37号第十条与国家税务总局公告2015年第7号第十二条的关系?

答:两项规定适用不同的情形,不存在矛盾。国家税务总局公告2017年第37号第十条适用于非居民企业取得同一项所得的情形。国家税务总局公告2015年第7号第十二条适用于非居民企业直接转让境外企业股权导致间接转让两项以上境内应税财产交易所产生的所得。尽管适用国家税务总局公告2015年第7号第十二条的交易在形式上为转让境外企业股权的一次交易,但如果按照国家税务总局公告2015年第7号对其重新定性,则应将该直接转让境外企业股权的交易重新确认为直接转让境内应税财产的交易。如果间接交易涉及的境内应税财产有两项或两项以上,那么重新确认后的直接转让境内应税财产交易也有两项或两项以上,进而可以确定,两项或两项以上直接转让境内应税财产交易产生的所得不属于同一项所得,不适用国家税务总局公告2017年第37号第十条的规定。